"十四五"时期国家重点出版物出版专项规划项目

"中国山水林田湖草生态产品监测评估及绿色核算"系列丛书

王 兵 ■ 总主编

宁夏贺兰山国家级自然保护区
生态产品绿色核算与碳中和评估

梁咏亮 牛 香 李慧杰 李静尧
余海燕 张巧仙 李晓娟 金 涛 ■ 著

中国林业出版社
China Forestry Publishing House

审图号：宁 S[2024] 第 025 号

图书在版编目（CIP）数据

宁夏贺兰山国家级自然保护区生态产品绿色核算与碳
中和评估 / 梁咏亮等著. -- 北京 ： 中国林业出版社，
2024. 7. -- （"中国山水林田湖草生态产品监测评估及
绿色核算"系列丛书）. -- ISBN 978-7-5219-2758-0

Ⅰ. F127.43；F326.274.3

中国国家版本馆 CIP 数据核字第 20241JV856 号

策划编辑：于界芬　于晓文

责任编辑：于晓文

出版发行　中国林业出版社（100009，北京市西城区刘海胡同 7 号，电话 010-83143549）

电子邮箱　cfphzbs@163.com

网　　址　https://www.cfph.net

印　　刷　河北京平诚乾印刷有限公司

版　　次　2024 年 7 月第 1 版

印　　次　2024 年 7 月第 1 次印刷

开　　本　889mm×1194mm　1/16

印　　张　11.5

字　　数　240 千字

定　　价　98.00 元

《宁夏贺兰山国家级自然保护区生态产品绿色核算与碳中和评估》
著者名单

项目完成单位：

中国林业科学研究院森林生态环境与自然保护研究所

宁夏贺兰山国家级自然保护区管理局

中国森林生态系统定位观测研究网络（CFERN）

国家林业和草原局典型林业生态工程效益监测评估国家创新联盟

贺兰山森林生态系统宁夏回族自治区野外科学观测研究站

项目首席科学家：

王　兵　中国林业科学研究院森林生态环境与自然保护研究所

项目组成员（按姓氏笔画排序）：

王　兵　　王　南　　王小芹　　王心月　　王志勇　　王克达　　王晓雪

牛　香　　田欣瑶　　朱亚超　　刘　琼　　许庭毓　　孙浩然　　杜承星

李　雅　　李金红　　李晓娟　　李爱平　　李淑梅　　李婉婷　　李静尧

李慧杰　　杨　蕾　　杨　璐　　杨晓芳　　何彩兰　　余海燕　　宋庆丰

宋嫣然　　张　娟　　张巧仙　　武　涛　　金　涛　　周　阳　　周利伟

周　静　　周熠慧　　胡天华　　高云峰　　郭　珂　　梁　军　　梁咏亮

韩舒羽

编写组成员：

梁咏亮　　牛　香　　李慧杰　　李静尧　　余海燕　　张巧仙　　李晓娟

金　涛

特别提示

1. 基于生态产品连续观测与清查技术体系（简称生态连清技术体系），开展宁夏贺兰山国家级自然保护区生态产品绿色核算与碳中和功能评估，包括红果子、石嘴山、汝箕沟、大水沟、苏峪口、马莲口、榆树沟 7 个管理站。

2. 评估所采用的数据源包括：①宁夏贺兰山国家级自然保护区资源数据。由宁夏林业调查规划院以保护区森林、草地资源数据与第三次全国国土调查数据对接融合得到的资源数据。②生态连清数据集。宁夏贺兰山国家级自然保护区内及周边陆地生态系统野外科学观测研究站和长期定位观测研究站的长期生态监测数据。③社会公共数据集。国家权威部门、宁夏回族自治区公布的社会公共数据。

3. 依据国家标准《森林生态系统服务功能评估规范》(GB/T 38582—2020) 以及《草原生态评价技术方案》，按照支持服务、调节服务、供给服务和文化服务四大服务类别，保育土壤、植被养分固持、涵养水源、固碳释氧、净化大气环境、生物多样性保护、提供产品和生态康养等功能类别对宁夏贺兰山国家级自然保护区生态产品进行核算。其中，生物多样性保护增加保护区国家重点保护野生动物物种保育价值评估。

4. 当现有的野外观测值不能代表同一生态单元同一目标林分类型的结构或功能时，为更准确获得这些地区生态参数，引入森林生态系统服务修正系数，以反映同一林分类型在同一区域的真实差异。

凡是不符合上述条件的其他研究结果均不宜与本研究结果简单类比。

前　言

　　党的十八大以来，党中央、国务院高度重视贺兰山生态环境保护修复。2016 年7 月，习近平总书记在宁夏回族自治区视察时强调，宁夏是西北地区重要的生态安全屏障，要大力加强绿色屏障建设。宁夏回族自治区坚决贯彻总书记重要指示精神，牢固树立生态优先理念，大力实施生态立区战略，对贺兰山国家级自然保护区生态环境进行综合整治，保护区生态自愈能力显著提高，生物多样性、水土保持、防风固沙等生态屏障功能明显增强。

　　贺兰山地处内蒙古高原中部南缘，华北黄土高原西北侧，西南邻近青藏高原东北部，位于银川平原与阿拉善大漠之间，是我国西北第一大南北走向的山脉，也是我国重要的自然地理分界线和西北重要生态安全屏障。高耸的山峰和幽深的峡谷之间错落有致地散布着各类乔灌次生林，是宁夏保存较完整的重点天然林区之一。千百年来，贺兰山这座绿色生态屏障，拦截着西伯利亚寒流东进，阻挡着腾格里沙漠入侵，并明显地减弱了山地水土流失与洪水爆发，既涵养水源，又调节气候，有效保护了黄河流域的生态环境。贺兰山因其特殊的地理区位，不单单是温带荒漠与温带荒漠草原的分界线，还是西北内流区与外流区的分水岭，更是我国一条重要的自然地理分界线，以及季风气候和非季风气候的分界线，具有复杂多样的动植物区和比较完整的山地生态系统，其植被垂直带变化明显，有高山灌丛草甸、落叶阔叶林、针阔叶混交林、青海云杉林、油松林、山地草原等多种类型。其中，分布于海拔 2400～3100 米阴坡的青海云杉纯林带郁闭度大，更新良好，是贺兰山区最为重要的林带。同时，贺兰山是我国西部干旱沙漠地区罕见的森林生态系统，区系分布多样，有许多特有的物种和变种，是诸多植物模式标本的原产地，具有较高的科学研究价值。贺兰山作为宁夏引黄灌区的生态安全屏障，保护的不仅是其资源价值，更重要的是它的存在，为银川平原形成了一道天然的生态屏障。

2016年7月，习近平总书记在宁夏考察时强调，对破坏生态环境的行为，必须扭住不放、一抓到底，直到彻底解决问题。2017年，宁夏全面启动"贺兰山生态保卫战"。到目前为止，贺兰山生态环境的严重破坏状况得到好转，治理取得阶段性成果。2020年6月，习近平总书记视察贺兰山时指出："要加强顶层设计，狠抓责任落实，强化监督检查，坚决保护好贺兰山生态。"开展贺兰山生态治理已不仅仅是宁夏政府单纯履职保护贺兰山生态的需求，更是筑牢祖国西北生态安全屏障的迫切需要。

2020年，中国共产党宁夏回族自治区第十二届委员会第十一次全体会议通过的《关于建设黄河流域生态保护和高质量发展先行区的实施意见》提出，宁夏坚持以"一河三山"为生态坐标构建"一带三区"总体布局，推动贺兰山生态区域向南延伸、六盘山生态区域向北拓展、罗山生态区域向四周延展，重点加强对"三山"生态保护修复治理。2020年4月，国家发展改革委正式印发了《支持宁夏建设黄河流域生态保护和高质量发展先行区实施方案》，提出推进贺兰山水源涵养林建设，加强退化林草修复，同时提出探索生态产品价值实现形式，创新生态保护补偿机制。2020年6月，自然资源部发布《全国重要生态系统保护和修复重大工程总体规划（2021—2035年）》，将贺兰山生态保护和修复列入黄河重点生态区（含黄土高原生态屏障）生态保护和修复重点工程规划中。2021年6月，贺兰山生态保护修复被列为自然资源部和世界自然保护联盟联合推荐的10个中国特色生态保护修复典型案例之一。贺兰山生态保护修复项目被列入中国特色十大典型案例，贺兰山东麓矿山生态修复项目入选全国首批优秀"山水"工程典型案例。截至目前，贺兰山东麓山水林田湖草生态保护修复工程累计投入资金61.38亿元，实施8大类173个项目，27项绩效目标全面达成。2022年12月，国家多部委联合印发《国家公园空间布局方案》，将贺兰山纳入其中。当年，"争创贺兰山国家公园"被写入宁夏回族自治区第十三次党代会报告。

2021年10月，国家林业和草原局发布国家林草生态综合监测站遴选名单，全国40个野外科学观测研究站成功入选。国家林草生态综合监测的实践与生态产品核算紧密相连，森林生态产品核算基于4项国家标准《森林生态系统长期定位观测研究站建设规范》（GB/T 40053—2021）、《森林生态系统定位观测指标体系》（GB/

T 35377—2017)、《森林生态系统长期定位观测方法》(GB/T 33027—2016) 和《森林生态系统服务功能评估规范》(GB/T 38582—2020) 进行，并应用森林生态产品连续观测与清查技术体系（简称森林生态连清技术体系）。森林生态连清技术体系依托 CFERN 实现了森林生态功能的全面监测，森林生态系统定位观测站的设立有助于实现林草生态监测数据统一采集、统一处理、综合评价，从而形成统一时间点的林草生态综合监测评价成果，支撑林草生态网络感知系统，服务林草资源监管、林长制督查考核以及碳达峰碳中和战略。

2022 年 3 月，习近平总书记在首都参加义务植树活动时强调，森林是水库、钱库、粮库，现在应该再加上一个"碳库"。森林和草原对国家生态安全具有基础性、战略性作用，林草兴则生态兴；现在，我国生态文明建设进入了实现生态环境改善由量变到质变的关键时期；我们要坚定不移贯彻新发展理念，坚定不移走生态优先、绿色发展之路，统筹推进山水林田湖草沙一体化保护和系统治理，科学开展国土绿化，提升林草资源总量和质量，巩固和增强生态系统碳汇能力，为推动全球环境和气候治理、建设人与自然和谐共生的现代化作出更大贡献。

为深入落实习近平生态文明思想，全面贯彻党的十九大和十九届二中、三中、四中、五中全会精神，统筹推进山水林田湖草沙一体化保护和修复，服务碳达峰碳中和战略，进一步提升森林、草原、湿地资源及生态状况综合监测评价中生态系统监测和评价分析能力，国家林业和草原局发布了《关于开展国家林草生态综合监测评价工作的通知》，决定开展国家林草生态综合监测评价工作，并制定了林草生态综合监测评价体系以及技术方案和技术规程，为进一步掌握国家林草生态状况以及生态文明建设提供更加科学精准翔实的决策依据。这是用系统观念推进山水林田湖草沙综合治理、实施碳达峰碳中和战略和推动林草工作高质量发展的基础性工作。

目前，碳中和问题已成为政府和社会大众关注的热点。在实现碳中和的过程中，除了提升工业碳减排能力外，增强生态系统碳汇功能也是主要手段之一，森林作为陆地生态系统的主体必将担任重要的角色。但是，由于碳汇方法学上的缺陷，我国森林生态系统碳汇能力被低估。为此，王兵研究员提出了森林全口径碳汇概念，即森林全口径碳汇＝森林资源碳汇（乔木林＋竹林＋特灌林）＋疏林地碳汇＋未成林

造林地碳汇＋非特灌林灌木林碳汇＋苗圃地碳汇＋荒山灌丛碳汇＋城区和乡村绿化散生林木碳汇＋土壤碳汇。第三期中国森林资源核算得出，我国森林全口径碳汇每年达 4.34 亿吨碳当量，相当于中和了 2018 年工业碳排放量的 15.91%，且近 40 年来我国森林全口径碳汇量相当于中和了 1978—2018 年全国工业碳排放量的 21.55%。森林全口径碳汇可起到显著的碳中和作用，对于生态文明建设整体布局具有重大的推进作用。

贺兰山东侧的银川平原平均海拔在 1010 ～ 1150 米，贺兰山以西的阿拉善高原，平均海拔为 900 ～ 1400 米，最低处的海拔只有 740 米。由于耸立的贺兰山的阻挡，黄河向北，然后绕了一个大弯，从黄土高原进入华北平原，形成"几字弯"，成就了中国以及中华文明的母亲河，进而出现了宁夏平原、河套平原的灌溉绿洲。因此，贺兰山毫无疑问地成为了宁夏平原的"父亲山"。

宁夏贺兰山国家级自然保护区位于宁夏回族自治区西北部，贺兰山山脉东坡的北段和中段，保护区总面积为 193535.68 公顷。1988 年 5 月 9 日，国务院批准宁夏贺兰山自然保护区为国家级自然保护区。2006 年，国家林业局批准宁夏贺兰山国家级自然保护区为全国林业系统示范自然保护区。宁夏贺兰山国家级自然保护区主要保护对象为干旱山地自然生态系统及其生物多样性；珍贵稀有动植物资源及其栖息地，特别是珍贵稀有树种和马鹿、岩羊、马麝等国家重点保护野生动物及其栖息地；以青海云杉为主的水源涵养林，以及体现森林植被呈垂直带谱分布的典型自然地段。不同自然地带的典型自然景观，对贺兰山东麓开展生态保护和修复，是保障宁夏的生态安全与经济社会发展的重要基础，也承担着改善本区域生态状况、维护国土生态安全的重任，保护、发展及客观评价宁夏贺兰山国家级自然保护区森林生态系统服务功能意义十分重大。

在我国生态安全战略格局建设的大形势下，精准量化绿水青山生态建设成效，科学评估金山银山生态产品价值，是深入贯彻和践行"两山"理念的重要举措和当务之急。生态功能评估的精准化、生态效益补偿的科学化、生态产品供给的货币化是实现绿水青山向金山银山转化的必由之路。宁夏贺兰山国家级自然保护区自 2012 年开始，每 5 年开展一次森林生态系统服务功能评估。随着近年来生态文明

建设力度的不断加大，保护管理水平的提升，保护区资源与环境状况发生了很大变化，野生动植物生物多样性更加明显，特别是随着保护区2012年范围和功能区划的调整，2016年启动贺兰山生态环境综合整治，2020年自然保护地优化整合，以及贺兰山国家公园创建工作的启动等，现有森林生态系统服务功能评估结果已远远不能满足保护区生物多样性保护和各项事业发展需要。因此，开展保护区森林、草地生态产品绿色核算，摸清保护区生态产品家底显得十分重要和迫切。宁夏贺兰山国家级自然保护区管理局与中国林业科学研究院森林生态环境与自然保护研究所签订了《2022年自治区财政林业补助资金——宁夏贺兰山生态效益补偿与能力提升项目贺兰山森林生态系统服务功能评估子项目委托协议》，针对2022年保护区森林生态系统服务功能开展评估。为了对宁夏贺兰山国家级自然保护区生态空间提供的生态系统服务功能进行全面评估，本专著在上述委托协议的基础之上，增加了草地生态系统服务功能评估的内容，针对森林和草地提供的生态产品展开绿色核算，并进行森林全口径碳中和评估。此外，本专著同样隶属于"宁夏贺兰山国家级自然保护区第三次综合科学考察"系列丛书。

　　为更好地践行习近平总书记提出的"两山"理念和"3060"碳达峰碳中和战略目标，以及绿色发展理念，积极推动生态文明建设，以宁夏贺兰山国家级自然保护区以境内及周边陆地生态系统野外科学观测研究站和长期定位观测研究站的长期监测数据为技术依托，结合其森林、草地资源的实际情况，基于宁夏贺兰山国家级自然保护区森林、草地资源与第三次全国国土调查数据对接融合得到的资源数据，以国家标准《森林生态系统服务功能评估规范》（GB/T 38582—2020）以及《草原生态评价技术方案》为依据，采用分布式测算方法，按照支持服务、调节服务、供给服务和文化服务四大服务类别，保育土壤、植被养分固持、涵养水源、固碳释氧、净化大气环境、生物多样性保护、提供产品和生态康养等功能类别对宁夏贺兰山国家级自然保护区生态产品及森林全口径碳中和进行核算。其中，生物多样性保护增加保护区国家重点保护野生动物物种保育价值评估。评估结果显示：2022年宁夏贺兰山国家级自然保护区森林生态系统服务功能总价值量为22.90亿元/年，其中绿色"水库"价值量为6.41亿元/年、绿色"碳库"价值量为1.46亿元/年、绿色"氧库"价值

量为 1.88 亿元 / 年、绿色"基因库"价值量为 8.46 亿元 / 年；草地生态系统服务功能总价值量为 15.18 亿元 / 年，其中绿色"水库"价值量为 3.69 亿元 / 年、绿色"碳库"价值量为 1.06 亿元 / 年、绿色"氧库"价值量为 0.09 亿元 / 年、绿色"基因库"价值量为 4.01 亿元 / 年，保护区每年森林、草地生态系统创造的价值达 38.08 亿元。评估结果准确量化了宁夏贺兰山国家级自然保护区森林、草地生态系统服务功能的物质量和价值量。另外，宁夏贺兰山国家级自然保护区森林全口径碳中和量（碳当量）为 4.45 万吨 / 年，相当于中和了贺兰县碳排放量的 26.17%，显著发挥了森林碳中和作用。

宁夏贺兰山国家级自然保护区生态产品绿色核算用翔实的数据诠释了"绿水青山就是金山银山"理念，对于"绿水青山"的保护和建设进一步扩大了"金山银山"体量，生态效益得以持续稳定的发挥，改善了区域生态环境，增强了森林"四库"功能，极大地提升了区域生态承载力，为贺兰山生态保护和高质量战略的实施筑起了一道绿色屏障；肯定了贺兰山国家级自然保护区生态建设以及野生动植物保护方面取得的成效，对贺兰山地区的生态系统管理、重点区域生态保护和修复具有非常重要的现实意义，并为构建生态文明制度、全面建成小康社会、实现中华民族伟大复兴的中国梦不断创造更好的生态条件。

著　者

2023年5月

目 录

第一章

宁夏贺兰山国家级自然保护区
生态产品连续观测与清查技术体系

在我国生态安全战略格局建设的大形势下，精准量化宁夏贺兰山国家级自然保护区生态产品价值，摸清宁夏贺兰山国家级自然保护区生态产品状况、功能效益，是深入贯彻落实"两山"理念，用系统观念推进山水林田湖草沙综合治理，推动宁夏贺兰山国家级自然保护区生态文明建设及其高质量发展的重要任务。

生态产品中的"产品"一词在《现代汉语词典》中被解释为"生产出来的物品"。生态产品概念首次被提出是在 2010 年国务院发布的《全国主体功能区规划》中，被定义为："维系生态安全、保障生态调节功能、提供良好人居环境的自然要素，包括清新的空气、清洁的水源和宜人的气候等"。生态产品同农产品、工业品和服务产品一样，都是人类生存发展所必需的产品。此时生态产品概念的提出仅仅是为我国制定主体功能区规划提供重要科学依据和基础，其目的是解决国土空间优化问题。

曾贤刚等（2014）认为生态产品是指维持生命支持系统、保障生态调节功能、提供环境舒适性的自然要素，包括干净的空气、清洁的水源、无污染的土壤、茂盛的森林和适宜的气候等。孙庆刚等（2015）认为生态产品本身是自然的产物，并不是人类生产或创造的，但从人类需求的角度观察，该类产品又是不可或缺的，与物质产品、文化产品一起构成支撑现代人类社会生存和发展的三大类产品。鉴于"生态产品"的两种概念具有完全不同的内涵与外延，经济学属性差别较大，其建议今后学术研究中对所提到的生态产品必须明确界定其涵义。

高晓龙等（2020）通过对生态产品价值实现的相关研究进行综述后认为，生态系统调节服务是狭义上的生态产品，而广义上的生态产品则是具有正外部性的生态系统服务，包括生态有机产品、调节服务、文化服务等。自然资源部有关部门认为，能够增进人类福祉的产

品和服务来源于自然资源生态产品和人类的共同作用，这就是生态产品概念的内涵和外延（张兴等，2020）。王金南等（2021）将生态产品定义为生态系统通过生态过程或与人类社会生产共同作用为增进人类及自然可持续福祉提供的产品和服务。张林波（2021）等将生态产品定义为"生态系统生物生产和人类社会生产共同作用提供给人类社会使用和消费的终端产品或服务，包括保障人居环境、维系生态安全、提供物质原料和精神文化服务等人类福祉或惠益，是与农产品和工业产品并列的、满足人类美好生活需求的生活必需品"。与上述已有生态产品的定义相比，该研究对生态产品概念的定义具有 3 个鲜明的特点：①将生态产品定义局限于终端的生态系统服务；②明确了生态产品的生产者是生态系统和人类社会；③明确了生态产品含有人与人之间的社会关系。

上述关于生态产品的定义均是基于《全国主体功能区规划》中生态产品定义发展而来，相关定义中，张林波（2021）等对生态产品的定义较为清晰，但是其定义的生态产品所涵盖的内容范围小于生态系统服务，只是生态系统服务中直接对人类社会有益、直接被人类社会消费的服务和产品，不包含生态系统服务中的支持服务、间接过程和资源存量。由此看来，该定义与本研究中生态产品所指范围不相符，其余研究者对生态产品的定义也大都未将生态系统四大服务都包含在内。鉴于此，参考以上生态产品定义和国家标准 GB/T 38582—2020 中"森林生态产品"定义，结合本研究内容，定义生态产品。

> 生态产品：是指人类从生态空间中获得的各种惠益，本研究具体指由森林、草地生态系统提供的供给服务、调节服务、文化服务和支持服务所形成的产品。

生态产品连续观测与清查技术体系（简称生态连清技术体系）可以为宁夏贺兰山国家级自然保护区生态产品的精准核算提供科学依据。生态连清技术体系是采用长期定位观测技术和分布式测算方法，依托生态系统长期定位观测网络，连续对同一生态系统进行全指标体系观测与清查，获取长期定位观测数据，耦合生态空间森林、草地资源数据，形成生态空间生态产品绿色核算体系，以确保生态空间生态产品绿色核算的科学性、合理性和精准性。

> 生态产品连续观测与清查技术体系（简称生态连清技术体系）：是以生态地理区划为单位，以国家现有生态系统长期定位观测网络为依托，采用长期定位观测技术和分布式测算方法，定期对同一森林生态系统进行重复观测与清查的技术。生态连清技术体系能够将森林、草地生态系统资源数据加以耦合，形成国家林草生态综合监测体系中有关生态产品绿色核算与价值化实现的最新方法学。

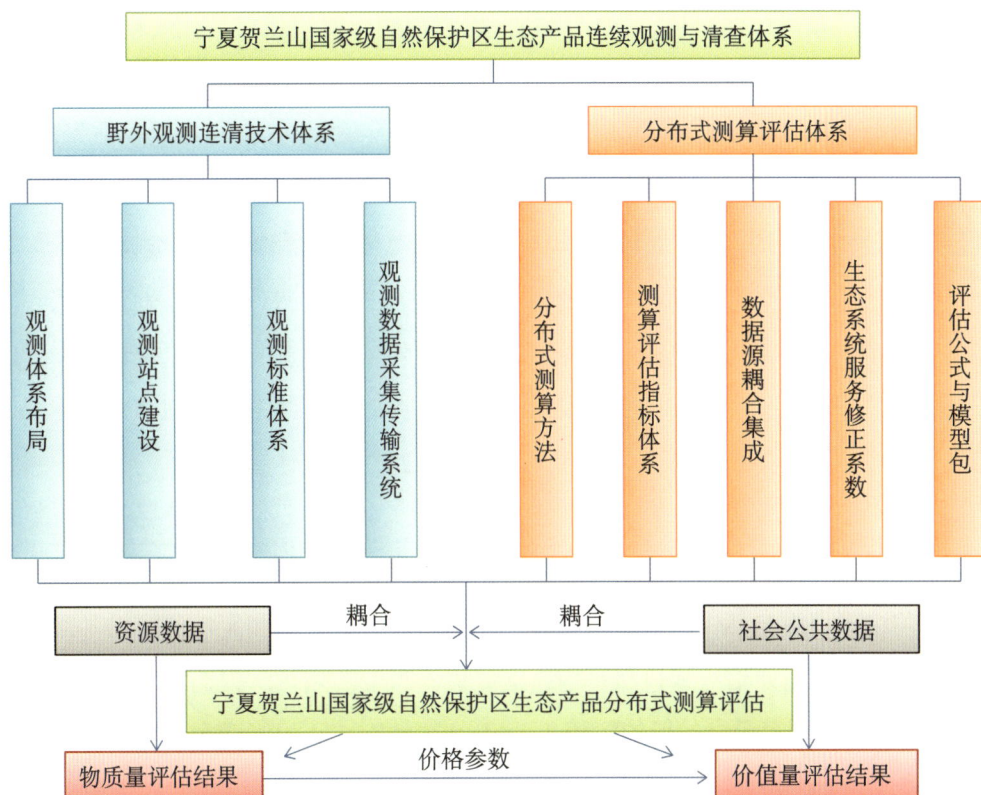

图 1-1　宁夏贺兰山国家级自然保护区生态产品连续观测与清查技术体系

　　宁夏贺兰山国家级自然保护区生态连清技术体系由野外观测连清技术体系和分布式测算评估体系两部分组成，生态产品连清技术体系的内涵主要反映在这两大体系中。野外观测连清体系包括观测体系布局、观测站点建设、观测标准体系和观测数据采集传输系统，是数据保证体系，其基本要求是统一测度、统一计量、统一描述。分布式测算评估体系包括分布式测算方法、测算评估指标体系、数据源耦合集成、生态系统服务修正系数及评估公式与模型包，是精度保证体系，可以解决生态空间异质性交错、生态功能结构复杂、生态产品类型多样以及生态状况变化多端导致的测算精度难以准确到全生态空间、全口径、全周期、全指标的最前沿科学问题。

第一节　野外观测连清体系

一、观测体系布局与建设

　　野外观测技术体系是构建宁夏贺兰山国家级自然保护区生态产品生态连清技术体系的重要基础，为了做好这一基础工作，需要考虑如何构架观测体系布局。陆地生态系统定位观测研究站与保护区及周边各类森林、草地监测点作为宁夏贺兰山国家级自然保护区生态产品

监测的两大平台,在建设时坚持"统一规划、统一布局、统一建设、统一规范、统一标准、资源整合、数据共享"原则。

生态产品监测站网布局是以典型抽样为指导思想,以水热分布和立地条件为布局基础,选择具有典型性、代表性和层次性明显的区域完成森林、草地生态站网布局。生态站网布局,首先,依据《中国林业区划》(吴中伦,1997)和《中国生态地理区域系统研究》(郑度,2008)两大区划体系完成保护区生态区划,并将其作为生态站网布局的基础。其次,结合国家重点生态功能区、生物多样性优先保护区,量化并确定宁夏贺兰山国家级自然保护区重点森林生态站的布局区域。最后,将宁夏贺兰山国家级自然保护区生态区划和重点生态站布局区域相结合,确保每个生态区内至少有一个生态站。此外,森林生态分区内如有国家重点生态功能区、国家生态屏障区、生物多样性保护优先区、全国重要生态系统保护和修复重大工程区,则优先布局森林生态站。

宁夏贺兰山国家级自然保护区生态系统国家定位观测研究站和定位研究站(简称生态监测站)在生态产品监测评估与绿色核算中扮演着极其重要的角色。根据生态功能监测分区基础信息,宁夏贺兰山国家级自然保护区跨Ⅱ(32)Eb和Ⅱ(33)Eb两个生态区划(图1-2)。

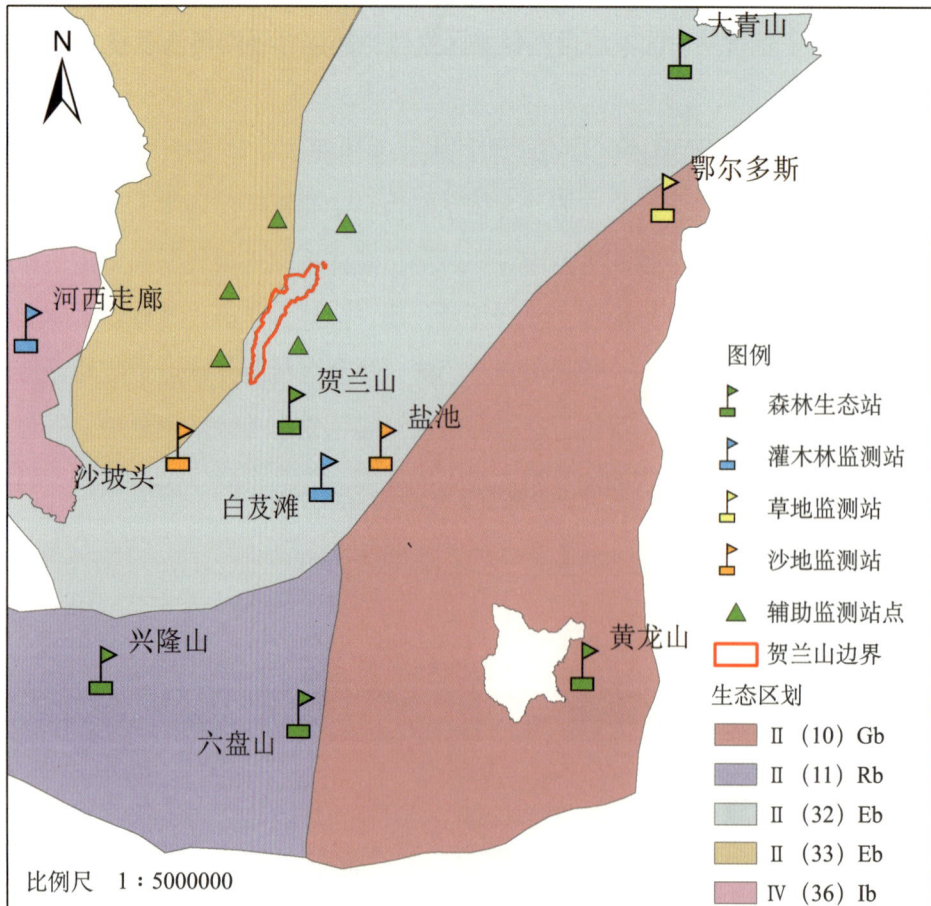

图1-2 宁夏贺兰山国家级自然保护区陆地生态系统野外科学观测研究站布局

Ⅱ（32）Eb 内蒙古西部森林草原温带干旱区属温带干旱气候，年平均气温为 8.5℃，年平均降水量为 200 毫米，地貌地形为山地类型，土壤类型为草甸土、棕色针叶林土。地带性植被以典型草原为主。Ⅱ（33）Eb 阿拉善高原半荒漠温带干旱有林区属温带干旱气候，年平均气温为 3.7～7.6℃，年平均降水量为 800 毫米，地貌地形为山地类型，土壤类型为棕钙土、灰棕荒漠土。本区植被极为稀疏，以草原为主，其次为典型先锋沙生植物。此外，还有半固定、固定沙丘上植物物种较多，还出现一些反映草原化过程的植物。

在宁夏贺兰山国家级自然保护区所属的宁夏回族自治区境内及Ⅱ（32）Eb 区划内，同时还考虑了贺兰山国家级自然保护区周边的森林和草地监测点，包含宁夏白芨滩生态修复及灌木林碳中和野外科学观测研究站、宁夏六盘山森林生态站及内蒙古大青山国家级自然保护区草原定位监测站；同时，宁夏沙坡头沙漠生态系统国家野外科学观测研究站和宁夏盐池毛乌素沙地生态系统国家定位观测研究站 2 个沙地监测点也对草地做了相关指标监测，因此本研究也考虑了这两个沙地生态监测站点。在宁夏贺兰山国家级自然保护区所属的Ⅱ（33）Eb 区划中，还考虑了周边的辅助监测站点。

除此之外，还考虑了宁夏贺兰山国家级自然保护区周边Ⅱ(11)Rb 及Ⅳ(36)Ib 两个区划。Ⅱ（11）Rb 陇西黄土高原落叶阔叶林森林草原高原温带半干旱区属高原温带半干旱气候，年平均气温为 3～8℃，年平均降水量为 400～600 毫米，地貌地形为黄土丘陵，土壤类型为黑垆土、黄绵土、棕壤、红土等。本区北部是温带落叶阔叶林向草原的过渡地带。南部区域植被具有覆盖率大、类型多样、垂直分异明显及种类组成丰富等特点。除针叶林和阔叶林外，还有大量的针阔叶混交林。Ⅳ（36）Ib 天山山地针叶林暖温带干旱区属暖温带干旱气候，年平均气温为 13.8℃，年平均降水量为 100 毫米左右，地貌地形为山地，土壤类型为草甸土、棕色森林土。以上两区划同属温带干旱气候，其地貌地形、平均气温、降水量及植被土壤类型同宁夏贺兰山国家级自然保护区信息相似，因此本研究考虑了这两个区划中的 2 个生态站点，即甘肃省境内的兴隆山森林生态站和河西走廊森林生态系统定位观测研究站。

本次评估所采用的数据主要来源于宁夏贺兰山国家级自然保护区境内的生态监测站，并利用周边相同生态区位站点及中国科学院、北京林业大学、宁夏大学、北方民族大学建立的实验样地对数据进行补充和修正。这些生态站中，包括宁夏回族自治区境内的宁夏六盘山森林生态站（宁夏固原市）、宁夏白芨滩生态修复及灌木林碳中和野外科学观测研究站（宁夏灵武市）、宁夏沙坡头沙漠生态系统国家野外科学观测研究站（宁夏中卫市）和宁夏盐池毛乌素沙地生态系统国家定位观测研究站（宁夏吴忠市盐池县），以及周边甘肃省境内的兴隆山森林生态站（甘肃兰州市榆中县）、河西走廊森林生态系统定位观测研究站（甘肃民勤县）；内蒙古自治区境内的内蒙古鄂尔多斯草地生态系统国家野外科学观测研究站（内蒙古鄂尔多斯市）、内蒙古大青山森林生态系统国家定位观测研究站(内蒙古呼和浩特市)。此外，在宁夏贺兰山国家级自然保护区境内以及周边地区还有 6 个辅助观测站点。

目前，宁夏贺兰山国家级自然保护区及周围的生态监测站和辅助监测点在空间布局上能够充分体现区位优势和地域特色，兼顾了生态监测站在国家和地方等层面的典型性和重要性，基本形成了层次清晰、代表性强的生态监测站网，可以负责相关站点所属区域的生态产品生态连清野外数据监测工作，同时对宁夏贺兰山国家级自然保护区森林和草地的长期监测也起到了重要的服务作用。

借助上述生态监测站以及辅助监测点，可以满足宁夏贺兰山国家级自然保护区生态产品监测评估和科学研究需求。随着政府对生态环境建设形势认识的不断发展，必将建立起宁夏贺兰山国家级自然保护区生态产品监测的完备体系，为科学全面地评估宁夏贺兰山国家级自然保护区生态建设成效奠定坚实的基础。同时，通过各生态监测站长期、稳定地发挥作用，必将为健全和完善国家生态监测网络，特别是构建完备的林业及其生态建设监测评估体系作出重大贡献。

二、监测评估标准体系

监测评估标准体系是生态连清技术体系的重要基础和基本法则。宁夏贺兰山国家级自然保护区森林生态产品的监测与评估严格依据中国森林生态系统监测评估系列国家标准《森林生态系统长期定位观测研究站建设规范》（GB/T 40053—2021）、《森林生态系统定位观测指标体系》（GB/T 35377—2017）、《森林生态系统长期定位观测方法》（GB/T 33027—2016）和《森林生态系统服务功能评估规范》（GB/T 38582—2020），4项国家标准之间的逻辑关系从"如何建站"到"观测什么"再到"如何观测"以及"怎样评估"（图1-3、图1-4），严格规范了森林生态连清技术体系的标准化工作流程。草地生态产品监测与评估

```
森林生态系统监测评估标准体系
  ├─ 《森林生态系统长期定位观测研究站建设规范》（GB/T 40053—2021）
  ├─ 《森林生态系统长期定位观测指标体系》（GB/T 35377—2017）
  ├─ 《森林生态系统长期定位观测方法》（GB/T 33027—2016）
  └─ 《森林生态系统服务功能评估规范》（GB/T 38582—2020）
```

图1-3 森林生态产品监测评估标准体系

根据《草地气象监测评价方法》(GB/T 34814—2017)和《北方草地监测要素与方法》(QX/T 212—2013)开展监测评估工作。

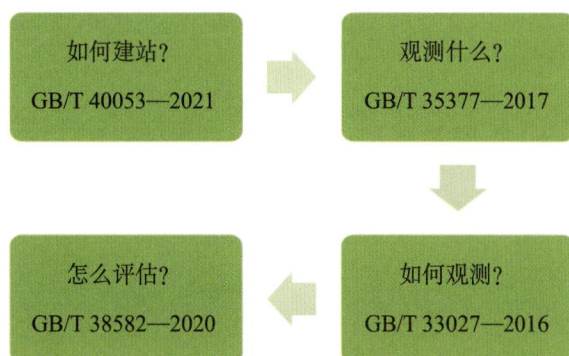

图 1-4　森林和草地监测评估标准体系逻辑关系

宁夏贺兰山国家级自然保护区森林和草地生态连清监测评估所依据的标准体系包括从生态系统服务功能监测站点建设到观测指标、观测方法、数据管理乃至数据应用各方面的标准。这一系列的标准化保证了不同站点所提供宁夏贺兰山国家级自然保护区森林和草地生态连清数据的准确性和可比性，为宁夏贺兰山国家级自然保护区生态产品绿色核算的顺利进行提供了保障。

第二节　分布式测算评估体系

一、分布式测算方法

分布式测算方法源于计算机科学，是研究如何把一项整体复杂的问题分割成相对独立运算的单元，并将这些单元分配给多个计算机进行处理，最后将计算结果统一合并得出结论的一种科学计算方法。分布式测算方法被用于使用世界各地成千上万位志愿者的计算机的闲置计算能力，来解决复杂的数学问题，如 GIMPS（搜索梅森素数的分布式网络计算）和研究寻找最为安全的密码系统（如 RC4 等），这些项目都很庞大，需要惊人的计算量，而分布式测算研究如何把一个需要有巨大计算能力才能解决的问题分成许多小的部分，并分配给许多计算机进行处理，最后把这些计算结果综合起来得到最终的结果。随着科学的发展，分布式测算是一种廉价的、高效的、维护方便的计算方法。

> 分布式测算方法：是指将复杂的生态系统服务功能测算整体过程分割成不同层次、若干个相对独立运算的均质单元，再将这些均质单元分别测算并逐级累加的一种科学测算方法。

宁夏贺兰山国家级自然保护区生态产品的测算是一项非常庞大、复杂的系统工程，适合划分成多个均质化的生态测算单元开展评估（牛香等，2012；Niu et al.，2013）。因此，分布式测算方法是目前评估宁夏贺兰山国家级自然保护区生态产品所采用的较为科学有效的方法，并且通过诸多森林生态系统服务功能评估案例证实（王兵等，2020；李少宁，2007），分布式测算方法能够保证评估结果的准确性及可靠性。

基于全空间、全指标、全口径、全周期的"四全"评估构架，利用分布式测算方法评估宁夏贺兰山国家级自然保护区生态产品的具体思路（图1-5）：对宁夏贺兰山国家级自然保护区中的森林、草地生态系统按照支持服务、调节服务、供给服务和文化服务四大类别划分为一级分布式测算单元；每个一级分布式测算单元按照管理站分为7个二级分布式测算单元；每个二级分布式测算单元按照生态系统类型划分为森林、草地2个三级分布式测算单元；每个三级分布式测算单元划分为10个林分类型、3个草地类型的四级分布式测算单元；每

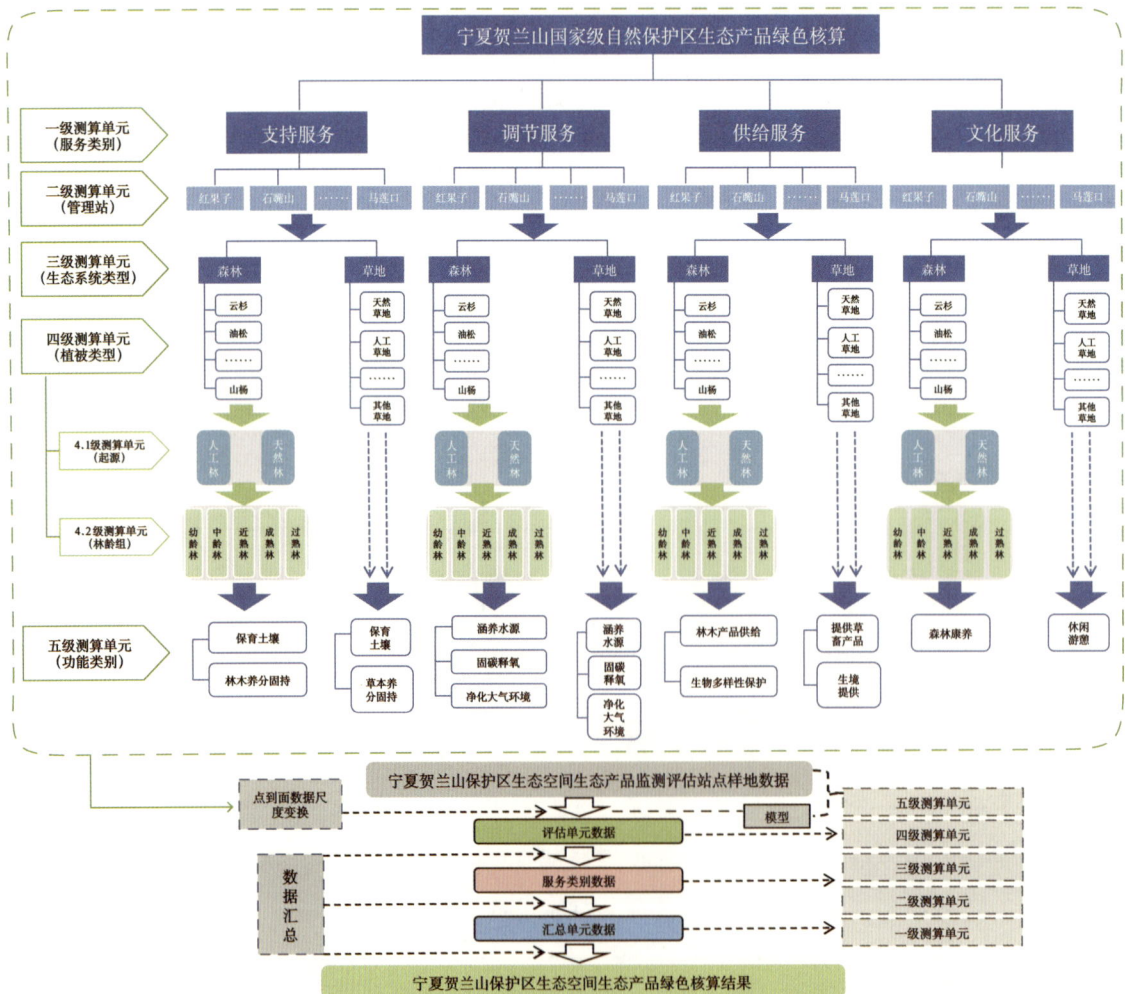

图1-5 宁夏贺兰山国家级自然保护区生态产品分布式测算方法

注：其中，森林的四级分布式测算单元按照林分起源划分为2个4.1级测算单元；将每个4.1级分布式测算单元划分为幼龄林、中龄林、近熟林、成熟林和过熟林5个4.2级分布式测算单元。

个四级分布式测算单元按照保育土壤、养分固持、涵养水源、固碳释氧、净化大气环境、产品供给、生物多样性保护、休闲游憩等功能类别划分为 22 个森林生态系统服务功能指标类别、21 个草地生态系统服务功能指标类别五级分布式测算单元。基于以上分布式测算单元划分，本次评估划分成 2721 个相对均质的生态产品评估单元。

二、监测评估指标体系

依据国家标准《森林生态系统服务功能评估规范》（GB/T 38582—2020）以及《草原生态评价技术方案》，按照支持服务、调节服务、供给服务和文化服务四大服务类别对生态产品进行核算（图 1-6）。

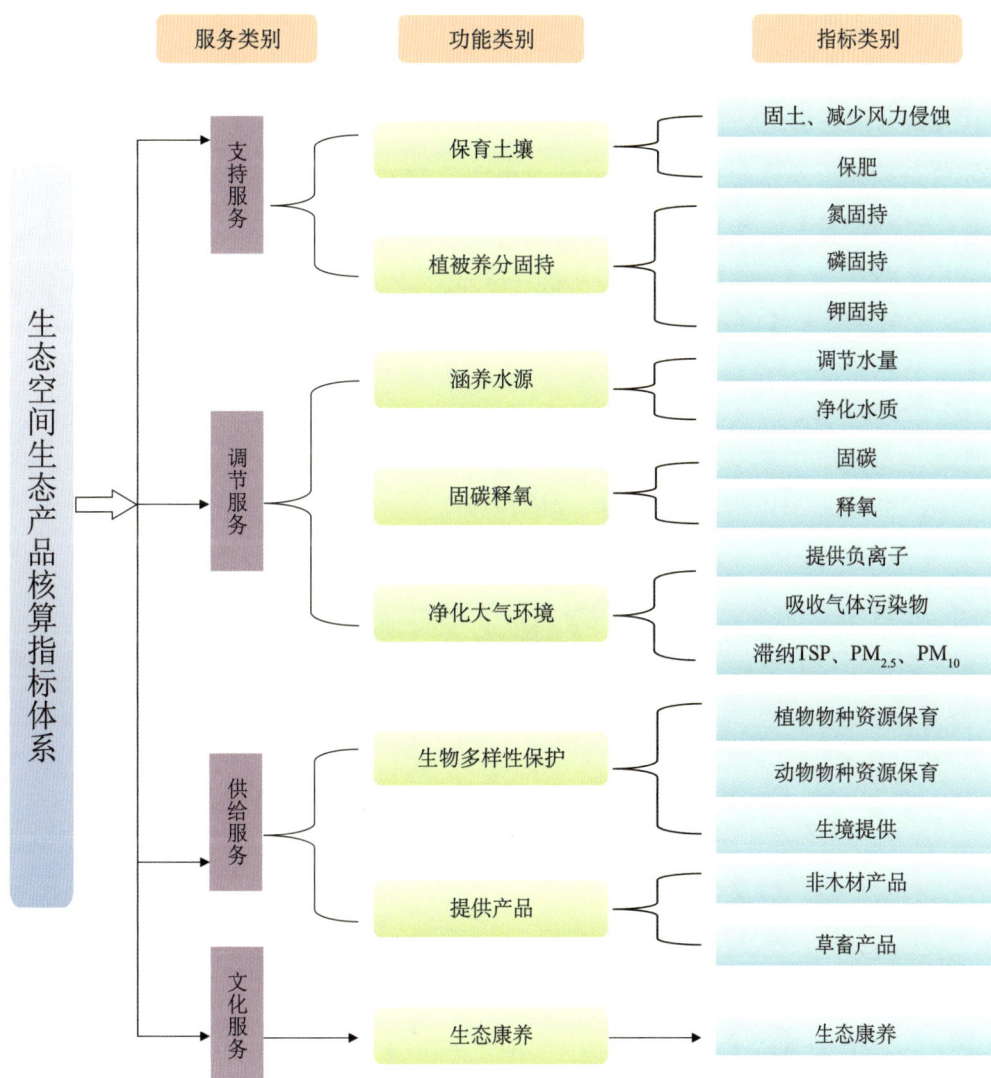

图 1-6　宁夏贺兰山国家级自然保护区生态产品核算指标体系

三、数据来源与耦合集成

宁夏贺兰山国家级自然保护区生态产品核算分为物质量和价值量两部分。物质量评估

所需数据包括宁夏贺兰山国家级自然保护区森林和草地生态连清数据集和宁夏贺兰山国家级自然保护区森林、草地资源数据与第三次全国国土调查数据对接融合的资源数据集；价值量评估所需数据除以上两个来源外，还包括社会公共数据集（图 1-6）。

数据来源主要包括以下三部分：

1. 生态连清数据集

生态连清数据集主要来源于宁夏贺兰山国家级自然保护区境内及周边陆地生态系统野外科学观测研究站和定位观测研究站的野外长期定位连续观测数据集。

2. 森林、草地资源数据

按照《自然资源调查监测体系构建总体方案》的框架，宁夏林业调查规划院提供的宁夏贺兰山国家级自然保护区森林、草地资源数据与第三次全国国土调查（简称国土"三调"）数据对接融合，得到的资源数据。

3. 社会公共数据集

社会公共数据主要采用我国权威机构公布的社会公共数据，分别来源于《中华人民共和国水利部水利建筑工程预算定额》、中国农业信息网（http：//www.agri.cn/）、中华人民共和国国家卫生健康委员会（http：//www.nhc.gov.cn/）和《中华人民共和国环境保护税法》、宁夏回族自治区发展和改革委员会网站（http：//fzggw.nx.gov.cn/）、《中国林业和草原统计年鉴》和《宁夏统计年鉴（2022)》等。

将上述三类数据源有机地耦合集成（图 1-7)，应用于一系列的评估公式中，即可获得宁夏贺兰山国家级自然保护区生态产品核算结果。

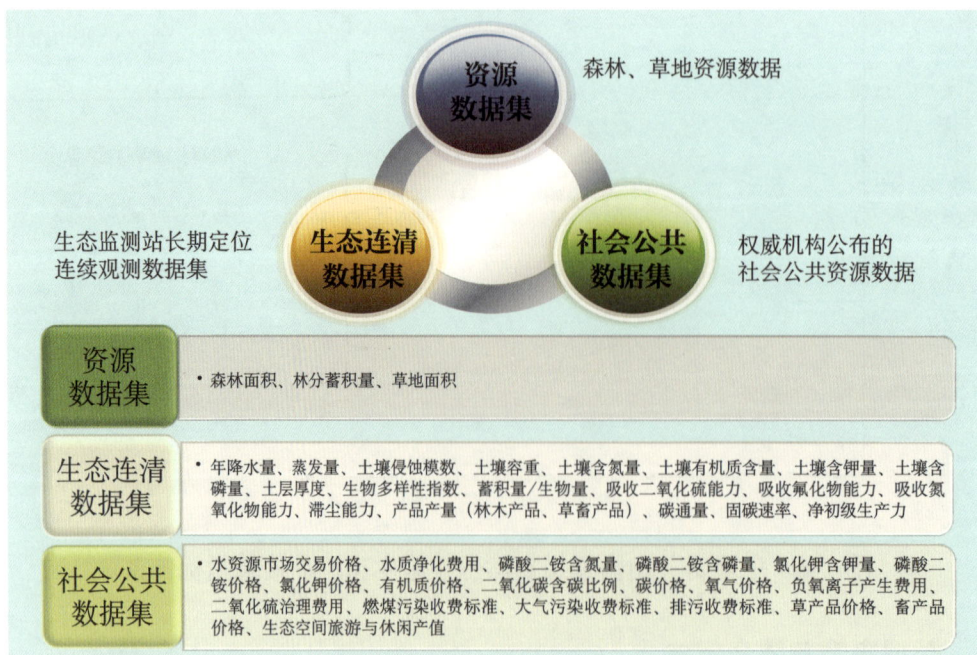

图 1-7　宁夏贺兰山国家级自然保护区生态产品数据源耦合集成

四、生态系统服务修正系数

在野外数据观测中，研究人员仅能够得到观测站点附近的实测生态数据，对于无法实地观测到的数据，则需要一种方法对已经获得的参数进行修正，如森林生态系统引入了森林生态系统服务修正系数。

> 森林生态系统服务修正系数（Forest Ecosystem Services Correction Coefficient，简称 *FES—CC*）：是指评估林分生物量和实测林分生物量的比值，反映森林生态系统服务评估区域森林的生态质量状况，还可以通过森林生态功能的变化修正森林生态系统服务的变化。

森林生态系统服务价值的合理测算对绿色国民经济核算具有重要意义，社会进步程度、经济发展水平、森林资源质量等对森林生态系统服务均会产生一定影响，而森林自身结构和功能状况则是体现森林生态系统服务可持续发展的基本前提。"修正"作为一种状态，表明系统各要素之间具有相对"融洽"的关系。当用现有的野外实测值不能代表同一生态单元同一目标优势树种（组）的结构或功能时，就需要采用森林生态系统服务修正系数客观地从生态学精度的角度反映同一优势树种（组）在同一区域的真实差异。生态系统的服务功能大小与该生态系统的生物量有密切关系。一般来说，生物量越大，生态服务功能越强。其理论计算公式如下：

$$FES\text{-}CC = \frac{B_e}{B_o} = \frac{BEF \times V}{B_o} \tag{1-1}$$

式中：*FES-CC*——森林生态系统服务修正系数（简称 *F*）；

B_e——评估林分的生物量（千克／立方米）；

B_o——实测林分的生物量（千克／立方米）；

BEF——蓄积量与生物量的转换因子；

V——评估林分的蓄积量（立方米）。

实测林分的生物量可以通过森林生态连清技术体系的实测手段来获取，而评估林分的生物量在宁夏回族自治区资源清查和造林工程调查中还没有完全统计。因此，通过评估林分蓄积量和生物量转换因子（*BEF*）来测算评估林分生物量（方精云等，1996；Fang et al.，1998；Fang et al.，2001）。

五、核算公式与模型包

宁夏贺兰山国家级自然保护区生态产品绿色核算主要是从物质量和价值量的角度对保护区森林和草地提供的各项生态产品进行定量评估；价值量评估是指从货币价值量的角度对保护区森林和草地提供的生态服务功能价值进行定量评估，在价值量评估中，主要采用等效

替代原则，并用替代品的价格进行等效替代核算某项评估指标的价值量。同时，在具体选取替代品的价格时应遵守权重当量平衡原则，考虑计算所得的各评估指标价值量在总价值量中所占的权重，使其保持相对平衡。

> 等效替代法：是当前生态环境效益经济评价中最普遍采用的一种方法，是生态系统功能物质量向价值量转化的过程中，在保证某评估指标生态功能相同的前提下，将实际的、复杂的生态问题和生态过程转化为等效的、简单的、易于研究的问题和过程来估算生态系统各项功能价值量的研究和处理方法。

> 权重当量平衡原则：是指生态系统服务功能价值量评估过程中，当选取某个替代品的价格进行等效替代核算某项评估指标的价值量时，应考虑计算所得的各评估指标价值量在总价值量中所占的权重，使其保持相对平衡。

（一）森林生态系统

1. 保育土壤功能

森林凭借庞大的树冠、深厚的枯枝落叶层及强壮且成网状的根系截留大气降水，减少或免遭雨滴对土壤表层的直接冲击，有效地固持土体，降低了地表径流对土壤的冲蚀，使土壤流失量大大降低。而且森林植被的生长发育及其代谢产物不断对土壤产生物理及化学影响，参与土体内部的能量转换与物质循环，提高土壤肥力。森林凋落物是土壤养分的主要来源之一（图1-8）。因此，本研究选用固土和保肥2个指标来反映森林保育土壤功能。

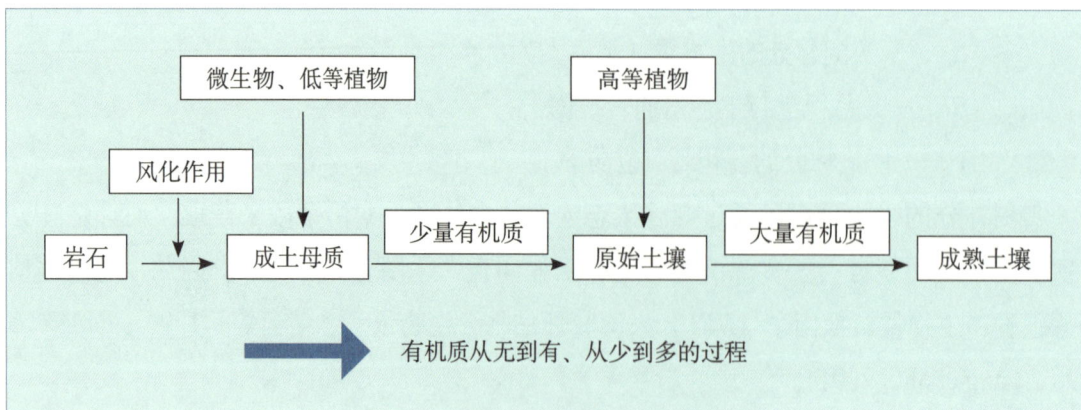

图1-8　植被对土壤形成的作用

（1）固土指标。因为森林的固土功能是从地表土壤侵蚀程度表现出来的，所以可通过无林地土壤侵蚀程度和有林地土壤侵蚀程度之差来估算森林的保土量。该评估方法是目前国内外多数人使用并认可的。例如，日本在1972年、1978年和1991年评估森林防止土壤泥

沙侵蚀效能时，都采用了有林地与无林地之间土壤侵蚀对比方法来计算。

①年固土量。林分年固土量计算公式如下：

$$G_{固土}=A\times(X_2-X_1)\times F \tag{1-2}$$

式中：$G_{固土}$——评估林分年固土量（吨／年）；

　　　X_1——实测林分有林地土壤侵蚀模数[吨／（公顷·年）]；

　　　X_2——无林地土壤侵蚀模数[吨／（公顷·年）]；

　　　A——林分面积（公顷）；

　　　F——森林生态系统服务修正系数。

②年固土价值。由于土壤侵蚀流失的泥沙淤积于水库中，减少了水库蓄积水的体积，因此本研究根据蓄水成本（替代工程法）计算林分年固土价值，计算公式如下：

$$U_{固土}=C_{固土}\times C_{土}/\rho \tag{1-3}$$

式中：$U_{固土}$——评估林分年固土价值（元／年）；

　　　$C_{固土}$——评估林分年固土量（吨／年）；

　　　$C_{土}$——挖取和运输单位体积土方所需费用（元／立方米）；

　　　ρ——土壤容重（克／立方厘米）。

（2）保肥指标。林木的根系可以改善土壤结构、孔隙度和通透性等物理性状，有助于土壤形成团粒结构。在养分循环过程中，枯枝落叶层不仅减小了降水的冲刷和径流，而且是森林生态系统归还的主要途径，可以增加土壤有机质、营养物质（氮、磷、钾等）和土壤碳库的积累，提高土壤肥力，起到保肥的作用。土壤侵蚀带走大量的土壤营养物质，根据氮、磷、钾等养分含量和森林减少的土壤损失量，可以估算出森林每年减少的养分流失量。因土壤侵蚀造成了氮、磷、钾大量流失，使土壤肥力下降，通过计算年固土量中氮、磷、钾的数量，再换算为化肥价格即为森林年保肥价值。

①年保肥量。计算公式如下：

$$G_{氮}=A\times N\times(X_2-X_1)\times F \tag{1-4}$$

$$G_{磷}=A\times P\times(X_2-X_1)\times F \tag{1-5}$$

$$G_{钾}=A\times K\times(X_2-X_1)\times F \tag{1-6}$$

$$G_{有机质}=A\times M\times(X_2-X_1)\times F \tag{1-7}$$

式中：$G_{氮}$——评估林分固持土壤而减少的氮流失量（吨／年）；

　　　$G_{磷}$——评估林分固持土壤而减少的磷流失量（吨／年）；

　　　$G_{钾}$——评估林分固持土壤而减少的钾流失量（吨／年）；

$G_{有机质}$——评估林分固持土壤而减少的有机质流失量（吨/年）；

X_1——实测林分有林地土壤侵蚀模数[吨/（公顷·年）]；

X_2——无林地土壤侵蚀模数[吨/（公顷·年）]；

N——实测林分中土壤含氮量（%）；

P——实测林分中土壤含磷量（%）；

K——实测林分中土壤含钾量（%）；

M——实测林分中土壤有机质含量（%）；

A——林分面积（公顷）；

F——森林生态系统服务修正系数。

②年保肥价值。年固土量中氮、磷、钾的物质量换算成化肥价值即为林分年保肥价值。本研究的林分年保肥价值以固土量中的氮、磷、钾数量折合成磷酸二铵化肥和氯化钾化肥的价值来体现。计算公式如下：

$$U_{肥} = \frac{G_{氮} \times C_1}{R_1} + \frac{G_{磷} \times C_1}{R_2} + \frac{G_{钾} \times C_2}{R_3} + G_{有机质} \times C_3 \tag{1-8}$$

式中：$U_{肥}$——评估林分年保肥价值（元/年）；

$G_{氮}$——评估林分固持土壤而减少的氮流失量（吨/年）；

$G_{磷}$——评估林分固持土壤而减少的磷流失量（吨/年）；

$G_{钾}$——评估林分固持土壤而减少的钾流失量（吨/年）；

$G_{有机质}$——评估林分固持土壤而减少的有机质流失量（吨/年）；

R_1——磷酸二铵化肥含氮量（%）；

R_2——磷酸二铵化肥含磷量（%）；

R_3——氯化钾化肥含钾量（%）；

C_1——磷酸二铵化肥价格（元/吨）；

C_2——氯化钾化肥价格（元/吨）；

C_3——有机质价格（元/吨）。

2. 林木养分固持功能

生态系统的所有生物体内贮存着各种营养元素，并通过元素循环，促使生物与非生物环境之间的元素变换，维持生态过程。有关学者指出，森林生态系统在其生长过程中不断从周围环境吸收营养元素，固定在植物体中。本研究综合了在以上两个定义的基础上，认为林木养分固持是指森林植物通过生化反应，在土壤、大气、降水中吸收氮、磷、钾等营养物质并贮存在体内各营养器官的功能。

这里要测算的林木固持氮、磷、钾含量与前面述及的森林生态系统保育土壤功能中保肥的氮、磷、钾有所不同，前者是被森林植被吸收进植物体内的营养物质，后者是森林生态

系统中林下土壤里所含的营养物质。因此，在测算过程中要将二者区分开来分别计量。

森林植被在生长过程中每年要从土壤或空气中要吸收大量营养物质，如氮、磷、钾等，并贮存在植物体中。考虑到指标操作的可行性，本研究主要考虑主要营养元素氮、磷、钾3种元素物质的含量。在计算森林营养物质积累量时，以氮、磷、钾在植物体中的百分含量为依据，再结合中国森林资源清查数据及森林净生产力数据计算出中国森林生态系统年固持氮、磷、钾的总量。国内很多研究均采用了这种方法。

（1）林木养分固持量。计算公式如下：

$$G_{氮}=A \times N_{营养} \times B_{年} \times F \qquad (1-9)$$

$$G_{磷}=A \times P_{营养} \times B_{年} \times F \qquad (1-10)$$

$$G_{钾}=A \times K_{营养} \times B_{年} \times F \qquad (1-11)$$

式中：$G_{氮}$——评估林分年氮固持量（吨／年）；

$G_{磷}$——评估林分年磷固持量（吨／年）；

$G_{钾}$——评估林分年钾固持量（吨／年）；

$N_{营养}$——实测林木氮元素含量（%）；

$P_{营养}$——实测林木磷元素含量（%）；

$K_{营养}$——实测林木钾元素含量（%）；

$B_{年}$——实测林分年净生产力［吨／（公顷·年）］；

A——林分面积（公顷）；

F——森林生态系统服务修正系数。

（2）林木年养分固持价值。采取把营养物质折合成磷酸二铵化肥和氯化钾化肥方法计算林木营养物质积累价值，计算公式如下：

$$U_{氮}=G_{氮} \times C_1 \qquad (1-12)$$

$$U_{磷}=G_{磷} \times C_1 \qquad (1-13)$$

$$U_{钾}=G_{钾} \times C_2 \qquad (1-14)$$

式中：$U_{氮}$——评估林分氮固持价值（元／年）；

$U_{磷}$——评估林分磷固持价值（元／年）；

$U_{钾}$——评估林分钾固持价值（元／年）；

$G_{氮}$——评估林分年氮固持量（吨／年）；

$G_{磷}$——评估林分年磷固持量（吨／年）；

$G_{钾}$——评估林分年钾固持量（吨／年）；

C_1——磷酸二铵化肥价格（元／吨）；

C_2——氯化钾化肥价格（元／吨）。

3. 涵养水源功能

森林涵养水源功能主要是指森林对降水的截留、吸收和贮存，将地表水转为地表径流或地下水的作用（图1-9）。主要功能表现在增加可利用水资源、净化水质和调节径流三个方面。本研究选定2个指标，即调节水量指标和净化水质指标，以反映森林的涵养水源功能。

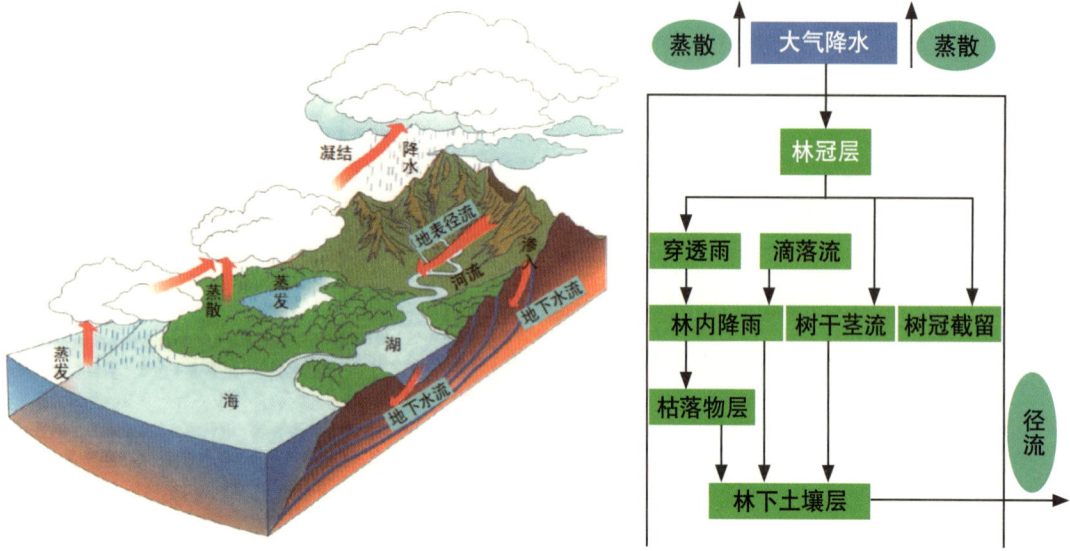

图 1-9　全球水循环及森林对降水的再分配示意

（1）调节水量指标。

①年调节水量。森林生态系统年调节水量计算公式如下：

$$G_调 = 10A \times (P_水 - E - C) \times F \tag{1-15}$$

式中：$G_调$——评估林分年调节水量（立方米／年）；

$P_水$——实测林外降水量（毫米／年）；

E——实测林分蒸散量（毫米／年）；

C——实测林分地表快速径流量（毫米／年）；

A——林分面积（公顷）；

F——森林生态系统服务修正系数。

②年调节水量价值。由于森林对水量主要起调节作用，与水库的功能相似，因此，本研究森林生态系统年调节水量价值根据水库工程的蓄水成本（替代工程法）来确定，计算公式如下：

$$U_调 = G_调 \times C_库 \tag{1-16}$$

式中：$U_调$——评估林分年调节水量价值（元／年）；

$G_调$——评估林分年调节水量（立方米／年）；

$C_库$——水资源市场交易价格（元／立方米）。

（2）净化水质指标。净化水质包括净化水量和净化水质价值 2 个方面。

①年净化水量。计算公式如下：

$$G_净 = 10A \times (P_水 - E - C) \times F \tag{1-17}$$

式中：$G_净$——评估林分年净化水量（立方米／年）；

$P_水$——实测林外降水量（毫米／年）；

E——实测林分蒸散量（毫米／年）；

C——实测林分地表快速径流量（毫米／年）；

A——林分面积（公顷）；

F——森林生态系统服务修正系数。

②年净化水质价值。森林生态系统年净化水质价值根据内蒙古自治区水污染物应纳税额，计算公式如下：

$$U_净 = G_净 \times K_水 \tag{1-18}$$

式中：$U_净$——评估林分净化水质价值（元／年）；

$G_净$——评估林分年净化水量（立方米／年）；

$K_水$——水的净化费用（元／年）。

4. 固碳释氧功能

森林植被与大气的物质交换主要是二氧化碳与氧气的交换，即森林固定并减少大气中的二氧化碳和提高并增加大气中的氧气（图 1-10），这对维持大气中的二氧化碳和氧气动态平衡、减少温室效应以及为人类提供生存的基础都有巨大的、不可替代的作用（Wang et al., 2013）。

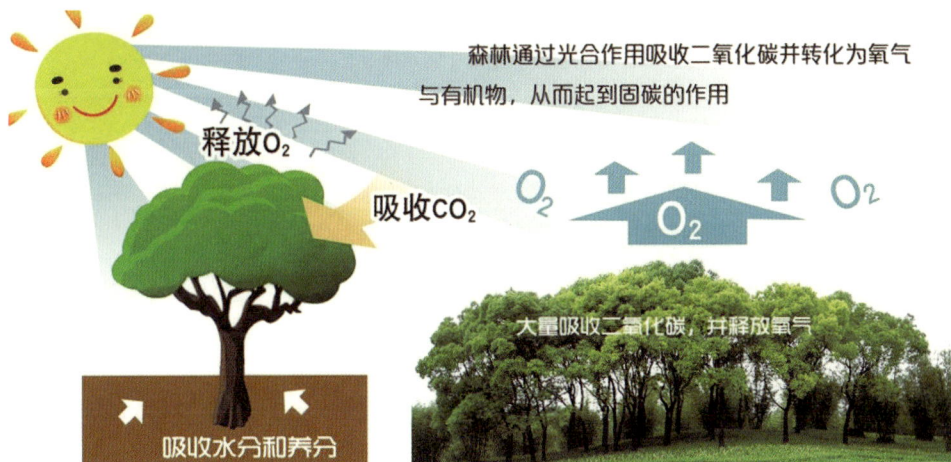

图 1-10　森林生态系统固碳释氧作用

我国"十四五"规划提出力争 2030 年前实现碳达峰，2060 年前实现碳中和的重大战略决策，事关中华民族永续发展和构建人类命运共同体。为实现碳达峰碳中和的战略目标，既要实施碳强度和碳排放总量双控制，同时要提升生态系统碳汇能力。森林作为陆地生态系统的主体，具有显著的固碳作用，在碳达峰碳中和战略目标的实现过程中发挥着重要作用。目前，我国森林生态系统碳汇能力由于碳汇方法学存在缺陷（即：推算森林碳汇量采用的材积源生物量法是通过森林蓄积量增量进行计算的，而一些森林碳汇资源并未统计其中，主要指特灌林和竹林、疏林地、未成林造林地、非特灌林灌木林、苗圃地、荒山灌丛、城区和乡村绿化散生林木）而被低估，为准确核算我国森林资源碳汇能力，王兵研究员等提出森林碳汇资源和森林全口径碳汇新理念（王兵等，2021）。

> 森林碳汇资源：是指能够提供碳汇功能的森林资源，包括乔木林、竹林、特灌林、疏林、未成林造林、非特灌林灌木林、苗圃地、荒山灌丛、城区和乡村绿化散生林木等。
>
> 森林植被全口径碳汇＝森林资源碳汇（乔木林碳汇＋竹林碳汇＋特灌林碳汇）＋疏林地碳汇＋未成林造林地碳汇＋非特灌林灌木林碳汇＋苗圃地碳汇＋荒山灌丛碳汇＋城区和乡村绿化散生林木碳汇＋土壤碳汇。

因此，本研究选用固碳、释氧两个指标反映宁夏贺兰山国家级自然保护区森林全口径碳汇和森林释氧功能。根据光合作用化学反应式，森林植被每积累 1.00 克干物质，可以吸收固定 1.63 克二氧化碳，释放 1.19 克氧气。

（1）固碳指标。

①植被和土壤年固碳量。计算公式如下：

$$G_{碳}=G_{植被固碳}+G_{土壤固碳} \tag{1-19}$$

$$G_{植被固碳}=1.63R_{碳} \times A \times B_{年} \times F \tag{1-20}$$

$$G_{土壤固碳}=A \times S_{土壤碳} \times F \tag{1-21}$$

式中：$G_{碳}$——评估林分生态系统年固碳量（吨/年）；

$G_{植被固碳}$——评估林分年固碳量（吨/年）；

$G_{土壤固碳}$——评估林分对应的土壤年固碳量（吨/年）；

$R_{碳}$——二氧化碳中碳的含量，为 27.27%；

$B_{年}$——实测林分净生产力[吨/（公顷·年）]；

$S_{土壤碳}$——单位面积实测林分土壤的固碳量[吨/（公顷·年）]；

A——林分面积（公顷）；

F——森林生态系统服务修正系数。

公式计算得出森林的潜在年固碳量，再从其中减去由于林木消耗造成的碳量损失，即为森林的实际年固碳量。

②年固碳价值。鉴于我国实施温室气体排放税收制度，并对二氧化碳的排放征税，因此，采用中国碳交易市场碳税价格加权平均值进行评估。林分植被和土壤年固碳价值的计算公式如下：

$$U_碳 = G_碳 \times C_碳 \qquad (1-22)$$

式中：$U_碳$——评估林分年固碳价值（元／年）；

　　　$G_碳$——评估林分生态系统潜在年固碳量（吨／年）；

　　　$C_碳$——固碳价格（元／吨）。

公式得出森林的潜在年固碳价值，再从其中减去由于林木消耗造成的碳量损失，即为森林的实际年固碳价值。

（2）释氧指标。

①年释氧量。计算公式如下：

$$G_{氧气} = 1.19A \times B_年 \times F \qquad (1-23)$$

式中：$G_{氧气}$——评估林分年释氧量（吨／年）；

　　　$B_年$——实测林分净生产力［吨／（公顷·年）］；

　　　A——林分面积（公顷）；

　　　F——森林生态系统服务修正系数。

②年释氧价值。因为价值量的评估属经济的范畴，是市场化、货币化的体现，因此本研究采用国家权威部门公布的氧气商品价格计算森林的年释氧价值。计算公式如下：

$$U_氧 = G_氧 \times C_氧 \qquad (1-24)$$

式中：$U_氧$——评估林分年释放氧气价值（元／年）；

　　　$G_氧$——评估林分年释氧量（吨／年）；

　　　$C_氧$——氧气的价格（元／吨）。

5. 净化大气环境功能

雾霾天气的出现，使空气质量状况成为民众和政府部门关注的焦点，大气颗粒物（如 TSP、PM_{10}、$PM_{2.5}$）被认为是造成雾霾天气的主要原因。其中，$PM_{2.5}$ 更是由于其对人体健康造成严重威胁，而成为人们关注的热点。如何控制大气污染、改善空气质量成为众多科学家研究的热点（张维康等，2015；Zhang et al.，2015）。

森林提供负离子：是指森林的树冠、枝叶的尖端放电以及光合作用过程的光电效应促使空气电解，产生空气负离子，同时森林植被释放的挥发性物质，如植物精气等也能促进空气电离，增加空气负离子浓度。

森林滞纳空气颗粒物：是指由于森林增加地表粗糙度，降低风速从而提高空气颗粒物的沉降率，同时，植物叶片结构特征的理化特性为颗粒物的附着提供了有利的条件。此外，枝、叶、茎还能够通过气孔和皮孔滞纳空气颗粒物。

森林能有效吸收有害气体、滞纳粉尘、提供负离子、降低噪声、降温增湿等，从而起到净化大气环境的作用（图1-11）。为此，本研究选取提供负离子、吸收气体污染物（二氧化硫、氟化物和氮氧化物）、滞纳 TSP、PM_{10}、$PM_{2.5}$ 等指标反映森林的净化大气环境能力。

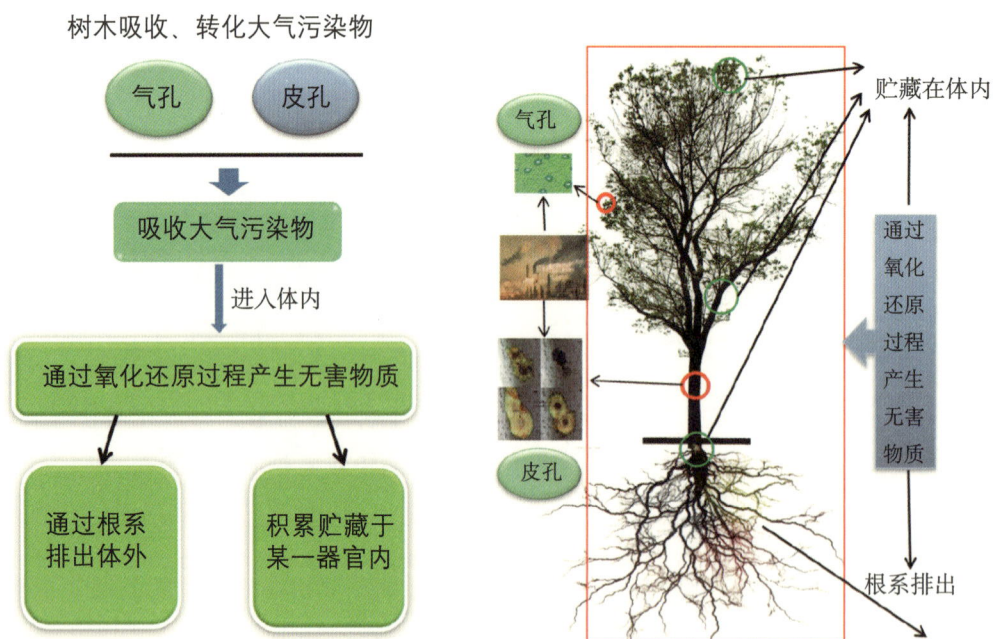

图 1-11　树木吸收空气污染物示意

（1）提供负离子指标。

①年提供负离子量。计算公式如下：

$$G_{负离子} = 5.256 \times 10^{15} \times Q_{负离子} \times A \times H \times F / L \tag{1-25}$$

式中：$G_{负离子}$——评估林分年提供负离子个数（个／年）；

　　　$Q_{负离子}$——实测林分负离子浓度（个／立方厘米）；

H——实测林分高度（米）；

L——负离子寿命（分钟）；

A——林分面积（公顷）；

F——森林生态系统服务修正系数。

②年提供负离子价值。国内外研究证明，当空气中负离子达到600个/立方厘米以上时，才能有益于人体健康，所以林分年提供负离子价值计算公式如下：

$$U_{负离子}=5.256 \times 10^{15} A \times H \times F \times K_{负离子} \times （Q_{负离子}-600）/L \qquad (1-26)$$

式中：$U_{负离子}$——评估林分年提供负离子价值（元/年）；

$K_{负离子}$——负离子生产费用（元/10^{18}个）；

$Q_{负离子}$——实测林分负离子浓度（个/立方厘米）；

L——负离子寿命（分钟）；

H——实测林分高度（米）；

A——林分面积（公顷）；

F——森林生态系统服务修正系数。

（2）吸收气体污染物指标。二氧化硫、氟化物和氮氧化物是大气的主要污染物（图1-12）。因此，本研究选取吸收二氧化硫、氟化物和氮氧化物3个指标评估森林吸收气体污染物的能力。森林对二氧化硫、氟化物和氮氧化物的吸收，可使用面积-吸收能力法、阈值法、叶干质量估算法等。本研究采用面积—吸收能力法评估森林吸收气体污染物的总量，采用应税污染法评估价值量。

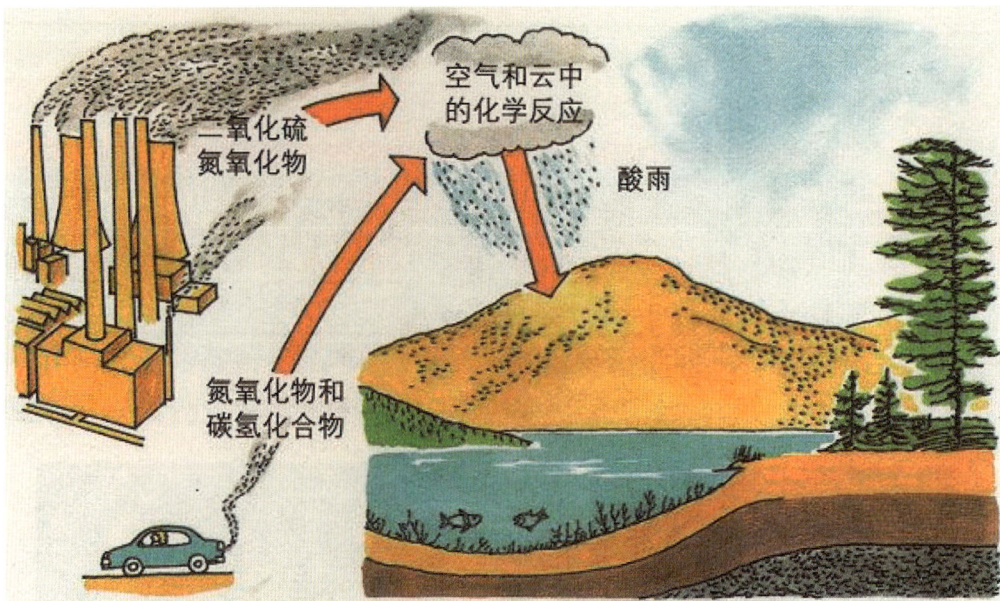

图 1-12　污染气体的来源及危害

①吸收二氧化硫。主要计算林分年吸收二氧化硫的物质量和价值量。

林分年吸收二氧化硫量计算公式如下：

$$G_{二氧化硫}=Q_{二氧化硫} \times A \times F/1000 \tag{1-27}$$

式中：$G_{二氧化硫}$——评估林分年吸收二氧化硫量（吨 / 年）；

$\quad\quad Q_{二氧化硫}$——单位面积实测林分吸收二氧化硫量 [千克 /（公顷·年）]；

$\quad\quad A$——林分面积（公顷）；

$\quad\quad F$——森林生态系统服务修正系数。

林分年吸收二氧化硫价值计算公式如下：

$$U_{二氧化硫}=G_{二氧化硫} \times K_{二氧化硫} \tag{1-28}$$

式中：$U_{二氧化硫}$——评估林分年吸收二氧化硫价值（元 / 年）；

$\quad\quad G_{二氧化硫}$——评估林分年吸收二氧化硫量（吨 / 年）；

$\quad\quad K_{二氧化硫}$——二氧化硫治理费用（元 / 千克）。

②吸收氟化物。

林分氟化物年吸收量计算公式如下：

$$G_{氟化物}=Q_{氟化物} \times A \times F/1000 \tag{1-29}$$

式中：$G_{氟化物}$——评估林分年吸收氟化物量（吨 / 年）；

$\quad\quad Q_{氟化物}$——单位面积实测林分年吸收氟化物量 [千克 /（公顷·年）]；

$\quad\quad A$——林分面积（公顷）；

$\quad\quad F$——森林生态系统服务修正系数。

林分年吸收氟化物价值计算公式如下：

$$U_{氟化物}=G_{氟化物} \times K_{氟化物} \tag{1-30}$$

式中：$U_{氟化物}$——评估林分年吸收氟化物价值（元 / 年）；

$\quad\quad G_{氟化物}$——评估林分年吸收氟化物量（吨 / 年）；

$\quad\quad K_{氟化物}$——氟化物治理费用（元 / 千克）。

③吸收氮氧化物。

林分氮氧化物年吸收量计算公式如下：

$$G_{氮氧化物}=Q_{氮氧化物} \times A \times F/1000 \tag{1-31}$$

式中：$G_{氮氧化物}$——评估林分年吸收氮氧化物量（吨 / 年）；

$Q_{氮氧化物}$——单位面积实测林分年吸收氮氧化物量 [千克 /（公顷·年）]；

A——林分面积（公顷）；

F——森林生态系统服务修正系数。

林分氮氧化物年吸收量价值计算公式如下：

$$U_{氮氧化物}=G_{氮氧化物} \times K_{氮氧化物} \tag{1-32}$$

式中：$U_{氮氧化物}$——评估林分年吸收氮氧化物价值（元 / 年）；

$G_{氮氧化物}$——评估林分年吸收氮氧化物量（吨 / 年）；

$K_{氮氧化物}$——氮氧化物治理费用（元 / 千克）。

（3）滞尘指标。森林有阻挡、过滤和吸附粉尘的作用，可提高空气质量。因此，滞尘功能是森林生态系统重要的服务功能之一。鉴于近年来人们对 PM_{10} 和 $PM_{2.5}$ 的关注，本研究在评估 TSP 及其价值的基础上，将 PM_{10} 和 $PM_{2.5}$ 从总滞尘量中分离出来进行了单独的物质量和价值量评估。

①年总滞尘量。计算公式如下：

$$G_{TSP}=Q_{TSP} \times A \times F/1000 \tag{1-33}$$

式中：G_{TSP}——评估林分年潜在滞纳总悬浮颗粒物（TSP）量（吨 / 年）；

Q_{TSP}——实测林分单位面积年滞纳总悬浮颗粒物（TSP）量 [千克 /（公顷·年）]；

A——林分面积（公顷）；

F——森林生态系统服务修正系数。

②年滞尘总价值。本研究使用环境保护税法计算林木滞纳 PM_{10} 和 $PM_{2.5}$ 的价值。其中，PM_{10} 和 $PM_{2.5}$ 采用炭黑尘(粒径 0.4 ～ 1 微米)污染当量值(图 1-13)，结合应税额度进行核算。林分滞纳其余颗粒物的价值采用一般性粉尘（粒径＜ 75 微米）污染当量值，结合应税额度进行核算。年滞尘价值计算公式如下：

$$U_{滞尘} = \left(G_{TSP}-G_{PM_{10}}-G_{PM_{2.5}}\right) \times K_{TSP}+U_{PM_{10}}+U_{PM_{2.5}} \tag{1-34}$$

式中：$U_{滞尘}$——评估林分年潜在滞尘价值（元 / 年）；

G_{TSP}——评估林分年潜在滞纳 TSP 量（千克 / 年）；

$G_{PM_{2.5}}$——评估林分年潜在滞纳 $PM_{2.5}$ 的量（千克 / 年）；

$G_{PM_{10}}$——评估林分年潜在滞纳 PM_{10} 的量（千克 / 年）；

$U_{PM_{10}}$——评估林分年滞纳 PM_{10} 的价值（元 / 年）；

$U_{PM_{2.5}}$——评估林分年滞纳 $PM_{2.5}$ 的价值（元 / 年）；

K_{TSP}——降尘清理费用（元 / 千克）。

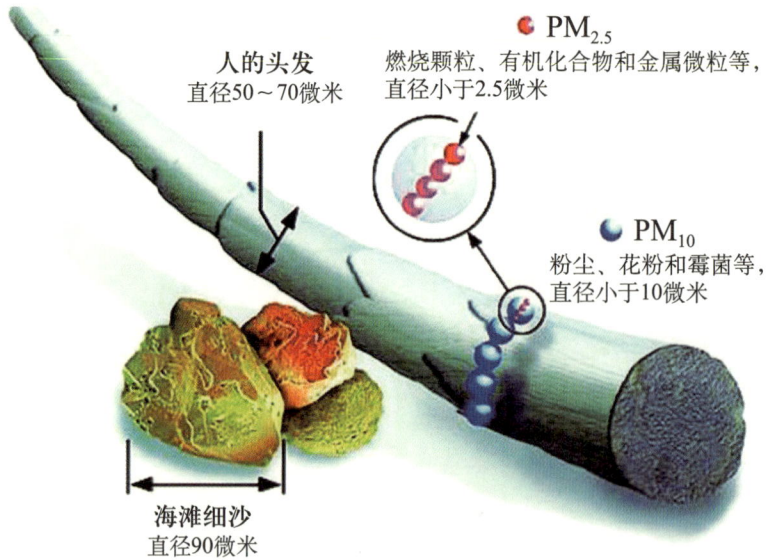

图 1-13   PM$_{2.5}$ 颗粒直径示意

（4）滞纳 PM$_{2.5}$。

①年滞纳 PM$_{2.5}$ 量。计算公式如下：

$$G_{PM_{2.5}} = 10 Q_{PM_{2.5}} \times A \times n \times F \times LAI \tag{1-35}$$

式中：$G_{PM_{2.5}}$——评估林分年潜在滞纳 PM$_{2.5}$（直径 ≤ 2.5 微米的可入肺颗粒物）量（千克/年）；

$Q_{PM_{2.5}}$——实测林分单位叶面积滞纳 PM$_{2.5}$ 量（克/平方米）；

A——林分面积（公顷）；

n——年洗脱次数；

LAI——叶面积指数；

F——森林生态系统服务修正系数。

②年滞纳 PM$_{2.5}$ 价值。计算公式如下：

$$U_{PM_{2.5}} = G_{PM_{2.5}} \times C_{PM_{2.5}} \tag{1-36}$$

式中：$U_{PM_{2.5}}$——评估林分年滞纳 PM$_{2.5}$ 价值（元/年）；

$G_{PM_{2.5}}$——评估林分年潜在滞纳 PM$_{2.5}$ 的量（千克/年）；

$C_{PM_{2.5}}$——PM$_{2.5}$ 清理费用（元/千克）。

（5）滞纳 PM$_{10}$。

①年滞纳 PM$_{10}$ 量。计算公式如下：

$$G_{PM_{10}} = 10 Q_{PM_{10}} \times A \times n \times F \times LAI \tag{1-37}$$

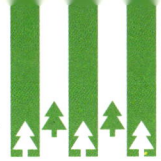

式中：$G_{\text{PM}_{10}}$——评估林分年潜在滞纳 PM_{10}（直径 ≤ 10 微米的可吸入颗粒物）量（千克／年）；

　　　　$Q_{\text{PM}_{10}}$——实测林分单位叶面积滞纳 PM_{10} 量（克／平方米）；

　　　　A——林分面积（公顷）；

　　　　F——森林生态系统服务修正系数；

　　　　n——年洗脱次数；

　　　　LAI——叶面积指数。

②年滞纳 PM_{10} 价值。计算公式如下：

$$U_{\text{PM}_{10}} = G_{\text{PM}_{10}} \times C_{\text{PM}_{10}} \tag{1-38}$$

式中：$U_{\text{PM}_{10}}$——评估林分年滞纳 PM_{10} 价值（元／年）；

　　　　$G_{\text{PM}_{10}}$——评估林分年潜在滞纳 PM_{10} 量（千克／年）；

　　　　$C_{\text{PM}_{10}}$——PM_{10} 清理费用（元／千克）。

6. 生物多样性保护功能

（1）植物物种保育价值。生物多样性维护了自然界的生态平衡，并为人类的生存提供了良好的环境条件。生物多样性是生态系统不可缺少的组成部分，对生态系统服务的发挥具有十分重要的作用。Shannon-Wiener 指数是反映森林中物种的丰富度和分布均匀程度的经典指标。传统 Shannon-Wiener 指数对生物多样性保护等级的界定不够全面。本研究采用濒危指数、特有种指数及古树年龄指数进行生物多样性保护功能评估（表 1-1 至表 1-4），以利于生物资源的合理利用和相关部门保护工作的合理分配。

生物多样性保护功能评估计算公式如下：

$$U_{\text{生}} = \left(1 + 0.1\sum_{m=1}^{x} E_m + 0.1\sum_{n=1}^{y} B_n + 0.1\sum_{r=1}^{z} O_r\right) \times S_{\text{生}} \times A \tag{1-39}$$

式中：$U_{\text{生}}$——评估林分年生物多样性保护价值（元／年）；

　　　　E_m——评估林分或区域内物种 m 的濒危指数（表 1-1）；

　　　　B_n——评估林分或区域内物种 n 的特有种指数（表 1-2）；

　　　　O_r——评估林分或区域内物种 r 的古树年龄指数（表 1-3）；

　　　　x——计算珍稀濒危指数物种数量；

　　　　y——计算特有种物种数量；

　　　　z——计算古树物种数量；

　　　　$S_{\text{生}}$——单位面积物种资源保育价值 [元／（公顷·年）]；

　　　　A——林分面积（公顷）。

本研究根据 Shannon-Wiener 指数计算生物多样性价值，共划分 7 个等级：

当指数＜1时，$S_{生}$为3000[元/（公顷·年）]；

当1≤指数＜2时，$S_{生}$为5000[元/（公顷·年）]；

当2≤指数＜3时，$S_{生}$为10000[元/（公顷·年）]；

当3≤指数＜4时，$S_{生}$为20000[元/（公顷·年）]；

当4≤指数＜5时，$S_{生}$为30000[元/（公顷·年）]；

当5≤指数＜6时，$S_{生}$为40000[元/（公顷·年）]；

当指数≥6时，$S_{生}$为50000[元/（公顷·年）]。

表1-1　濒危指数体系

濒危指数	濒危等级	物种种类
3	极危	参见《中国生物多样性红色名录—高等植物卷（2020）》和《中国生物多样性红色名录—脊椎动物卷（2020）》
2	濒危	
1	易危	

表1-2　特有种指数体系

特有种指数	分布范围
4	仅限于范围不大的山峰或特殊的自然地理环境下分布
3	仅限于某些较大的自然地理环境下分布的类群，如仅分布于较大的海岛（岛屿）、高原、若干个山脉等
2	仅限于某个大陆分布的分类群
1	至少在2个大陆都有分布的分类群
0	世界广布的分类群

注：参见《植物特有现象的量化》（苏志尧，1999）。

表1-3　古树年龄指数体系

古树年龄	指数等级	来源及依据
100～299年	1	参见2011年，全国绿化委员会、国家林业局印发的《关于开展古树名木普查建档工作的通知》
300～499年	2	
≥500年	3	

（2）国家重点保护野生动物物种保育价值。野生动物是重要的自然资源，在人类社会发展中为人类提供了基本的食物、毛皮、药材、观赏等具有传统市场价值的商品，提供了教育科研等服务功能。同时，野生动物对生态系统的能量流和物质循环的维持起着重要作用，其生态服务功能极其重要。它的生态价值主要体现在维持生态平衡和食物链的完整，

如调节物质循环价值、种子传播价值、改善土壤价值和净化环境价值等，以及保持生物多样性（包含遗传多样性、物种多样性和生态系统多样性）。

本研究在 Odum 提出的能值理论基础上改进了受威胁和濒危物种价值评估方法，整个运算流程如下：首先，计算单个物种能值转换率，能值单位用太阳能焦耳（solar emjoules）单位表示，缩写 sej；其次，构建不同濒危等级指数评估模型，并采用逐级分类筛选方式解决重复性计算问题；最后，通过社会经济环境系统的能值分析指标体系，计算中国能值 / 货币比率，从而得到不同濒危等级物种的能值货币价值。

$$U = \left(1 + 0.1\sum_{x=1}^{x} E_m + 0.1\sum_{y=1}^{y} B_n\right) \times (x + y) \times \frac{\gamma}{EMR} \times Z \qquad (1\text{-}40)$$

式中：U——国家重点保护野生动物物种保育价值（元 / 年）；

E_m——评估区域内物种 m 的濒危指数（表 1-1）；

B_n——评估区域内物种 n 的特有种指数（表 1-2）；

x——纳入计算的濒危指数物种数；

y——纳入计算的中国特有种指数物种数；

γ——单个物种能值转换率（sej/ 种）；

EMR——全国的能值 / 货币比率 [(sej/ 元) / 年]（表 1-4）；

Z——特定区域内某种物种个体数量占全国同类个体数量的比例（%）。

在地球生物圈 2×10^9 年的地质进化历史中有 1.5×10^9 个物种形成，应用 Brown 等 2010 年的年地球生物圈能值基准值（15.2×10^{24}sej/ 年），并以单个物种分布面积占地球表面积修正得到单个物种能值转换率，计算公式如下：

$$\gamma = \frac{E_b}{(\mu/\sigma)} \times \theta \qquad (1\text{-}41)$$

式中：γ——单个物种的能值转换率（sej/ 种）；

E_b——地球生物圈年能值基准值（sej/ 年）；

μ——历史中物种形成数量（种）；

σ——地质年代的时间（年）；

θ——物种分布面积占地球表面积的比例（%）。

表 1-4　中国社会、经济和环境系统能值表

类别	项目	单位	2022年实际值	能值转换率	太阳能值
可更新能源	太阳能	焦耳	5.97×10^{22}	1	0.60×10^{23}
	雨水化学能	焦耳	3.03×10^{19}	1.54×10^4	4.67×10^{23}
	雨水势能	焦耳	8.86×10^{19}	8.89×10^3	7.88×10^{23}

（续）

类别	项目	单位	2022年实际值	能值转换率	太阳能值
可更新能源	风能	焦耳	5.84×10^{19}	6.63×10^{2}	0.39×10^{23}
	地球循环能	焦耳	1.39×10^{19}	2.90×10^{4}	4.03×10^{23}
可更新资源产品	水力发电	亿千瓦·小时	11.84×10^{3}	4.00×10^{4}	1.39×10^{23}
	林产品	$\times 10^{4}$吨	1.02×10^{3}	3.49×10^{4}	0.05×10^{23}
	稻谷	$\times 10^{4}$吨	2.13×10^{4}	3.59×10^{4}	0.09×10^{23}
	小麦	$\times 10^{4}$吨	1.37×10^{4}	6.80×10^{4}	0.21×10^{23}
	玉米	$\times 10^{4}$吨	2.73×10^{4}	8.52×10^{6}	84.99×10^{23}
	豆类	$\times 10^{4}$吨	1.97×10^{3}	8.30×10^{4}	0.01×10^{23}
	油料	$\times 10^{4}$吨	3.61×10^{3}	6.90×10^{5}	5.39×10^{23}
	蔬菜	$\times 10^{4}$吨	7.75×10^{4}	5.30×10^{5}	34.31×10^{23}
	水果	$\times 10^{4}$吨	3.00×10^{4}	5.30×10^{4}	0.08×10^{23}
	其他	$\times 10^{4}$吨	2.57×10^{4}	2.37×10^{4}	0.20×10^{23}
	肉类	$\times 10^{4}$吨	9.00×10^{3}	2.00×10^{6}	4.58×10^{23}
	奶类	$\times 10^{4}$吨	3.78×10^{3}	1.71×10^{6}	0.45×10^{23}
	禽蛋	$\times 10^{4}$吨	3.41×10^{3}	2.00×10^{6}	1.16×10^{23}
	羊毛	$\times 10^{4}$吨	3.80×10^{1}	4.40×10^{6}	0.26×10^{21}
	其他	$\times 10^{4}$吨	1.53	2.00×10^{6}	0.40×10^{20}
	水产品	$\times 10^{4}$吨	6.69×10^{3}	2.00×10^{6}	1.44×10^{23}
不可更新资源产品与消耗	原煤	$\times 10^{4}$吨	5.24×10^{5}	3.98×10^{4}	60.97×10^{23}
	石油	$\times 10^{4}$吨	7.04×10^{4}	5.30×10^{4}	16.09×10^{23}
	天然气	$\times 10^{4}$吨标准煤	4.66×10^{4}	4.80×10^{4}	6.56×10^{23}
	水力发电	$\times 10^{4}$吨标准煤	3.14×10^{4}	1.59×10^{5}	14.66×10^{23}
	钢铁	吨	13.37×10^{8}	1.98×10^{15}	2.64×10^{23}
	生铁	吨	8.69×10^{8}	1.00×10^{15}	0.87×10^{23}
	原盐	吨	1.03×10^{8}	1.00×10^{15}	1.03×10^{23}
	水泥	吨	2.36×10^{9}	1.98×10^{15}	46.82×10^{23}
	化肥	吨	5.45×10^{7}	4.77×10^{15}	2.60×10^{23}
	塑料	$\times 10^{4}$吨	8.00×10^{3}	6.60×10^{4}	2.28×10^{23}
	纸张	$\times 10^{4}$吨	1.21×10^{4}	3.49×10^{4}	0.50×10^{23}
	焦炭	$\times 10^{4}$吨	4.64×10^{4}	1.04×10^{4}	1.61×10^{23}
	农药	$\times 10^{4}$吨	2.50×10^{2}	1.97×10^{6}	2.19×10^{23}
	表土净损失	吨	1.07×10^{5}	6.25×10^{4}	0.67×10^{16}
货币流	GDP	美元	17.73×10^{12}	8.69×10^{12}	1542.62×10^{23}
	进口商品	美元	2.69×10^{12}	2.50×10^{12}	6.72×10^{23}
	国际旅游收入	美元	7.36×10^{10}	2.50×10^{12}	1.85×10^{23}
	利用外资	美元	17.34×10^{10}	2.50×10^{12}	4.33×10^{23}
	出口商品	美元	3.36×10^{12}	1.16×10^{12}	49.09×10^{23}
	对外劳务	美元	5.2×10^{8}	8.67×10^{12}	0.05×10^{23}

（续）

类别	项目	单位	2022年实际值	能值转换率	太阳能值
废物流	废水	×10⁴吨	7.59×10^6	6.66×10^5	2.52×10^{23}
	废气	×10⁴吨	1.79×10^3	6.66×10^5	1.72×10^{23}
	固体废弃物	×10⁴吨	4.04×10^5	1.80×10^6	52.97×10^{23}
总能值（去掉重复项）					1972.61×10^{23}

7. 森林康养功能

森林康养是指森林生态系统为人类提供休闲和娱乐场所所产生的价值，包括直接产值和带动的其他产业产值，直接产值采用林业旅游与休闲产值替代法进行核算。计算公式如下：

$$U_{康养} = \left(U_{直接} + U_{间接} \right) \times 0.8 \tag{1-42}$$

式中：$U_{康养}$——森林康养价值量（元/年）；

$\quad\quad U_{直接}$——林业旅游与休闲产值，按照直接产值对待（元/年）；

$\quad\quad U_{间接}$——林业旅游与休闲带动的其他产业产值（元/年）；

$\quad\quad 0.8$——森林公园接待游客量和创造的旅游产值约占森林旅游总规模的比值。

8. 森林生态系统服务功能总价值评估

森林生态系统服务功能总价值为上述分项之和，计算公式如下：

$$U_I = \sum_{i=1}^{22} U_i \tag{1-43}$$

式中：U_I——森林生态系统服务总价值（元/年）；

$\quad\quad U_i$——森林生态系统服务各分项年价值（元/年）。

（二）草地生态系统

1. 保育土壤功能

草地生态系统具有土壤保持的作用，主要表现为减少土壤风力侵蚀和保持土壤肥力两方面。

（1）减少土壤风力侵蚀。

①物质量计算公式如下：

$$G_{土壤侵蚀} = A \times \left(M_0 - M_1 \right) \tag{1-44}$$

式中：$G_{土壤侵蚀}$——减少草地土壤风力侵蚀量（吨/年）；

$\quad\quad A$——草地面积（公顷）；

$\quad\quad M_0$——实测无草覆盖下的风力侵蚀量[吨/（公顷·年）]；

$\quad\quad M_1$——实测有草覆盖下的风力侵蚀量[吨/（公顷·年）]。

②价值量计算公式如下：

$$U_{土壤侵蚀}=G_{土壤侵蚀} \times C_土/\rho \tag{1-45}$$

式中：$U_{土壤侵蚀}$——减少草地土壤风力侵蚀价值（元/年）；

　　　$G_{土壤侵蚀}$——减少草地土壤风力侵蚀量（吨/年）；

　　　$C_土$——挖取单位面积土方费用（元/吨）；

　　　ρ——土壤容重（克/立方厘米）。

（2）保持土壤肥力。

①年保肥量。计算公式如下：

$$G_氮=A \times N \times (X_2-X_1) \tag{1-46}$$

$$G_磷=A \times P \times (X_2-X_1) \tag{1-47}$$

$$G_钾=A \times K \times (X_2-X_1) \tag{1-48}$$

$$G_{有机质}=A \times M \times (X_2-X_1) \tag{1-49}$$

式中：$G_氮$——草地减少的氮流失量（吨/年）；

　　　$G_磷$——草地减少的磷流失量（吨/年）；

　　　$G_钾$——草地减少的钾流失量（吨/年）；

　　　$G_{有机质}$——草地减少的有机质流失量（吨/年）；

　　　X_1——有草覆盖下的风力侵蚀量[吨/（公顷·年）]；

　　　X_2——无草覆盖下的风力侵蚀量[吨/（公顷·年）]；

　　　N——草地土壤平均含氮量（%）；

　　　P——草地土壤平均含磷量（%）；

　　　K——草地土壤平均含钾量（%）；

　　　M——草地土壤平均有机质含量（%）；

　　　A——草地面积（公顷）。

②年保肥价值。年固土量中氮、磷、钾的物质量换算成化肥价值即为林分年保肥价值。本研究的草地年保肥价值以减少土壤风力侵蚀量中的氮、磷、钾数量折合成磷酸二铵化肥和氯化钾化肥的价值来体现。计算公式如下：

$$U_肥=\frac{G_氮 \times C_1}{R_1}+\frac{G_磷 \times C_1}{R_2}+\frac{G_钾 \times C_2}{R_3}+G_{有机质} \times C_3 \tag{1-50}$$

式中：$U_肥$——草地年保肥价值（元/年）；

　　　$G_氮$——草地减少的氮流失量（吨/年）；

　　　$G_磷$——草地减少的磷流失量（吨/年）；

$G_{钾}$——草地减少的钾流失量（吨 / 年）；

$G_{有机质}$——草地减少的有机质流失量（吨 / 年）；

R_1——磷酸二铵化肥含氮量（%）；

R_2——磷酸二铵化肥含磷量（%）；

R_3——氯化钾化肥含钾量（%）；

C_1——磷酸二铵化肥价格（元 / 吨）；

C_2——氯化钾化肥价格（元 / 吨）；

C_3——有机质价格（元 / 吨）。

2. 草本养分固持功能

草地生态系统通过生态过程促使生物与非生物环境之间进行物质交换。绿色植物从无机环境中获得必需的营养物质，构造生物体，小型异养生物分解已死的原生质或复杂的化合物，吸收其中某些分解的产物，释放能为绿色植物所利用的无机营养物质。参与草地生态系统维持养分循环的物质种类很多，其中的大量元素有全氮、有效磷、有效钾和有机质等。

（1）氮固持。

①物质量计算公式如下：

$$G_{氮}=Q_{干草} \times A \times R_{氮} \tag{1-51}$$

式中：$G_{氮}$——草地氮固持量（吨 / 年）；

$Q_{干草}$——不同草地类型年干草产量（吨 / 公顷）；

A——草地面积（公顷）；

$R_{氮}$——单位质量牧草的氮元素含量（%）。

②价值量计算公式如下：

$$U_{氮}=G_{氮} \times P_{氮} \tag{1-52}$$

式中：$U_{氮}$——草地氮固持价值（元 / 年）；

$G_{氮}$——草地氮固持量（吨 / 年）；

$P_{氮}$——氮肥价格（元 / 吨）。

（2）磷固持。

①物质量计算公式如下：

$$G_{磷}=Q_{干草} \times A \times R_{磷} \tag{1-53}$$

式中：$G_{磷}$——草地磷固持量（吨 / 年）；

$Q_{干草}$——不同草地类型年干草产量（吨 / 公顷）；

A——草地面积（公顷）；

$R_{磷}$——单位质量牧草的磷元素含量（%）。

②价值量计算公式如下：

$$U_{磷}=G_{磷}\times P_{磷} \tag{1-54}$$

式中：$U_{磷}$——草地磷固持价值（元/年）；

　　　$G_{磷}$——草地磷固持量（吨/年）；

　　　$P_{磷}$——磷肥价格（元/吨）。

（3）钾固持。

①物质量计算公式如下：

$$G_{钾}=Q_{干草}\times A\times R_{钾} \tag{1-55}$$

式中：$G_{钾}$——草地钾固持量（吨/年）；

　　　$Q_{干草}$——不同草地类型年干草产量（吨/公顷）；

　　　A——草地面积（公顷）；

　　　$R_{钾}$——单位质量牧草的钾元素含量（%）。

②价值量计算公式如下：

$$U_{钾}=G_{钾}\times P_{钾} \tag{1-56}$$

式中：$U_{钾}$——草地钾固持价值（元/年）；

　　　$G_{钾}$——草地钾固持量（吨/年）；

　　　$P_{钾}$——钾肥价格（元/吨）。

3. 涵养水源功能

完好的天然草地不仅具有截留降水的功能，而且比空旷裸地有较高的渗透性和保水能力，对涵养土地中的水分有着重要的意义。天然草原的牧草因其根系细小，且多分布于表土层，因而比裸露地和森林有较高的渗透率。

①涵养水源物质量计算公式如下：

$$G_{水}=10R\times A\times J\times K \tag{1-57}$$

式中：$G_{水}$——草地涵养水源量（立方米/年）；

　　　R——草地降水量（毫米）；

　　　A——草地面积（公顷）；

　　　J——产流降水量占降水总量的比例（%）；

K——与裸地比较，草地生态系统截留降水、减少径流的效益系数。

②价值量计算公式如下：

$$U_{水}=G_{水}\times P \tag{1-58}$$

式中：$U_{水}$——草地涵养水源价值（元/年）；

　　　$G_{水}$——草地涵养水源量（立方米/年）；

　　　P——水资源市场交易价格（元/立方米）。

4. 固碳释氧功能

草地植物通过光合作用进行物质循环的过程中，可吸收空气中的二氧化碳并释放出氧气，是陆地上一个重要的碳库。

（1）固碳。

①物质量计算公式如下：

$$G_{植物碳}+G_{土壤碳}=Y\times A\times X\times 12/44+A\times H\times \rho \times C_i\times \lambda \tag{1-59}$$

式中：$G_{植物碳}$——草地植物固碳量（吨/年）；

　　　$G_{土壤碳}$——草地土壤固碳量（吨/年）；

　　　Y——草地单位面积产草量（千克/公顷）；

　　　A——草地面积（公顷）；

　　　X——草地植物的固碳系数，为1.63；

　　　H——草地计算深度（1米）；

　　　ρ——土壤容重（千克/立方米）；

　　　C_i——草地土壤有机质含量（%）；

　　　λ——有机质中碳含量（%）。

②价值量计算公式如下：

$$U_{碳}=\left(G_{植物碳}+G_{土壤碳}\right)\times P_{碳} \tag{1-60}$$

式中：$U_{碳}$——草地固碳总价值（元/年）；

　　　$G_{植物碳}$——草地植物固碳量（吨/年）；

　　　$G_{土壤碳}$——草地土壤固碳量（吨/年）；

　　　$P_{碳}$——固碳价格（元/千克）。

（2）释氧。

①物质量计算公式如下：

$$G_{氧}=Y\times A\times X' \tag{1-61}$$

式中：$G_氧$——草地释放氧气的量（吨／年）；

　　　Y——草地单位面积产草量（千克／公顷）；

　　　A——草地面积（公顷）；

　　　X'——草地释氧系数，为 1.19。

②价值量计算公式如下：

$$U_氧 = G_氧 \times P_氧 \tag{1-62}$$

式中：$U_氧$——草地释放氧气价值（元／年）；

　　　$G_氧$——草地释放氧气量（吨／年）；

　　　$P_氧$——氧气价格（元／千克）。

③固碳释氧价值计算公式如下：

$$U_{固碳释氧} = U_碳 + U_氧 \tag{1-63}$$

5. 净化大气环境功能

草地中有很多植物对空气中的一些有害气体具有吸收转化能力，同时还具有吸附尘埃净化空气的作用。

（1）吸收二氧化硫。

①物质量计算公式如下：

$$G_{二氧化硫} = Q_{二氧化硫} \times A = M \times K_{二氧化硫} \times d \times A \tag{1-64}$$

式中：$G_{二氧化硫}$——草地吸收二氧化硫量（千克／年）；

　　　$Q_{二氧化硫}$——草地单位面积吸收二氧化硫量（千克／公顷）；

　　　A——草地面积（公顷）；

　　　M——某类型草地单位面积产草量（千克／公顷）；

　　　$K_{二氧化硫}$——每千克干草叶每天吸收二氧化硫的量［千克／（天·每千克干草）］；

　　　d——牧草生长期（天）。

②价值量计算公式如下：

$$U_{二氧化硫} = G_{二氧化硫} \times K / N_{二氧化硫} \tag{1-65}$$

式中：$U_{二氧化硫}$——草地吸收二氧化硫价值（元／年）；

　　　$G_{二氧化硫}$——草地吸收二氧化硫量（千克／年）；

　　　K——税额（元）；

　　　$N_{二氧化硫}$——二氧化硫的污染当量值（千克）。

（2）吸收氟化物。

①物质量计算公式如下：

$$G_{氟化物}=Q_{氟化物} \times A=M \times K_{氟化物} \times d \times A \qquad (1\text{-}66)$$

式中：$G_{氟化物}$——草地吸收氟化物量（千克／年）；

　　　$Q_{氟化物}$——草地单位面积吸收氟化物量（千克／公顷）；

　　　A——草地面积（公顷）；

　　　M——某类型草地单位面积产草量（千克／公顷）；

　　　$K_{氟化物}$——每千克干草叶每天吸收氟化物的量［千克／（天·每千克干草）］；

　　　d——牧草生长期（天）。

②价值量计算公式如下：

$$U_{氟化物}=G_{氟化物} \times K/N_{氟化物} \qquad (1\text{-}67)$$

式中：$U_{氟化物}$——草地吸收氟化物价值（元／年）；

　　　$G_{氟化物}$——草地吸收氟化物量（千克／年）；

　　　K——税额（元）；

　　　$N_{氟化物}$——氟化物的污染当量值（千克）。

（3）吸收氮氧化物。

①物质量计算公式如下：

$$G_{氮氧化物}=Q_{氮氧化物} \times A=M \times K_{氮氧化物} \times d \times A \qquad (1\text{-}68)$$

式中：$G_{氮氧化物}$——草地吸收氮氧化物量（千克／年）；

　　　$Q_{氮氧化物}$——草地单位面积吸收氮氧化物量（千克／公顷）；

　　　A——草地面积（公顷）；

　　　M——某类型草地单位面积产草量（千克／公顷）；

　　　$K_{氮氧化物}$——每千克干草叶每天吸收氮氧化物的量［千克／（天·每千克干草）］；

　　　d——牧草生长期（天）。

②价值量计算公式如下：

$$U_{氮氧化物}=G_{氮氧化物} \times K/N_{氮氧化物} \qquad (1\text{-}69)$$

式中：$U_{氮氧化物}$——草地吸收氮氧化物价值（千克／年）；

　　　$G_{氮氧化物}$——草地积吸收氮氧化物量（千克／公顷）；

　　　K——税额（元）；

$N_{\text{氮氧化物}}$——氮氧化物的污染当量值（千克）。

（4）滞纳总悬浮颗粒物（TSP）。

①物质量计算公式如下：

$$G_{\text{TSP}}=Q_{\text{TSP}} \times A \qquad (1\text{-}70)$$

式中：G_{TSP}——草地滞尘量（千克/年）；

Q_{TSP}——草地单位面积滞纳总悬浮颗粒物（TSP）量（千克/公顷）；

A——草地面积（公顷）。

②价值量计算公式如下：

$$U_{\text{TSP}}=\left(G_{\text{TSP}}-G_{\text{PM}_{10}}-G_{\text{PM}_{2.5}}\right) \times A \times K/N_{\text{一般性粉尘}}+U_{\text{PM}_{10}}+U_{\text{PM}_{2.5}} \qquad (1\text{-}71)$$

式中：U_{TSP}——草地滞尘价值（元/年）；

G_{TSP}、$G_{\text{PM}_{10}}$、$G_{\text{PM}_{2.5}}$——实测草地滞纳 G_{TSP}、$G_{\text{PM}_{10}}$、$G_{\text{PM}_{2.5}}$ 的量（千克/公顷）；

A——草地面积（公顷）；

K——税额（元）；

$N_{\text{一般性粉尘}}$——一般性粉尘污染当量值（千克）；

$U_{\text{PM}_{10}}$——草地年潜在滞纳 PM_{10} 的价值（元/年）；

$U_{\text{PM}_{2.5}}$——草地年潜在滞纳 $\text{PM}_{2.5}$ 的价值（元/年）。

（5）滞纳 PM_{10}。

①物质量计算公式如下：

$$G_{\text{PM}_{10}}=10Q_{\text{PM}_{10}} \times A \times n \times LAI \qquad (1\text{-}72)$$

式中：$G_{\text{PM}_{10}}$——草地滞纳 PM_{10} 量（千克/年）；

$Q_{\text{PM}_{10}}$——草地单位面积滞纳 PM_{10} 量（克/平方米）；

A——草地面积（公顷）；

n——年洗脱次数；

LAI——叶面积指数。

②价值量计算公式如下：

$$U_{\text{PM}_{10}}=G_{\text{PM}_{10}} \times K/N_{\text{炭黑尘}} \qquad (1\text{-}73)$$

式中：$U_{\text{PM}_{10}}$——草地滞纳 PM_{10} 价值（元/年）；

$G_{\text{PM}_{10}}$——草地滞纳 PM_{10} 量（千克/年）；

K——税额（元）；

$N_{炭黑尘}$——炭黑尘污染当量值（千克）。

（6）滞纳 $PM_{2.5}$。

①物质量计算公式如下：

$$G_{PM_{2.5}}=10Q_{PM_{2.5}} \times A \times n \times LAI \qquad (1\text{-}74)$$

式中：$G_{PM_{2.5}}$——草地滞纳 $PM_{2.5}$ 量（千克/年）；

$\quad Q_{PM_{2.5}}$——草地单位面积滞纳 $PM_{2.5}$ 量（克/平方米）；

$\quad A$——草地面积（公顷）；

$\quad n$——年洗脱次数；

$\quad LAI$——叶面积指数。

②价值量计算公式如下：

$$U_{PM_{2.5}}=G_{PM_{2.5}} \times K/N_{炭黑尘} \qquad (1\text{-}75)$$

式中：$U_{PM_{2.5}}$——草地滞纳 $PM_{2.5}$ 价值（元/年）；

$\quad G_{PM_{2.5}}$——草地滞纳 $PM_{2.5}$ 量（千克/年）；

$\quad K$——税额（元）；

$\quad N_{炭黑尘}$——炭黑尘污染当量值（千克）。

6. 提供产品功能

生态系统产品是指生态系统所产生的，通过提供直接产品或服务维持人的生活生产活动、为人类带来直接利益的产品。草地生态系统提供的产品可以归纳为畜牧业产品和植物资源产品两大类。畜牧业产品是指通过人类的放牧或刈割饲养牲畜，草地生态系统产出的人类生活必需的肉、奶、毛、皮等畜牧业产品。植物资源则主要包括食用、药用、工业用、环境用植物资源以及基因资源、保护种质资源。

（1）草产品。

①物质量计算公式如下：

$$G_{草}=A \times Y \qquad (1\text{-}76)$$

式中：$G_{草}$——草产品产量（千克/年）；

$\quad A$——草地面积（公顷）；

$\quad Y$——草地单位面积产量（千克/公顷）。

②价值量计算公式如下：

$$U_{草}=G_{草} \times P_{草} \qquad (1\text{-}77)$$

式中：$U_{草}$——草产品价值（元 / 年）；

$\qquad G_{草}$——草产品产量（千克 / 年）；

$\qquad P_{草}$——牧草的单价（元 / 千克）。

（2）畜牧产品。

①物质量计算公式如下：

$$G_{牲畜}=Q=\frac{\sum(A\times Y\times R)}{E\times D} \tag{1-78}$$

式中：$G_{牲畜}$——畜牧产品产量（只）；

$\qquad Q$——草地载畜量（只）；

$\qquad A$——可利用草地面积（公顷）；

$\qquad Y$——牧草单产（千克 / 公顷）；

$\qquad R$——牧草利用率；

$\qquad E$——牲畜日食量（千克 / 日）；

$\qquad D$——放牧天数（天）。

②价值量计算公式如下：

$$U_{牲畜}=Q\times P \tag{1-79}$$

式中：$U_{牲畜}$——畜牧产品价值（元 / 年）；

$\qquad Q$——草地载畜量（只）；

$\qquad P$——牲畜单价（元 / 只）。

7. 生物多样性保护功能

草地生态系统是生物多样性的重要载体之一，为生物提供丰富的基因资源和繁衍生息的场所，发挥着物种资源保育功能。本研究根据 Shannon-Wiener 指数计算生物多样性保护价值，共划分 7 个等级：

当指数 <1 时，$S_{生}$ 为 3000 元 /（公顷·年）；

当 1≤指数< 2 时，$S_{生}$ 为 5000 元 /（公顷·年）；

当 2≤指数< 3 时，$S_{生}$ 为 10000 元 /（公顷·年）；

当 3≤指数< 4 时，$S_{生}$ 为 20000 元 /（公顷·年）；

当 4≤指数< 5 时，$S_{生}$ 为 30000 元 /（公顷·年）；

当 5≤指数< 6 时，$S_{生}$ 为 40000 元 /（公顷·年）；

当指数≥ 6 时，$S_{生}$ 为 50000 元 /（公顷·年）。

8. 休闲游憩功能

草地生态系统独特的自然景观、气候特色和草原地区长期形成的民族特色、人文特色

和地缘优势构成了得天独厚的生态旅游资源。计算公式如下：

$$U_{游憩}=G \times R'$$ (1-80)

式中：$U_{游憩}$——草地游憩功能价值（元）；

　　　　G——研究区域旅游年总收入（元）；

　　　　R'——以草地为主题的旅游收入占旅游总收入的比例（%）。

9. 草地生态系统服务功能总价值评估

草地生态系统服务功能总价值为上述分项之和，计算公式如下：

$$U_I=\sum_{i=1}^{n}U_i$$ (1-81)

式中：U_I——草地生态系统服务总价值（元 / 年）；

　　　　U_i——草地生态系统服务各分项年价值（元 / 年）。

第二章

宁夏贺兰山国家级自然保护区
森林和草地资源禀赋

宁夏贺兰山国家级自然保护区位于宁夏回族自治区西北部，贺兰山山脉东坡的北段和中段，保护区范围即南起三关路口，北至宁夏、内蒙古交界麻黄沟，西到贺兰山主脉分水岭，东到贺兰山东麓保护区边界。地理坐标东经 105°49′ ~ 106°41′、北纬 38°19′ ~ 39°22′。南北长约 170 千米，东西宽 20 ~ 40 千米。宁夏贺兰山国家级自然保护区面积为 193535.68 公顷，核心区面积为 86238.71 公顷，缓冲区面积为 43309.99 公顷，实验区面积为 63986.98 公顷，综合植被盖度为 60.0%，森林覆盖率为 14.53%。

宁夏贺兰山国家级自然保护区主要包括森林生态系统和草地生态系统，两者共同构成了林草生态建设的重要物质基础。增加森林和草地资源以及保障其稳定持续的发展是林业工作的出发点和落脚点。在自然因素和人为因素的干扰下，森林和草地资源的数量和质量始终处于变化中。加强森林和草地资源的管理和保护，是保障国土生态安全的需要，是增强森林和草地资源信息的动态管理、分析、评价和预测功能的需要。定期开展调查，及时掌握宁夏贺兰山国家级自然保护区森林和草地资源的消长变化，对于科学经营管理和保护利用森林和草地资源具有重要意义。

第一节　森林资源禀赋

贺兰山地质历史比较悠久，山地自然条件和植物区系组成复杂多样，形成了山地丰富多样的植被类型，可划分为 11 个植被型 69 个群系。主要包括寒温性针叶林、温性针叶林、针阔混交林、落叶阔（小）叶林、疏林、常绿针叶灌丛、落叶阔（小）叶灌丛、旱生灌丛、

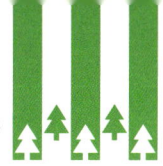

草原、荒漠、草甸、水生、沼生植被。宁夏贺兰山国家级自然保护区植被具有明显的垂直分异、坡向分异与水平分异。特别是由于贺兰山海拔较高，植被垂直分异明显且带谱复杂。按照植被型可划分成 4 个植被垂直带，分别是山前荒漠与荒漠草原带，山麓与低山草原、灌丛带，中山针叶林带和高山或亚高山灌丛、草甸带。坡向分异表现在山体内部在同一海拔范围内，由于坡向不同，使同一垂直带或亚带内的植物群落有很大差别。在低山带，草原群落多占据阳坡，而阴坡则被中生灌丛所取代；在中山带，阴坡以青海云杉（Picea crassifolia）林为主，阳坡以灰榆（Ulmus glaucescens）、杜松（Juniperus rigida）疏林和其他中生灌丛为主；海拔 3000 米以上阴阳坡分异不明显。东、西坡及南、北、中段植物群落分异也很突出，各自均有一些特殊的群落类型。中段以森林和中生灌丛为主，南段和北段荒漠化程度较高，森林面积很小。贺兰山东坡比西坡温暖和干燥，森林面积远小于西坡，并分布一些酸枣（Ziziphus jujuba var. spinosa）、虎榛子（Ostryopsis davidiana）等喜暖中生灌丛（图 2-1）。

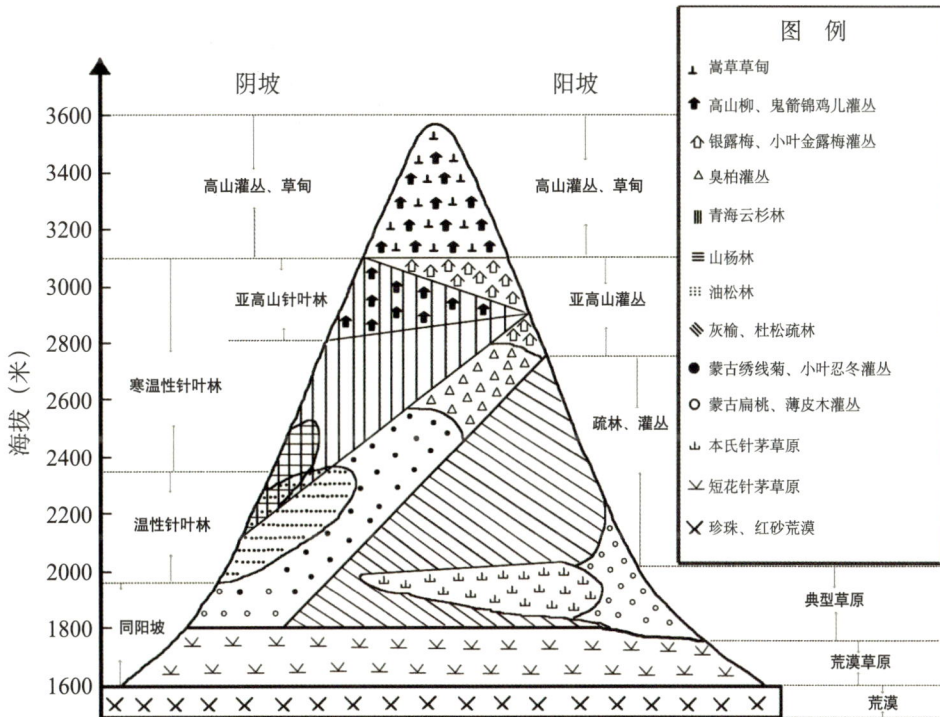

图 2-1　贺兰山山地植被垂直分布结构（王小明，2011）

一、森林资源数量状况

依据《第三次全国国土调查工作分类地类认定细则》，宁夏贺兰山国家级自然保护区林地主要为乔木林地、灌木林地和其他林地。其中，乔木林地、灌木林地属于森林。宁夏贺兰山国家级自然保护区森林面积 28010.13 公顷，占林地面积的 49.66%。其中，乔木林面积 17927.14 公顷、灌木林面积 10082.99 公顷，占林地面积的比例分别为 31.79%、17.88%（图 2-2）。

> 乔木林地：是指乔木郁闭度 ≥ 0.2 的林地，不包括森林沼泽。
>
> 灌木林地：是指灌木覆盖度 ≥ 40% 的林地，不包括灌丛沼泽。
>
> 其他林地：包括疏林地（0.1 ≤ 树木郁闭度 < 0.2 的林地）、未成林地、迹地、苗圃等林地。

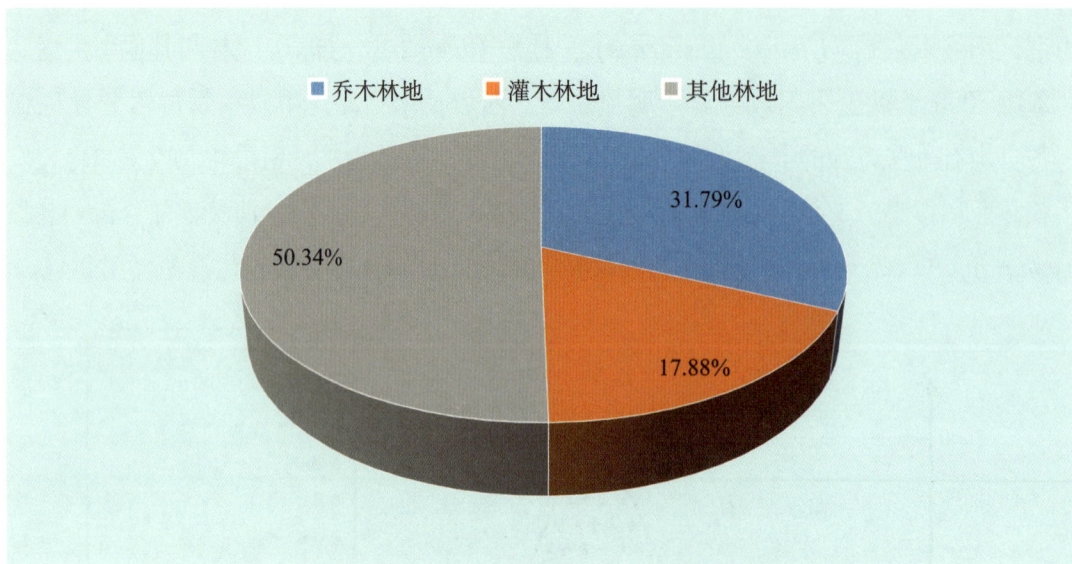

图 2-2　宁夏贺兰山国家级自然保护区林地类型面积占比

　　贺兰山国家级自然保护区不同管理站的森林面积分布情况如图 2-3 所示。乔木林以大水沟管理站面积最大，占保护区乔木林总面积的 41.17%；其次为苏峪口、马莲口管理站资源面积较大，3 个区域乔木林地占比达 85.43%；灌木林地以红果子和大水沟管理站占比较高，占比分别为 43.99% 和 41.87%。石嘴山乔木林和灌木林地占比最低，分别为 1.00% 和 1.23%（图 2-3）。

　　宁夏贺兰山国家级自然保护区林木蓄积量为 170.48 万立方米，不同管理站森林蓄积量占比如图 2-4 所示。其中，大水沟森林蓄积量最大，占总蓄积量的 52.26%，其次为苏峪口和马莲口，分别占总蓄积量的 27.04% 和 11.76%。其余管理站森林蓄积量总和仅占总蓄积量的不到 9.00%，森林蓄积量最小的为石嘴山管理站，仅占总蓄积量的 0.75%。

二、森林资源空间格局

　　宁夏贺兰山国家级自然保护区森林资源分布不均，各管理站面积分布差异较大（图 2-5），整体呈现出中南部 > 北部的分布特征。这与当地气候条件密切相关，贺兰山海拔高，具有山地气候的特点，温度和降水具有明显的垂直分布格局，中南部较适宜的水分条件适合植被生长，而干旱地区植被生长较稀疏。大水沟管理站森林资源面积最高，占贺兰山国

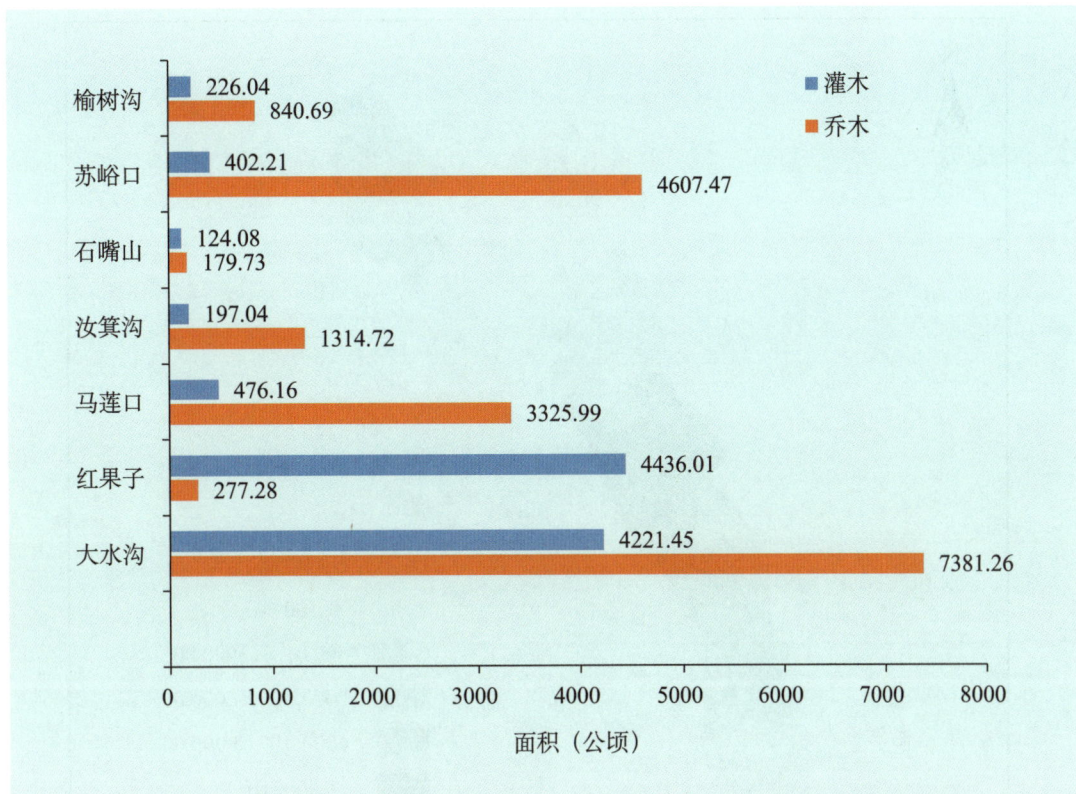

图 2-3　宁夏贺兰山国家级自然保护区各管理站不同森林类型面积

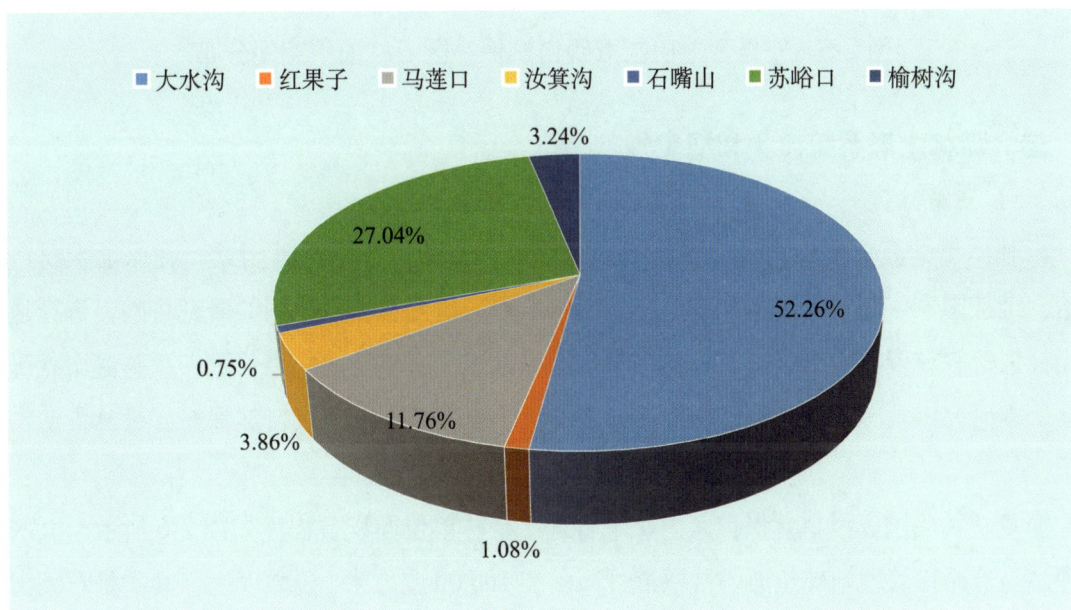

图 2-4　宁夏贺兰山国家级自然保护区各管理站森林蓄积量占比

家级自然保护区总面积的 42.54%，其次为苏峪口、马莲口管理站，上述 3 个管理站的森林资源总面积均在 6000 公顷以上，面积之和占贺兰山自然保护区森林总面积近 90%。石嘴山管理站森林面积最小，仅占总面积的 1.10%。

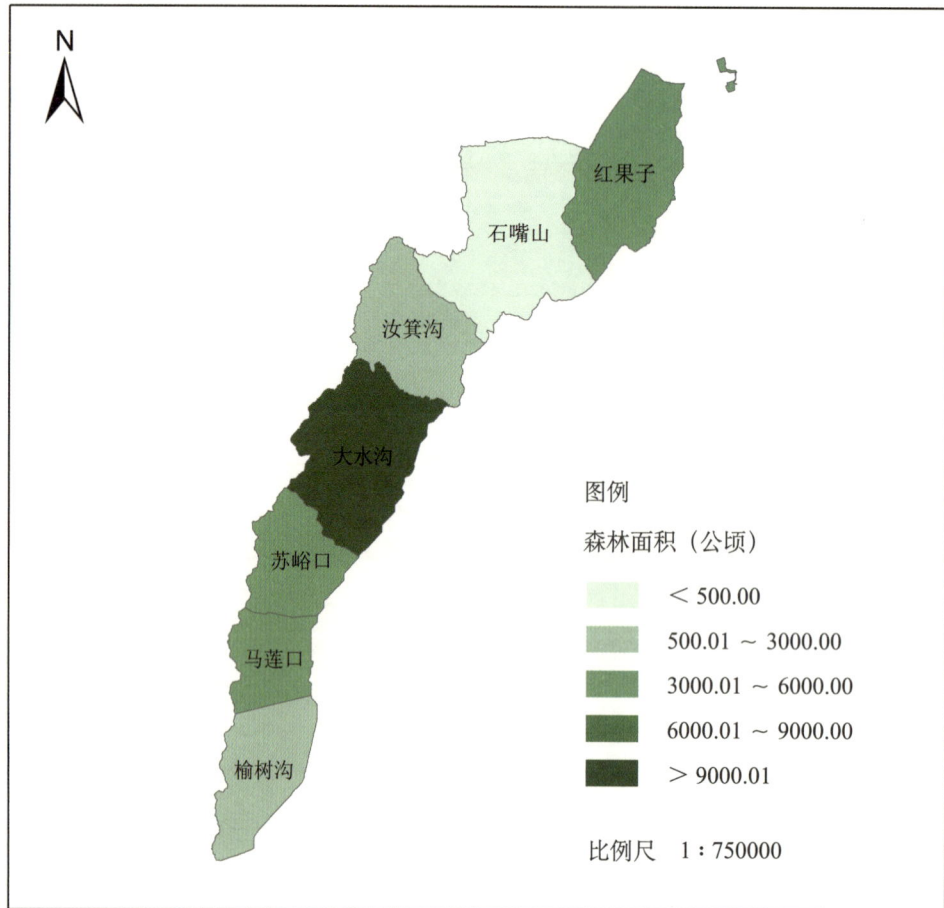

图 2-5　宁夏贺兰山国家级自然保护区森林面积空间分布

三、森林生态系统质量和稳定性

（一）质量分析

　　森林质量的高低是决定森林生态系统功能能否有效发挥的关键因素，在保证木材产量供给、维护国家生态安全方面具有重要作用。不同的研究者根据不同的研究目的，选择适合的指标评价森林资源质量状况，如森林单位面积蓄积量、单位面积生长量、森林健康状况等指标。本研究以森林单位面积蓄积量指标来分析宁夏贺兰山国家级自然保护区森林资源质量状况。

　　宁夏贺兰山国家级自然保护区内 7 个管理站森林单位面积蓄积量如图 2-6 所示，大水沟管理站与苏峪口管理站单位面积蓄积量最高，在 100.00 立方米／公顷以上，其次是石嘴山管理站、红果子管理站、榆树沟管理站、马莲口管理站，单位面积蓄积量在 60.00 立方米／公顷以上，汝箕沟管理站森林单位面积蓄积量最小，为 50.06 立方米／公顷。

　　宁夏贺兰山国家级自然保护区不同优势树种（组）单位面积蓄积量如图 2-7 所示。新疆杨（*Populus alba* var. *pyramidalis*）林单位面积蓄积量最高，油松（*Pinus tabuliformis*）林、云杉（*Picea asperata*）林和柳树（*Salix* spp.）林次之，四者的单位面积蓄积量

均大于 64.00 立方米／公顷；其余优势树种（组）的单位面积蓄积量均小于 42.00 立方米／公顷。

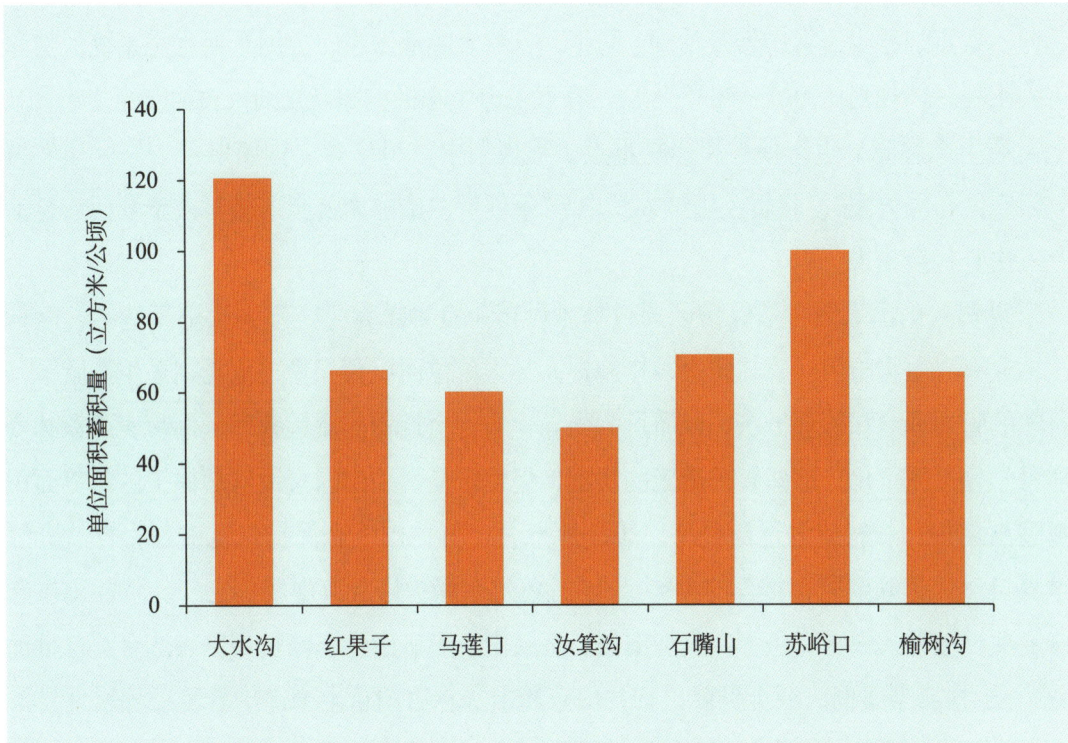

图 2-6　宁夏贺兰山国家级自然保护区各管理站森林单位面积蓄积量

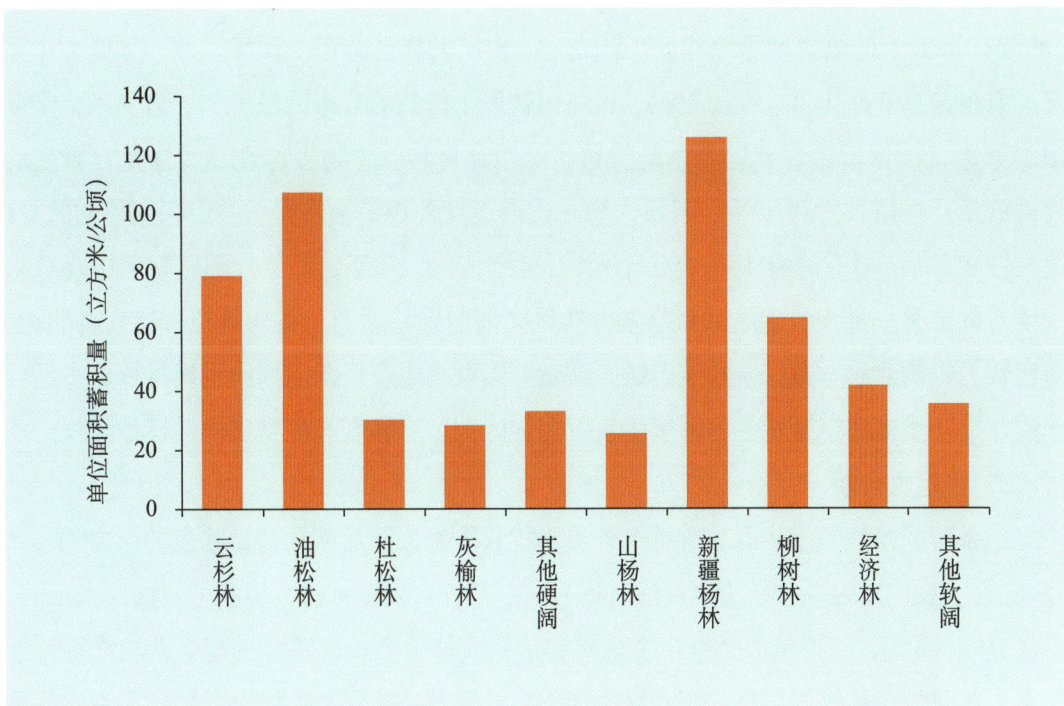

图 2-7　宁夏贺兰山国家级自然保护区不同优势树种（组）单位面积蓄积量

2020 年，国家发展改革委印发《支持宁夏建设黄河流域生态保护和高质量发展先行区实施方案》，提出推进贺兰山水源涵养林建设，加强退化林草修复；宁夏回族自治区随即发布《关于建设黄河流域生态保护和高质量发展先行区的实施意见》，推动贺兰山生态区域向南延伸，重点加强生态保护修复治理；同年，自然资源部发布《全国重要生态系统保护和修复重大工程总体规划（2021—2035 年）》，将贺兰山生态保护和修复列入黄河重点生态区（含黄土高原生态屏障）生态保护和修复重点工程规划中。2022 年，国家多部委联合印发《国家公园空间布局方案》，将贺兰山纳入其中；"争创贺兰山国家公园"被写入宁夏回族自治区第十三次党代会报告。

宁夏贺兰山国家级自然保护区通过林木种苗及良种繁育生产、人工更新造林、森林抚育、林业有害生物防治、森林防火等措施提高林木单位面积蓄积量。依托相关生态政策，引进科学的管理理念和管理方法，以质量为先导，实行全过程的质量管理，逐步实现森林资源管理科学化、规范化。这些管护措施的实施，促使宁夏贺兰山国家级自然保护区单位面积蓄积量逐渐增加，森林质量逐渐提高。2021 年 6 月，贺兰山生态保护修复被列为自然资源部和世界自然保护联盟联合推荐的 10 个中国特色生态保护修复典型案例之一。贺兰山生态保护修复项目被列入中国特色十大典型案例，贺兰山东麓矿山生态修复项目入选全国首批优秀"山水"工程典型案例。截至目前，贺兰山东麓山水林田湖草生态保护修复工程累计投入资金 61.38 亿元，实施 8 大类 173 个项目，27 项绩效目标全面达成。

此外，贺兰山是我国重要自然地理分界线和西北重要生态安全屏障，维系着西北至黄淮地区气候分布和生态格局，守护着西北、华北生态安全。同时，贺兰山也是我国雪豹（Panthera uncia）的重要栖息地和分布区之一，对雪豹自然分布、迁移扩散、种群优化等方面发挥着至关重要的作用。在历史上，贺兰山就属于雪豹的分布区域之一。近年来，宁夏贺兰山国家级自然保护区森林生态系统质量状况明显好转，生物多样性逐步恢复，野生动植物种群数量持续增长。2020 年，科研人员首次通过红外相机拍摄到贺兰山存在雪豹的身影，距离贺兰山最后一次雪豹确切的目击记录，已经过去了 67 年。显然，随着贺兰山森林生态系统质量的提升，逐步打通了邻近雪豹分布区之间的迁移通道，雪豹等顶极捕食者的加入，将会在贺兰山构建起一条完备的生态链，对贺兰山森林生态系统的健康平衡发挥着举足轻重的作用，进一步推动宁夏贺兰山国家级自然保护区的生态修复和生物多样性保护工作。

（二）稳定性分析

生态系统稳定性是指生态系统抵抗外界干扰和干扰去除后恢复初始状态的能力（Huang，1995），其一般内涵包括抵抗力（resistance）、恢复力（resilience）、持久力（persistence）和变异性（variability）。抵抗力是指生态系统在达到演替顶极后，能够自我更新和维持，当面对外来干扰时生态系统内部在一定程度上能够自我调节；恢复力是指生态系统在遭到外界干

扰破坏后恢复到原状的能力；持久力是指生态系统的结构和功能长期保持在较高水平；变异性是指生态系统受到自然或人为干扰后，功能和结构波动较小，很快能够重新平衡（丁惠萍，2006）。

稳定性作为森林生态系统的重要属性，集中反映了群落中各种群的自身调节、种间竞争及联结状况，是多种林分因子、环境因子和外界干扰综合作用的结果。森林生态系统稳定性的影响因素主要包括物种组成、群落结构、年龄结构、生物多样性、土壤肥力、种间联结、抚育间伐、森林病虫害、林火干扰等方面。这是由于群落树种组成、径级和年龄结构等林分结构是森林生态系统最明显的特征，也是决定森林群落更新潜力、多样性、种间关系及影响林下凋落物和土壤特性的重要因素，反映了植被生长与环境的适应关系。多样性与群落稳定性关系复杂，一般而言，物种多样性的增加提高了森林生态系统的弹性阈值和稳定性，即物种多样性与稳定性表现为正相关。土壤是决定植物群落结构和影响森林生态系统稳定性的重要非生物因素，林地土壤通气性和持水量高，有机质和无机盐含量丰富，土壤微生物多样性好，有利于提高土壤中营养物质的分解、循环效率，增强土壤的生物活性和持水保肥性能，从而促进林地植被生长，提高森林群落稳定性。风雪灾害、自然火干扰和森林病虫害等自然干扰，一方面破坏了森林植被甚至改变森林生态系统的结构组成，使森林生态系统的抵抗力和生态服务能力降低；另一方面会改变森林土壤理化性质及动物和微生物的群落结构，使整个森林生态系统的物质循环与能量流动过程受到影响，进而对森林生态系统的稳定性造成很大的影响。抚育间伐则是对森林生态系统的人为干扰。研究表明，不同择伐强度对天然林或人工林的生产力、植物多样性和种间竞争关系均有影响，间伐减小了林分密度，改善了林内光照和土壤肥力等条件，有效提高了森林生态系统的植物多样性和稳定性。

宁夏贺兰山国家级自然保护区森林主要为天然原始林和天然次生林。研究表明，优势树种组成单一、群落结构和林龄结构简单的人工林，因存在病虫灾害严重且控制困难、抵御恶劣气候的能力弱、易遭受风灾和雪灾危害、地力容易衰退等多方面问题，稳定性比天然林差（丁惠萍等，2006），所以从整体上看，宁夏贺兰山国家级自然保护区森林稳定性相对较好。对于天然林而言，不同森林群落类型因林分类型、土壤肥力、生物多样性和干扰等方面的原因，稳定性状况不同。对于人工林而言，需要对一定时间跨度内，特定空间的特定目标树种（纯林、混交林）进行研究，长远考虑，综合评价（梁燕，2018）。

提升森林生态系统质量和稳定性是林业和草原"十四五"规划的重要目标，宁夏贺兰山国家级自然保护区应加强混交林及立地条件较差地段（坡度大、海拔高）的灌木林的保护，同时加强树种单一、群落结构简单的低产低效林的改造力度，以提高森林质量和稳定性，充分发挥其综合生态功能。

四、森林生态系统原真性与完整性

2017 年，中共中央办公厅、国务院办公厅印发的《建立国家公园体制总体方案》明确提出，国家公园建设的指导思想应以加强自然生态系统原真性、完整性保护为基础，主要目标包括"国家重要自然生态系统原真性、完整性得到有效保护"。

> 生态系统原真性：是指生态系统与生态过程大部分保持自然特征和自然演替状态，自然力在生态系统和生态过程中居于支配地位。
>
> 生态系统完整性：是指自然生态系统的组成要素和生态过程完整，能够使生态功能得以正常发挥，生物群落、基因资源及未受影响的自然过程在自然状态下长久维持。生态区位极为重要，属于国家生态安全关键区域，至少应符合以下 1 个基本特征：一是生态系统健康，包含大面积自然生态系统的主要生物群落类型和物理环境要素；二是生态功能稳定，具有较大面积的代表性自然生态系统，植物群落处于较高演替阶段；三是生物多样性丰富，具有较完整的动植物区系，能维持伞护种、旗舰种等种群生存繁衍，或具有顶极食肉动物存在的完整食物链或迁徙洄游动物的重要通道、越冬（夏）地或繁殖地。
>
> 《国家公园设立规范》（GB/T 39737—2021）

借鉴江南等（2021）的研究，从森林起源、演替阶段、生长状况 3 个方面入手，遵循评价指标选取的可获得性、代表性和可定量化原则，选择起源方式、优势树种、林龄、单位蓄积量 4 项指标构建森林生态系统原真性评价指标体系。其中，以起源方式反映森林的自然度，以优势树种和林龄反映演替阶段，以单位蓄积量反映生长状况。借鉴张鹏翼等（2021）、唐宪（2010）、曾贤刚等（2023）、赵智聪等（2021）的研究，从生态系统组成完整性、生态系统结构完整性和生态系统功能完整性的角度评价宁夏贺兰山国家级自然保护区森林生态系统完整性。其中，遵循评价指标选取的可获得性、代表性和可定量化原则，生态系统组成完整性主要用优势树种组成和物种丰富度表示，生态系统结构完整性用龄组结构表示，生态系统功能完整性用生态产品价值表示。

（一）树种结构

为了更好地分析不同树种资源的数量状况，选取云杉、油松、杜松、灰榆、其他硬阔、山杨、新疆杨、柳树、经济林、其他软阔 10 个优势树种（组），探讨贺兰山国家级自然保护区森林资源林种状况，为森林经营管理提供依据和参考。由图 2-8 可知，贺兰山国家级自然保护区森林资源中，油松、灰榆和云杉面积占森林总面积的比例较高，三者占比之和达 96.46%。此外，杜松面积占比为 2.93%，其余优势树种（组）面积均小于 50 公顷，占比均在 0.30% 以下。

贺兰山国家级自然保护区森林优势树种（组）蓄积量表现为油松林最大，占总蓄积量的57.89%，其次是云杉、灰榆和杜松，上述4个优势树种（组）占总蓄积量的比例达到99.41%；其余树种（组）的蓄积量较小，占总蓄积量的比例小于1.00%（图2-9）。

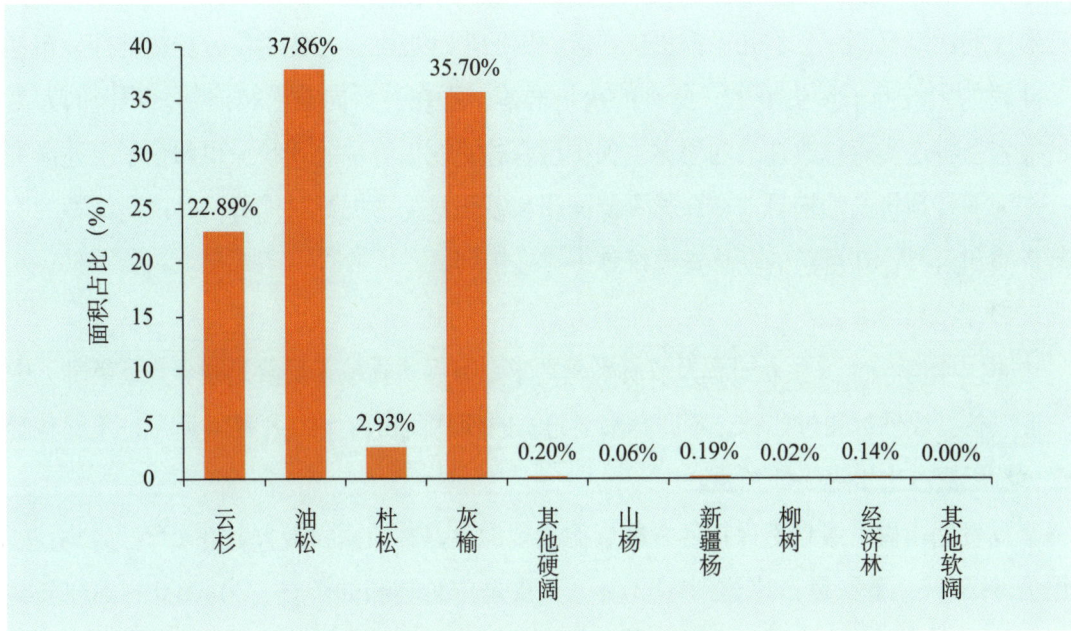

图2-8　宁夏贺兰山国家级自然保护区优势树种（组）面积占比

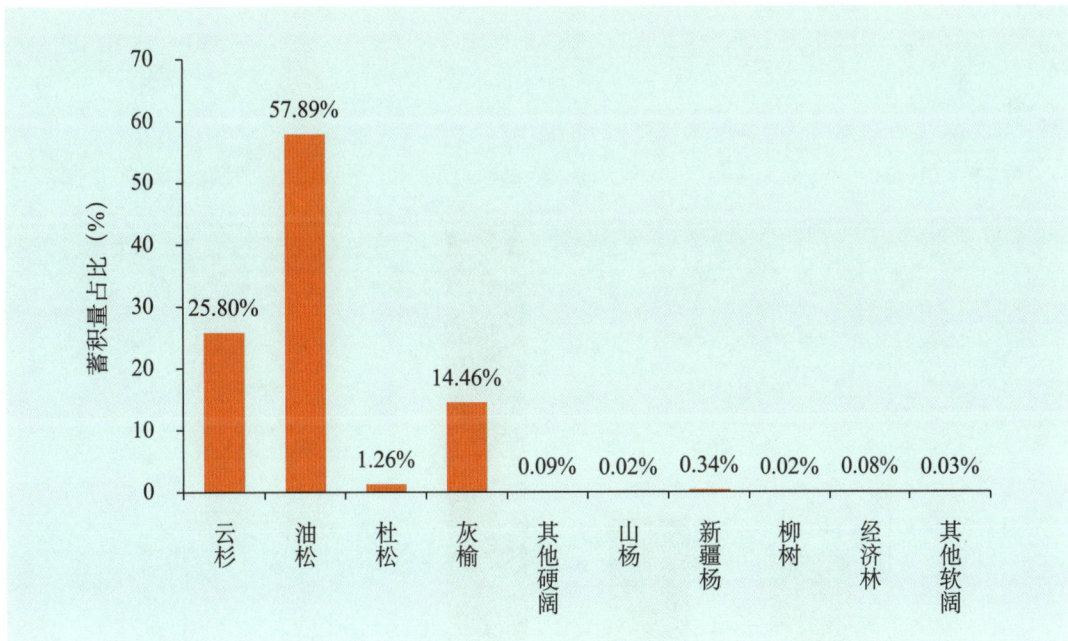

图2-9　宁夏贺兰山国家级自然保护区优势树种（组）蓄积量占比

由此可见，贺兰山国家级自然保护区森林资源中，油松面积占主导优势，云杉次之。油松林是贺兰山林区稳定的气候演替顶极，在没有重大外力干预下，不会被其他群落所替

代，即使在完全裸露的地段——皆伐迹地、弃耕地的农田、路边裸地，也可以不经过阔叶林阶段直接恢复成为油松林。灰榆林是该气候区内干旱、半干旱生境上的沙质土壤演替顶极。云杉的抗干旱能力较强，在贺兰山比较干旱的地区生长。在贺兰山山地，侧柏能在半干旱的阳坡三角崖面上生长，呈不连续的岛状分布。云杉是在偏湿润的生境条件下，油松林遭受破坏后形成的次级群落。它们几乎都出现在湿润的凹形缓坡上。与此相反，杨树林却分布在岗顶、陡峭的阳坡等干旱生境上。所有的次生群落，正在逐渐向油松林演替。积极的人为措施，很容易将这类森林改造成油松林。保护区森林资源优势种的现状，也印证了上述研究结论，作为演替顶极的油松目前在森林资源面积和蓄积量上占据绝对优势，其次是演替的次级群落灰榆和云杉，在目前的森林资源统计中排在前列。

（二）龄级结构

根据生物学特性、生长过程及森林经营要求，将乔木林按年龄阶段划分为幼龄林、中龄林、近熟林、成熟林和过熟林。不同林龄（组）的森林面积占比如图 2-10 所示，不同林龄组的森林蓄积量占比如图 2-11 所示。

宁夏贺兰山国家级自然保护区森林资源表现为近熟林的面积最大，在 1.56 万公顷以上，占比为 64.35%，蓄积量占比达到 81.27%；其次是中龄林和幼龄林，为 3500 ~ 5000 公顷，面积占比分别为 20.48% 和 14.76%，蓄积量占比分别为 12.77% 和 5.72%；成熟林和过熟林的面积最小，均在 100.00 公顷以下，二者仅占不同林龄（组）总面积的 0.42%，以及蓄积量的 0.23%。

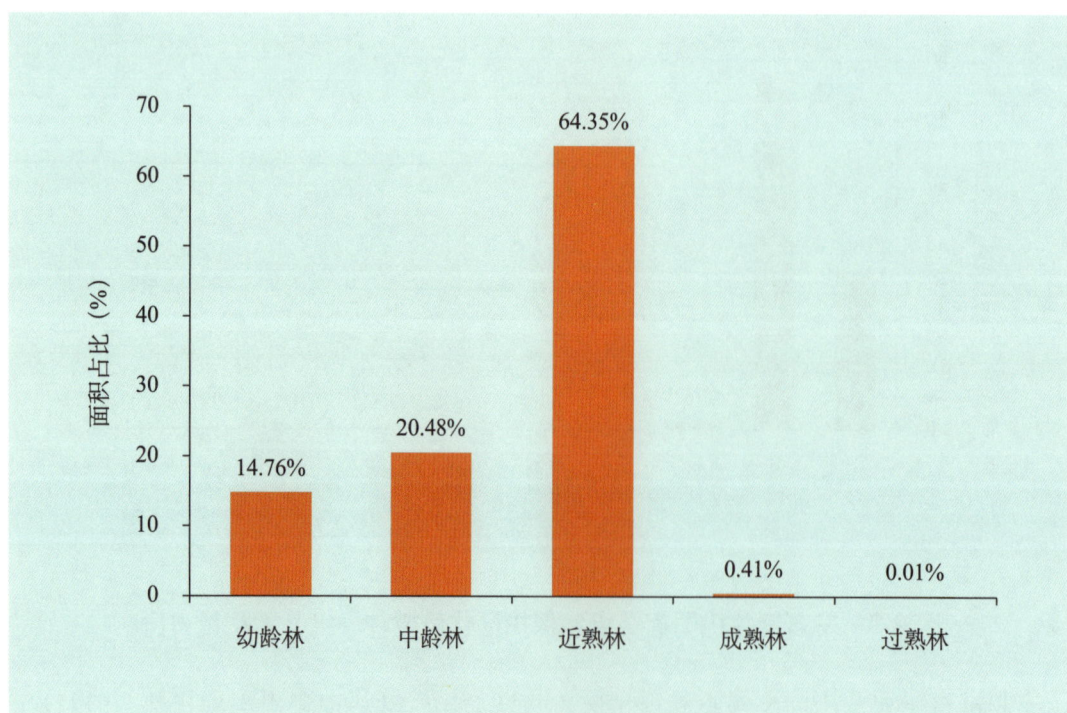

图 2-10　宁夏贺兰山国家级自然保护区不同林龄（组）面积占比

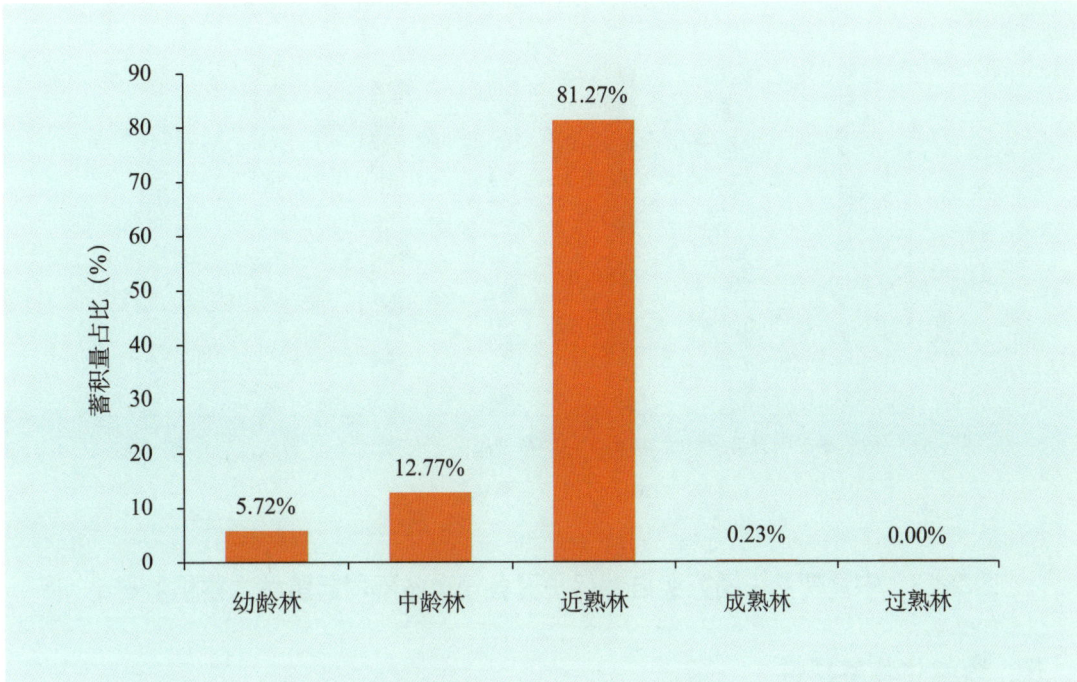

图 2-11　宁夏贺兰山国家级自然保护区不同林龄（组）蓄积量占比

（三）林木起源

从林木起源上来看，宁夏贺兰山国家级自然保护区森林资源以天然林占绝对优势（图 2-12、图 2-13），面积占高达 99.24%，蓄积量占比也达到 99.28%，具有极高的森林生态系统原真性。各管理站中，大水沟和汝箕沟管理站森林资源均为天然林，红果子管理站几乎不存在人工林，马莲口、苏峪口和榆树沟管理站天然林占比均在 98.50% 以上，人工林主要分布在石嘴山管理站，但也仅占石嘴山森林资源面积的 6.08%。

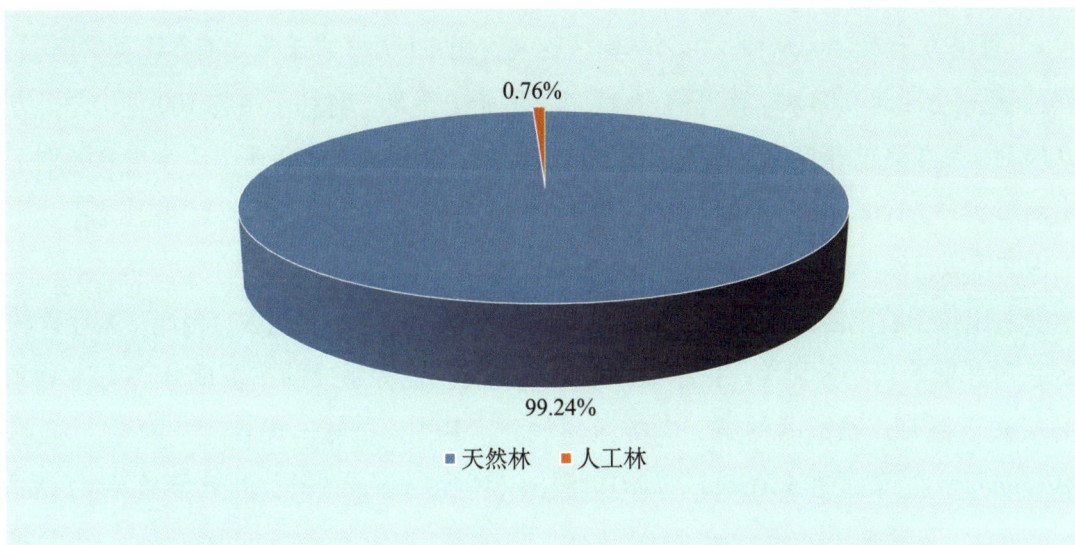

图 2-12　宁夏贺兰山国家级自然保护区不同起源林木面积占比

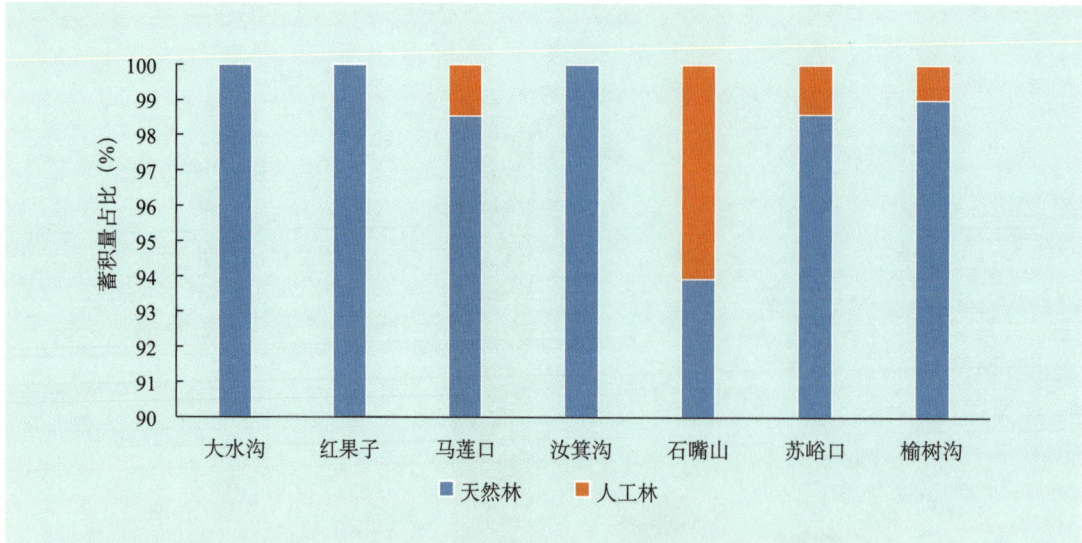

图 2-13　宁夏贺兰山国家级自然保护区各管理站不同起源林木蓄积量占比

五、森林生物多样性

贺兰山是我国西部重要的气候和植被分界线，贺兰山以东是草原气候和草原植被，以西则是荒漠气候和荒漠植被。贺兰山还是连接青藏高原、内蒙古高原和华北植物区系的枢纽。特殊的地理位置和地理环境塑造了贺兰山独特的植物类群与群落。

宁夏贺兰山国家级自然保护区目前记录到野生维管植物 649 种、苔藓植物 204 种、地衣 97 种、大型真菌 259 种。维管植物种类以菊科（Compositae）和禾本科（Gramineae）最多，其次是豆科（Fabaceae）蔷薇科（Rosaceae）、藜科（Chenopodiaceae）、毛茛科（Ranunculaceae）、莎草科（peraceae）、十字花科（Cruciferae）、石竹科（Caryophyllaceae）、百合科（Liliaceae）。

宁夏贺兰山国家级自然保护区总面积 0.19 万平方千米，有种子植物 631 种（包括 17 变种），每平方千米为 0.29 种。相邻草原区的大青山 1.1 万平方千米，有 841 种（赵一之，1998），每平方千米 0.08 种；南部的六盘山 0.5 万平方千米，有种子植物 700 种，每平方千米 0.14 种；荒漠区的祁连山调查区 1.7 万平方千米，有 1014 种，每平方千米为 0.06 种；龙首山 0.75 万平方千米，有 326 种，每平方千米为 0.04 种（王秉山，1982）。相比之下，宁夏贺兰山国家级自然保护区单位面积上植物种多度较高。

贺兰山位于我国西部荒漠区东缘，毗邻东亚植物区系的华北地区。因此，东亚森林植物区系对其影响仍十分显著。由东亚、中国华北与东北等组成的东亚成分占比达 19.9%，成为仅次于温带广布成分的第二大类区系成分。其中，油松、虎榛子、酸枣、黄刺玫（*Rosa xanthina*）、紫丁香（*Syringa oblata*）、蒙桑（*Morus mongolica*）、互叶醉鱼草（*Buddleja alternifolia*）、文冠果（*Xanthoceras sorbifolia*）、白莲蒿（*Artemisia stechmanniana*）、凸脉薹草（*Carex lanceolata*）等中国华北、东北成分均有广泛分布。

此外，贺兰山还分布有苔藓植物 30 科 81 属 204 种（包括种以下单位，下同），贺兰山东坡共有 26 科 65 属 142 种，西坡共有 27 科 67 属 162 种，其中苔类 7 科 9 属 11 种，藓类植物 23 科 72 属 193 种，大型真菌 259 种，隶属于 16 目 32 科 81 属。

贺兰山在动物地理区划上属于古北界、中亚亚界、蒙新区、西部荒漠亚区和东部草原亚区的过渡地带，野生动物种类丰富多样。保护区分布有野生脊椎动物 329 种，其中国家一级保护野生动物有 13 种；国家二级保护野生动物有 56 种。鱼纲 1 目 3 科 6 种，两栖纲 1 目 2 科 3 种，爬行纲 2 目 7 科 13 种，鸟纲 20 目 54 科 249 种，兽类 7 目 15 科 58 种。昆虫有 25 目 203 科 1936 种。

第二节　草地资源禀赋

贺兰山是我国西部一条重要的自然地理分界线，即温带草原与温带荒漠分界线。贺兰山以西为荒漠植被和荒漠气候，以东为草原植被和草原气候。由于贺兰山呈东北—西南走向，植被类型沿海拔呈自然垂直分布，从山脚低海拔的温带草原区域逐渐过渡到山顶的亚高山灌丛草甸带，人类影响强度也依此序列渐次减弱或消失。宁夏贺兰山国家级自然保护区山地草原出现在山地森林带以下海拔 1600 ~ 2600 米的平缓坡地，常与中生灌丛复合存在。宁夏贺兰山国家级自然保护区内分布有宁夏及内蒙古地区所有的针茅，是内蒙古高原及宁夏黄土高原针茅的集中分布区。

一、草地资源数量状况

依据《第三次全国国土调查工作分类地类认定细则》，宁夏贺兰山国家级自然保护区草地均为天然牧草地。

> 天然牧草地：是指以天然草本植物为主，用于放牧或割草的草地，包括实施禁牧措施的草地，不包括沼泽草地。
> 人工牧草地：是指人工种植牧草的草地。
> 其他草地：是指树木郁闭度＜0.1，表层为土质，不用于放牧的草地。

宁夏贺兰山国家级自然保护区不同管理站草地面积如图 2-14 所示，各管理站中草地面积最大的是石嘴山管理站，在 3.37 万公顷以上，占草地总面积的 24.63%；其次为红果子管理站，草地面积为 2.34 万公顷，占草地总面积的 17.09%；草地面积最小的是苏峪口管理站，占总草地面积的 7.60%。

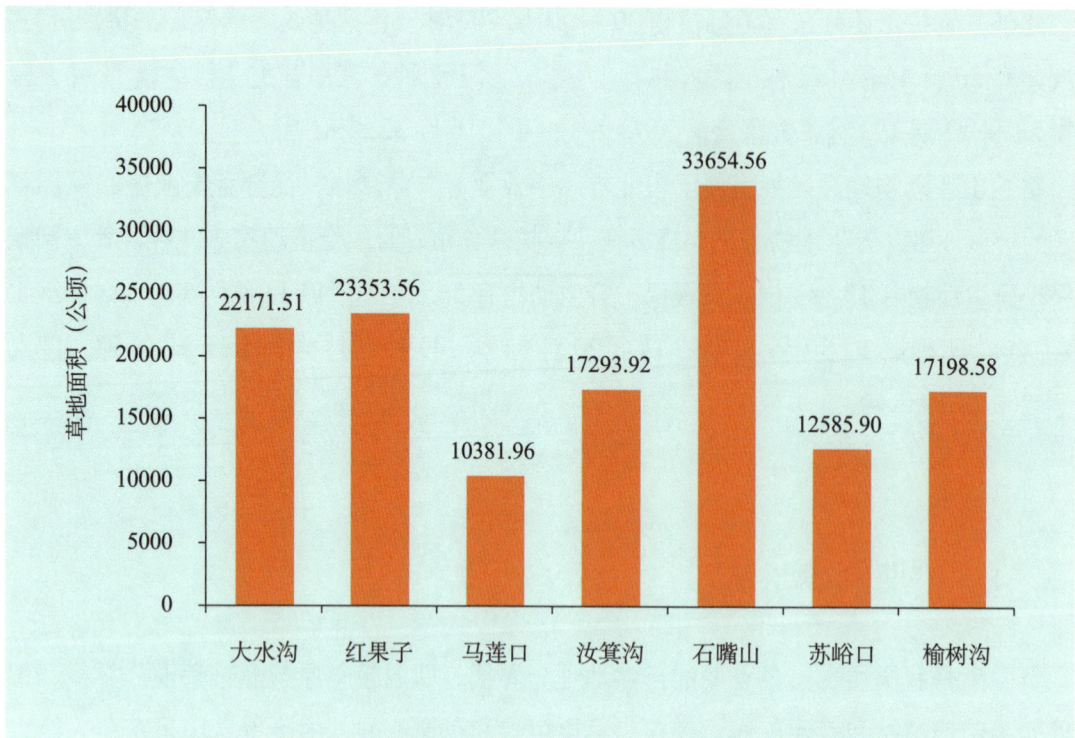

图 2-14　宁夏贺兰山国家级自然保护区不同管理站草地面积分布

二、草地资源空间格局

宁夏贺兰山国家级自然保护区草地资源空间分布状况如图 2-15 所示。

宁夏贺兰山国家级自然保护区草地资源由于地形等原因，整体呈现分布不均的特征。不同管理站的草地资源存在较大差异，石嘴山管理站草地面积最高，在 3.37 万公顷以上，其次为红果子、大水沟、汝箕沟和榆树沟管理站，草地面积均在 1.70 万公顷以上，上述地区草地面积之和占宁夏贺兰山国家级自然保护区草地总面积的 83.19%。马莲口管理站草地面积最少，但面积也在 1.00 万公顷以上。

三、草地资源质量分析

草地是世界上分布最广的植被类型，是陆地生态系统的重要组成部分。草地生态系统的保育和可持续利用，是维持区域生态系统格局、功能和农牧业可持续发展的关键。草地资源具有一切资源的质量和数量的基本特性。本研究根据用途来确定资源数量、质量评价指标，以草地草群产量为指标，根据《草场资源调查技术规程》规定，按鲜草产量将全国草地划分为 8 个等级，1 级草地：大于 4000 千克；2 级草地：3000 ~ 4000 千克；3 级草地：2000 ~ 3000 千克；4 级草地：1500 ~ 2000 千克；5 级草地：1000 ~ 1500 千克；6 级草地：500 ~ 1000 千克；7 级草地：250 ~ 500 千克；8 级草地：小于 250 千克。草地分级评价是根据草地产量的高低进行划分。其中，1、2、3 级为高产草地，4、5 级为中产草地，6、7、8

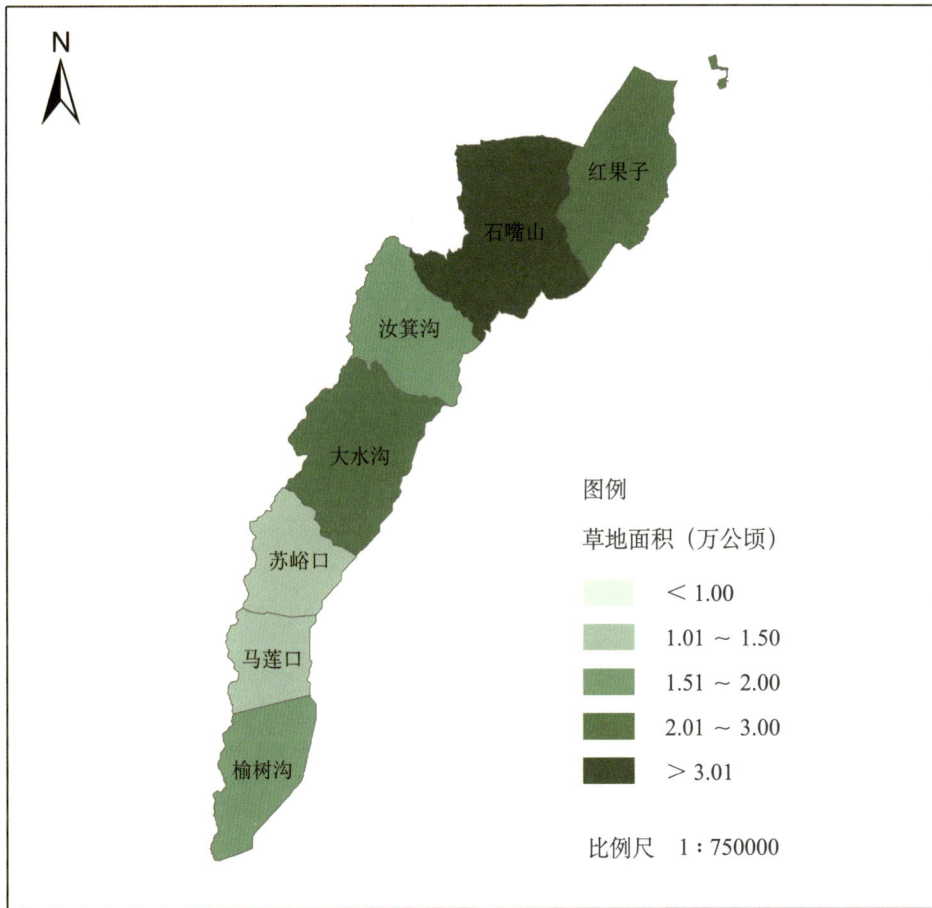

图 2-15 宁夏贺兰山国家级自然保护区草地面积空间分布

级为低产草地（李治国，2014）。宁夏贺兰山国家级自然保护区内草原群落面积较大，类型丰富。根据对水分的生态适应，草原可划分为草甸草原、典型草原和荒漠草原 3 个类型，荒漠草原为保护区草原植被的主要类型。贺兰山草地主要分为温性典型草原类、温性荒漠草原类、低地草甸类、山地草甸类、温性荒漠类和温性草原化荒漠类，其中温性荒漠草原类草地占全部草地面积的 54.15%。

通过现场核实和样方调查等方法对贺兰山草地资源进行了实地调查，贺兰山草地划分为 8 个级，在 8 级草地类型中，1 级草地占比面积最高，占全部草地面积的 37.64%；其次为 8 级草地，占 28.19%；4 级草地占比面积最少，仅占全部草地面积的 4.31%（表 2-1）。据统计，贺兰山草地 8 个级平均草被覆盖度为 50.45%，平均鲜草产量为 3729.30 千克 / 公顷。1 级草地与 8 级草地的面积占比大，但平均覆盖率略低。研究表明，温性荒漠草原干鲜比最大，暖性灌草丛干鲜比最小。牧草干鲜比和含水量受群落特征、降水量和土壤养分等多种因素影响，生长季降水量是其最重要的主导因素（刘海聪等，2022）。1 级草地中温性荒漠草原类占 1 级草地总面积的 61.29%，8 级草地中温性荒漠草原类仅占 8 级草地面积的 16.60%。

表 2-1   贺兰山草地等级

草地等级	面积占比（%）	平均草被覆盖度（%）	平均鲜草产量（千克/公顷）
1级	37.64	48.67	19221.30
2级	4.49	49.40	3965.20
3级	5.96	49.91	2472.20
4级	4.31	50.58	1745.40
5级	5.70	50.67	1237.60
6级	5.46	51.63	728.50
7级	8.25	51.94	366.50
8级	28.19	50.76	97.60

四、草地生物多样性

贺兰山是连接青藏高原、内蒙古高原和华北植物区系的枢纽。特殊的地理位置和地理环境塑造了贺兰山独特的植物类群与群落。山地草原出现在保护区山地森林带以下海拔1600～2600米的平缓坡地，因而草地植物种类和群系非常丰富。

草甸草原主要包括甘青针茅草原（Form. *Stipa przewalskyi*）和贝加尔针茅草原（Form. *Stipa baicailensis*）两个群系。甘青针茅草原是保护区非常有特色的草原群系，集中分布于海拔较高的平缓山坡、山坳中。主要伴生种有赖草（*Leymus secalinus*）、早熟禾（*Poa annua*）、披针叶黄华（*Thermopsis lanceolata*）等。甘青针茅不单单是草原群落的建群种和优势种，也常分布于中生灌丛以及生长良好的灰榆林中。甘青针茅草原群系是黄土高原山地分布的一个草原群系，与其他草原群落相比，其分布范围和面积均较小。贺兰山是其重要的分布区，这也是贺兰山植被考察中的首次发现。

典型草原，主要包括本氏针茅（Form. *Stipa bungeana*）、大针茅（Form. *S. grandis*）、克氏针茅（*Form. S. krylovii*）、白羊草（Form. *Bothriochloa ischaemum*）、白草（Form. *Pennisetum centrasiaticum*）、阿拉善鹅观草（Form. *Roegneria alashanica*）、百里香（Form. *Thymus serpyllum*）、石生齿缘草草原（*Form. Eritrichium rupestre*）8 个群系。从南到北都有分布。克氏针茅草原是保护区草原群落的主要类型，分布较广，面积较大，退化后往往被百里香、石生齿缘草群落取代。

荒漠草原，是保护区草原植被的主要类型，分布于山地中段海拔较低的山坡及南北两段海拔较高的山坡，占据一定景观空间，海拔为1200～1600米。主要包括短花针茅草原（Form. *S. breviflora*）、沙生针茅草原（Form. *S. glareosa*）、戈壁针茅草原（Form. *S. tianschanica*）、灌木亚菊半灌木草原（Form. *Ajaia fruticulosa*）、铺散亚菊半灌木草原（Form. *A. khartensis*）5 个群系。在贺兰山低山带，主要物种除多年生草本戈壁针茅、短花针茅外，

还常伴生荒漠细柄茅（*Ptilagrostis mongholica*）、无芒隐子草（*Cleistogenes songorica*）以及较多的灌木，包括蒙古扁桃（*Prunus mongolica*）、松叶猪毛菜（*Oreosalsola laricifolia*）、荒漠锦鸡儿（*Caragana roborovskyi*）、刺旋花（*Convolvulus tragacanthoides*）、斑子麻黄（*Ephedra rhytidosperma*）等。

此外，荒漠草地地表昆虫种类丰富，主要是适应荒漠半荒漠环境的种类，已知特有成分多分布于此区域。代表种类有阿拉善懒螽（*Mongolodectes alashanicus*）、贺兰山台蚱（*Formosatettix helanshanensis*）、黄胫小车蝗（*Oedaleus infernalis*）、亚洲小车蝗（*Oedaleus asiaticus*）、短星翅蝗（*Calliptamus abbreviatus*）、黑腿星翅蝗（*Calliptamus barbarus*）、黑胫短鼻蝗（*Filchnerella nigribia*）（贺兰山特有种）、短翅短鼻蝗（*Filchnerella brachyptera*）（贺兰山特有种）、红缘短鼻蝗（*Filchnerella rubimargina*）（贺兰山特有种）、贺兰短鼻蝗（*Filchnerella helanshanensis*）（贺兰山特有种）、贺兰山箭蚁（*Cataglyphis helanensis*）（贺兰山特有种）等。

贺兰山在动物地理区划上属于古北界、中亚亚界、蒙新区、西部荒漠亚区和东部草原亚区的过渡地带，贺兰山以东是草原亚区，以西是荒漠亚区。在贺兰山分布的国家级重点保护野生动物中，黄羊（*Procapra gutturosa*）是古北界草原亚区动物的代表，鹅喉羚（*Gazella subgutturosa*）、漠猫（*Felis bieti*）、石貂（*Martes foina*）是荒漠亚区的代表。在植被垂直带的生境中，山地草原带中出现的动物种类最多，有 31 种；山地疏林草原带次之，有 29 种；亚高山灌丛草甸带最少，仅有 11 种（胡天华等，2012）。

第三章
宁夏贺兰山国家级自然保护区森林生态产品物质量评估

　　森林生态产品物质量评估主要是从物质量的层面，针对森林生态系统提供的服务进行定量化评价。物质量评价能够比较客观地反映生态系统的生态过程，进而反映生态系统服务功能的可持续性（赵景柱等，2000）。量化研究与分析森林生态系统提供的服务功能，对确定它在社会经济发展中的贡献和作用及其对干扰的反应都具有十分重要的意义（郝仕龙等，2010）。依据国家标准《森林生态系统服务功能评估规范》（GB/T 38582—2020），本章将对宁夏贺兰山国家级自然保护区 2022 年森林生态产品的物质量进行评估，并研究宁夏贺兰山国家级自然保护区森林生态产品物质量的空间分布格局及动态变化特征。

第一节　森林生态产品物质量

　　通过评估得出，2022 年贺兰山国家级自然保护区森林生态系统保育土壤、林木养分固持、涵养水源、固碳释氧、净化大气环境 5 项服务功能物质量，评估的结果见表 3-1。

表 3-1　2022 年宁夏贺兰山国家级自然保护区森林生态产品物质量评估结果

服务类型	功能类别	指标	物质量
支持服务	保育土壤	固土量（万吨/年）	132.36
		减少氮流失（吨/年）	4872.86
		减少磷流失（吨/年）	1162.90
		减少钾流失（吨/年）	35275.90
		减少有机质流失（吨/年）	51211.65

（续）

服务类型	功能类别	指标	物质量
支持服务	林木养分固持	氮固持（吨/年）	458.54
		磷固持（吨/年）	42.58
		钾固持（吨/年）	323.71
调节服务	涵养水源	调节水量（万立方米/年）	5563.03
	固碳释氧	固碳（万吨/年）	3.64
		释氧（万吨/年）	9.44
	净化大气环境	提供负离子量（$\times 10^{21}$ 个/年）	174.16
		吸附二氧化硫（吨/年）	8274.56
		吸附氟化物（吨/年）	294.49
		吸附氮氧化物（吨/年）	195.79
		滞尘量（万吨/年）	58.22
		滞纳PM_{10}（吨/年）	400.04
		滞纳$PM_{2.5}$（吨/年）	85.25

一、保育土壤

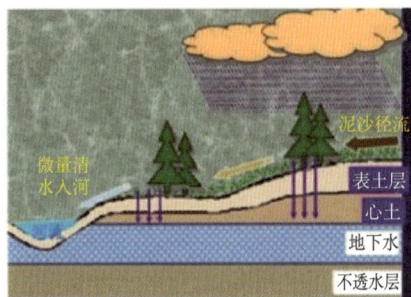

2022 年，宁夏紧紧围绕黄河流域生态保护和高质量发展先行区建设目标，科学推进水土流失综合治理，水土保持工作取得一定成效，全自治区水土流失面积下降到 15354.19 平方千米，占全自治区国土总面积的 23.12%，较 2021 年减少 180.65 平方千米，减幅 1.16%，且 67.45% 以上为轻度侵蚀（宁夏回族自治区水利厅，2023）。贺兰山水蚀区水土流失面积为 818.60 平方千米，占全自治区水土流失面积的比例仅为 5.33%，同时贺兰山水蚀区 95.37% 以上为轻度侵蚀。苏峪口和汝箕沟两个水文站实测 2022 年输沙量总计 1.84 万吨，与多年平均输沙量相比分别减少 64.00% 和 99.00%。2022 年宁夏贺兰山国家级自然保护区森林生态系统年固土量为 132.36 万吨，相当于贺兰山东麓年平均输沙量（176.00 万吨）的 75.20%（图 3-1），表明宁夏贺兰山国家级自然保护区森林生态系统保育土壤功能作用显著。2022 年总保肥物质量是宁夏回族自治区当年农用化肥施用量（93.40 万吨）的 9.90%，是面积相当

图 3-1　宁夏贺兰山国家级自然保护区森林生态系统固土量（宁夏回族自治区水利厅，2023）

的贺兰县当年农用化肥施用量（5.04万吨）的1.84倍（图3-2）。可见，森林生态系统保育土壤功能作用显著，对维护区域社会、经济、生态环境的可持续发展具有重要作用。

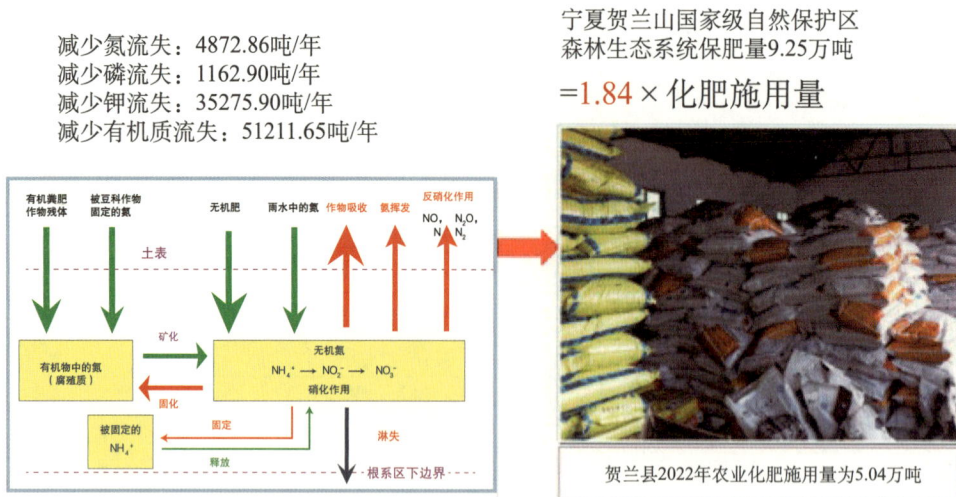

减少氮流失：4872.86吨/年
减少磷流失：1162.90吨/年
减少钾流失：35275.90吨/年
减少有机质流失：51211.65吨/年

宁夏贺兰山国家级自然保护区
森林生态系统保肥量9.25万吨
=1.84×化肥施用量

贺兰县2022年农业化肥施用量为5.04万吨

图3-2　宁夏贺兰山国家级自然保护区森林生态系统保肥量（宁夏回族自治区统计局，2023）

二、林木养分固持

森林在生长过程中不断地从周围环境中吸收养分固定在植物体内，成为全球生物化学循环不可缺少的环节，地下动植物（包括菌根关系）促进了基本的生物地球化学过程，促进土壤、植物养分和肥力的更新（UK National Ecosystem Assessment，2011）。林木养分固持功能首先是维持自身生态系统的养分平衡，其次才是为人类提供生态系统服务功能。森林通过大气、土壤和降水吸收氮、磷、钾等营养物质并贮存在植物体内各器官，其林木养分固持功能对降低下游水源污染及水体富营养化具有重要作用。而林木养分固持与林分的净初级生产力密切相关，林分的净初级生产力与地区水热条件也存在显著关联（Johan et al.，2000）。林木养分固持功能与固土保肥中的保肥功能，无论从机理、空间部位，还是计算方法上都有本质区别，前者属于生物地球化学循环的范畴，而保肥功能是从水土保持的角度考虑。即如果没有这片森林，每年水土流失中也将包含一定的营养物质，属于物理过程。2022年，宁夏贺兰山国家级自然保护区森林生态系统林木养分固持物质量总量（包括氮、磷、钾的固持）为824.83吨。

三、涵养水源

宁夏是我国水资源严重匮乏的地区之一，其降水总量不足，多年平均降水量不足黄河流域平均值的2/3和全国的1/2，多年平均年径流深为全国均值的1/15，属严重的资源型缺水地区，并且水资源在时间和空间上的分布极不均衡，地区变化极大，年内70%～80%的径流集

中在汛期 6 ~ 9 月，年际间最大与最小年径流深相差 3 倍。降水量由南部六盘山东南部 800 毫米，递减到北部引黄灌区 179 毫米，南北年径流相差近百倍，干旱指数变化趋势与降水量相反。干旱缺水是宁夏的基本区情，当地水资源十分匮乏，经济社会发展主要依赖于过境黄河水（宁夏回族自治区水利厅，2023）。《宁夏回族自治区水资源公报（2022）》显示，宁夏水资源总量为 8.924 亿立方米，其中，天然地表水资源量为 7.077 亿立方米，地下水资源量为 15.344 亿立方米，地下水资源与地表水资源之间的重复计算为 14.497 亿立方米（宁夏回族自治区水利厅，2023）。青铜峡水电站坐落于宁夏回族自治区黄河上游的最后一道峡谷——青铜峡出口位置，是一座以灌溉、发电为主，兼具防洪等综合作用的水利枢纽工程。自 1967 年蓄水运用后，库区随即开始出现淤积。《关于青铜峡水库 2023 排沙调度运用的批复》显示：根据青铜峡水库最新库容测量成果，截至 2018 年 11 月，青铜峡水库实测库容 3874 万立方米，为原始库容的 6.39%。贺兰山地处我国温带草原区与荒漠区的过渡地带，是银川平原的天然屏障和水源涵养区。由表 3-1 可以看出，宁夏贺兰山国家级自然保护区森林生态系统涵养水源量为 5563.03 万立方米 / 年，相当于 2022 年宁夏水资源总量的 6.23%，相当于青铜峡水库库容的 1.44 倍，相当于银川市居民生活用水量（1.789 亿立方米）的 31.10%（宁夏回族自治区水利厅，2023），可供 5.50 万人生活用水，银川市耕地实际灌溉亩均用水量 653.00 立方米 / 亩（1 亩 =1/15 公顷），可灌溉 5679.46 公顷耕地。宁夏贺兰山国家级自然保护区森林生态系统充分发挥了绿色"水库"功能（图 3-3），对于维护宁夏西北部乃至全区的水资源安全起着举足轻重的作用。

图 3-3　宁夏贺兰山国家级自然保护区森林生态系统涵养水源量（宁夏回族自治区水利厅，2023）

四、固碳释氧

宁夏拥有丰富的矿藏资源，适宜发展资源加工型产业，工业内部结构较为单一，产业链条短、附加值低，资源开发利用呈现单一依赖煤炭资源开采的不均衡倾向。从近年来主要能源产量结构来看，自 2000 年以来，煤炭产量所占比例不仅远远高于原油、天然气、水电

等其他能源类产品所占比例，而且一直保持着这一比例甚至还有所提高（宁夏回族自治区统计局，2023）。宁夏贺兰山国家级自然保护区位于宁夏西北部，贺兰山山脉东坡的北段和中段，地跨银川市永宁县、西夏区、贺兰县，石嘴山市平罗县、大武口区、惠农区的2市6县（区），面积为19.35万公顷，贺兰县面积为15.99万公顷，相对来说与宁夏贺兰山国家级自然保护区面积相当。从《宁夏统计年鉴（2023）》可知，2022年贺兰县能源总消费为88.70万吨标准煤。依据《火电厂节能减排手册》可知，每千克标准煤可产生二氧化碳2.58千克，换算后可得到二氧化碳排放量为228.846万吨，乘以二氧化碳中碳的含量27.27%，可以得到2022年贺兰县碳排放量为62.41万吨。宁夏贺兰山国家级自然保护区森林生态系统固碳量为3.64万吨/年，相当于吸收了2022年贺兰县碳排放量的21.40%，与工业减排相比，森林固碳投资少、代价低，更具有经济可行性和现实操作性。

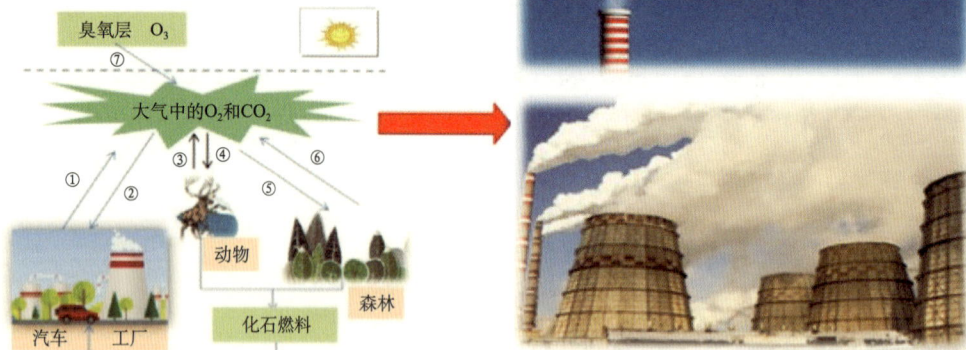

图3-4   宁夏贺兰山国家级自然保护区森林生态系统固碳量（宁夏回族自治区统计局，2023）

五、净化大气环境

宁夏是我国重要的能源省份之一，在西部大开发政策的驱使下，宁夏经济实现了跨越式发展，但与此同时，环境污染问题日益突出。党的十八大以来，宁夏努力建设黄河流域生态保护和高质量发展先行区，全力打好污染防治攻坚战，工作力度较大，取得较大成效，但生态环境保护仍然存在一定的提升空间。2022年，银川市工业排放二氧化硫量为1.55万吨、氮氧化物量为2.52万吨（宁夏回族自治区统计局，2023），而宁夏贺兰山国家级自然保护区森林生态系统二氧化硫吸收量为8274.56吨/年、氮氧化物吸收量为195.79吨/年，分别相当于吸收了银川市2022年二氧化硫和氮氧化物排放量的53.35%和0.77%，表明森林具有一定的净化大气环境功能（图3-5至图3-6）。

宁夏贺兰山国家级自然保护区森林生态
系统吸收二氧化硫量：8274.56 吨/年

=53.35%×排放量

银川市2022年二氧化硫排放量15508.53吨

图 3-5　宁夏贺兰山国家级自然保护区森林生态系统吸收二氧化硫量（宁夏回族自治区统计局，2023）

宁夏贺兰山国家级自然保护区森林生态系统
吸收氮氧化物量：195.79吨/年

=0.77%×排放量

银川市2022年氮氧化物排放量25217.93吨

图 3-6　宁夏贺兰山国家级自然保护区森林生态系统吸收氮氧化物量（宁夏回族自治区统计局，2023）

第二节　不同管理站森林生态产品物质量

优质生态产品是最普惠的民生福祉，是维系人类生存发展的必需品，森林生态系统产生的服务也是最普惠的民生福祉。依据国家标准《森林生态系统服务功能评估规范》（GB/T 38582—2020），本节对宁夏贺兰山国家级自然保护区 7 个管理站（红果子、石嘴山、汝箕沟、大水沟、苏峪口、马莲口、榆树沟）的森林生态产品物质量开展评估研究，进而揭示各管理站森林生态系统服务的特征（表 3-2）。

表 3-2　2022 年宁夏贺兰山国家级自然保护区管理站森林生态产品物质量评估结果

| 管理站 | 支持服务 | | 调节服务 | | | | | 净化大气环境 | | | |
| | 保育土壤 | | | 固碳释氧 | | 提供负离子（×10²¹个/年） | 吸收气体污染物（吨/年） | 滞尘 | | | |
	固土（万吨/年）	保肥（万吨/年）	林木养分固持（吨/年）	涵养水源（万立方米/年）	固碳（万吨/年）	释氧（万吨/年）			滞尘量（万吨/年）	滞尘PM₁₀（吨/年）	滞纳PM₂.₅（吨/年）
红果子	18.68	1.11	109.78	996.78	0.51	1.24	9.70	487.06	3.84	33.20	6.71
石嘴山	1.38	0.09	10.17	68.48	0.05	0.14	1.70	31.85	0.57	3.95	0.84
汝箕沟	7.29	0.47	57.48	351.11	0.30	0.85	11.73	152.62	3.79	25.21	5.42
大水沟	55.79	3.36	310.01	2394.02	1.53	3.99	66.20	3501.62	27.12	185.52	39.58
苏峪口	25.54	2.18	168.04	881.90	0.61	1.56	44.52	2548.11	12.38	81.95	17.63
马莲口	18.63	1.66	133.95	660.84	0.48	1.24	32.52	1737.08	8.21	54.68	11.74
榆树沟	5.05	0.38	35.40	209.90	0.16	0.42	7.79	306.50	2.31	15.53	3.33
总计	132.36	9.25	824.83	5563.03	3.64	9.44	174.16	8764.84	58.22	400.04	85.25

一、保育土壤

宁夏是全国水土流失严重的地区之一，其侵蚀类型以水力和风力为主（宁夏回族自治区水利厅，2023）。减少林地的土壤侵蚀模数能够很好地减少林地的土壤侵蚀量，对林地土壤形成很好的保护（Fu et al.，2011）。

宁夏贺兰山国家级自然保护区森林生态系统固土量如图 3-7 所示，在 7 个管理站中，以大水沟管理站的森林固土量为最多，年固土量占保护区森林年固土总量的 42.15%。大水沟位于贺兰山脉中北部，属于保护区核心区北段，环境保护良好，保护区内 41.42% 的森林分布在大水沟管理站，均为天然林，乔木林中优势树种几乎均为油松和灰榆，占比高达 99.00% 以上。天然林在自然生长状态下保持着较厚的林下覆盖枯落物层，以及根系相互交错形成根系网，同时形成大量的大孔隙，使得地表径流能够在土壤中迅速迁移，从而降低了地表径流对土壤的冲蚀作用，减少了林地土壤侵蚀模数，进而可以有效起到减少土壤流失量和保育土壤的重要作用。

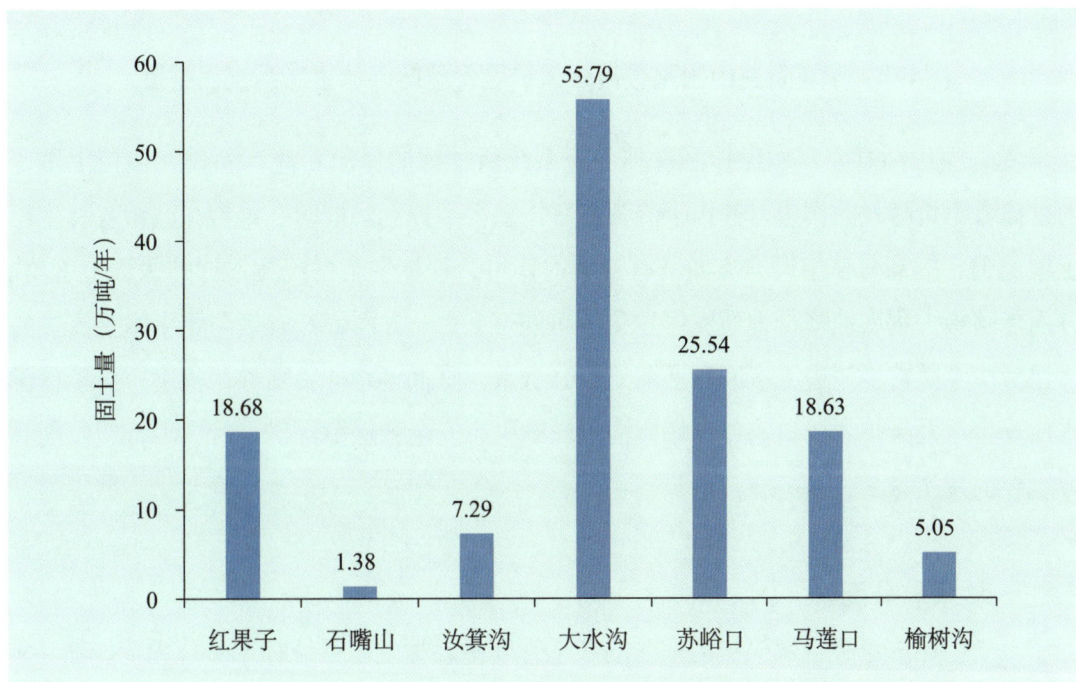

图 3-7　宁夏贺兰山国家级自然保护区管理站森林生态系统固土量

森林保育土壤的功能不仅表现为固定土壤，同时还表现为保持土壤肥力。图 3-8 为 7 个管理站森林生态系统减少土壤氮、磷、钾以及有机质流失量，可以看出大水沟管理站的森林保肥量为最多，占比达到 36.32%，年减少土壤氮、磷、钾以及有机质流失量分别为 1675.71 吨、478.54 吨、14556.00 吨和 16915.88 吨。保肥功能与森林固土能力相互依存，正是由于大水沟管理站能够较好地固持土壤，减少土壤的流失，从而使得土壤氮、磷、钾以及有机质流失量减少，拥有较好的保肥的功能。

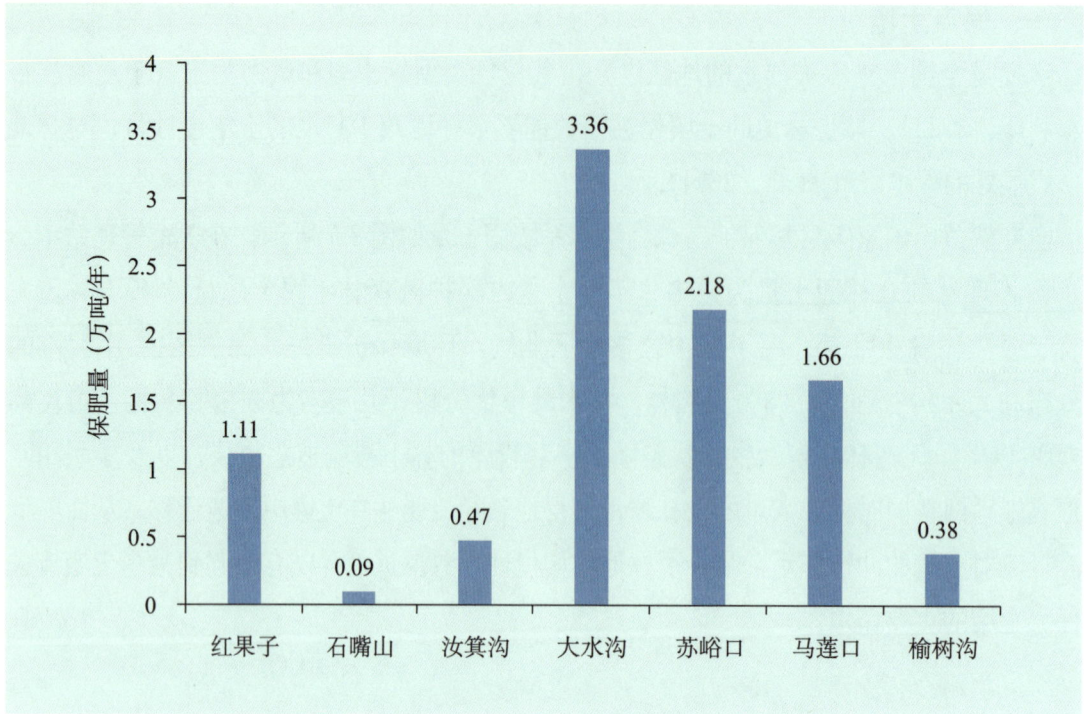

图 3-8　宁夏贺兰山国家级自然保护区管理站森林生态系统保肥量

宁夏贺兰山国家级自然保护区森林生态系统所发挥的保肥功能,不仅在调控土壤侵蚀方面发挥着不可替代的作用,使水土流失从总体上得到控制,同时在维持和改善森林生态系统土壤肥力,提高森林生产力方面具有重要的作用。森林生态系统所发挥的保育土壤功能,一方面能够极大程度地降低地质灾害发生的可能性;另一方面,在有效防止了水土流失的同时,还减少了随着径流进入水库和湿地的养分含量,降低了水体富营养化程度,对于保障当地水质安全以及维护大武口沟和苏峪口沟流域的生态安全和保障经济、社会可持续发展具有十分重要的现实意义。

二、林木养分固持

宁夏贺兰山国家级自然保护区辖区的 7 个管理站森林生态系统林木养分固持如图 3-9 所示。从图中可以看出,大水沟管理站林木养分固持量最大,占宁夏贺兰山国家级自然保护区林木养分固持总量的 37.58%,其次为苏峪口、马莲口和红果子管理站,分别占保护区林木养分固持总量的 20.37%、16.24% 和 13.31%。

各管理站森林生态系统林木氮固持物质量最高的是大水沟管理站,为 168.93 吨 / 年,其次为苏峪口、红果子和马莲口管理站,以上 4 个管理站林木氮固持量占比达到 88.92%,氮固持量介于 70.00 ~ 95.00 吨 / 年之间;森林生态系统林木磷固持物质量较高的有大水沟、苏峪口、红果子和马莲口管理站,4 个管理站林木磷固持量占比达到 88.08%;森林生态系统林木钾固持物质量较高的有大水沟、苏峪口、红果子和马莲口管理站,4 个管理站林木钾

固持量占比为 76.74%，钾固持量介于 55.00 ～ 125.00 吨 / 年之间。

森林生态系统林木养分固持的整体分布状况，不仅与植被的分布状况有关，而且与其所处的自然环境密切相关。同时，林木养分固持还与生物量的周转率有关，森林的生物量越高，则其周转率越快（UK National Ecosystem Assessment，2011）。

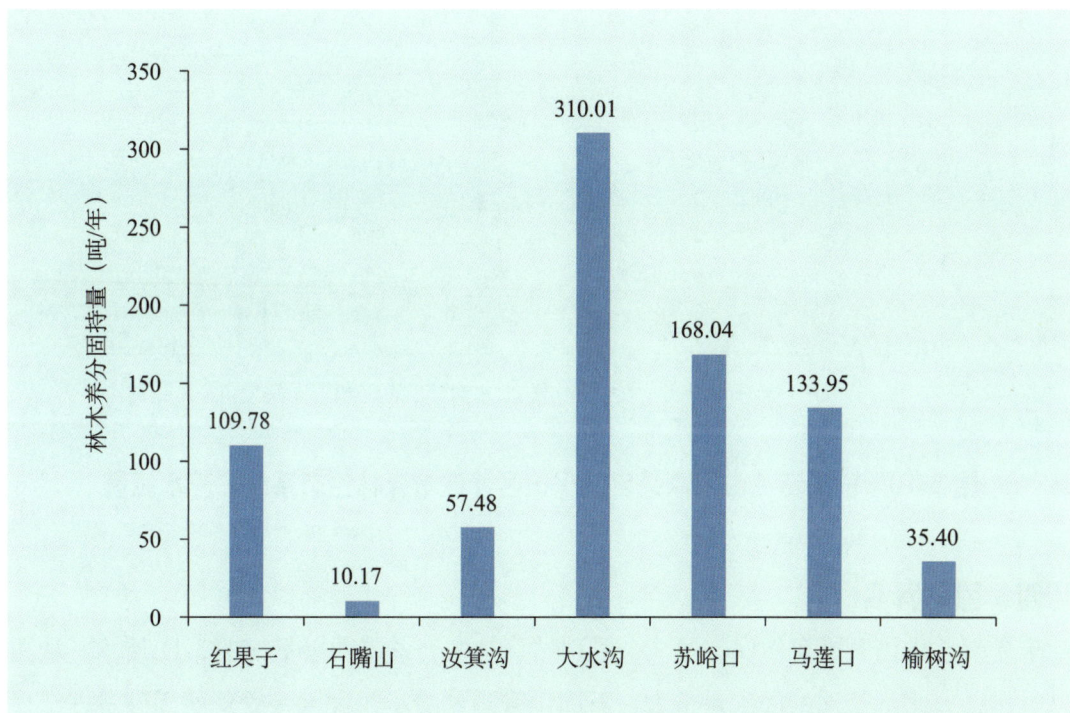

图 3-9　宁夏贺兰山国家级自然保护区管理站森林生态系统林木养分固持量

三、涵养水源

水作为一种基础性自然资源，是人类赖以生存的生命之源，森林生态系统对水质、水量的调节作用很大（UK National Ecosystem Assessment，2011）。宁夏贺兰山国家级自然保护区 7 个管理站的森林生态系统涵养水源量如图 3-10 所示。其中，大水沟管理站涵养水源量最大，为 2394.02 万立方米 / 年，约占涵养水源总量的 43.03%；石嘴山管理站最小，约占涵养水源总量的 1.23%。大水沟管理站位于宁夏贺兰山国家级自然保护区中段，在这一区段海拔在 3000 米以上的山体较为集中，山体海拔高，降水量相对丰富，年平均降水量多在 400 毫米以上。并且此区段分布较多的云杉林，能够对降水进行二次分配，减缓径流的形成，进而减少水资源的流失（Liu，2004），从而使得大水沟管理站的涵养水源量最高。石嘴山管理站位于宁夏贺兰山国家级自然保护区的最北端，年平均降水量在 200 毫米以下，降水总量少，加上石嘴山管理站森林面积占比较低，仅为 1.08%，树种构成简单，主要以灰榆为主（楼晓饮，2012），从而使得石嘴山管理站涵养水源功能最低。

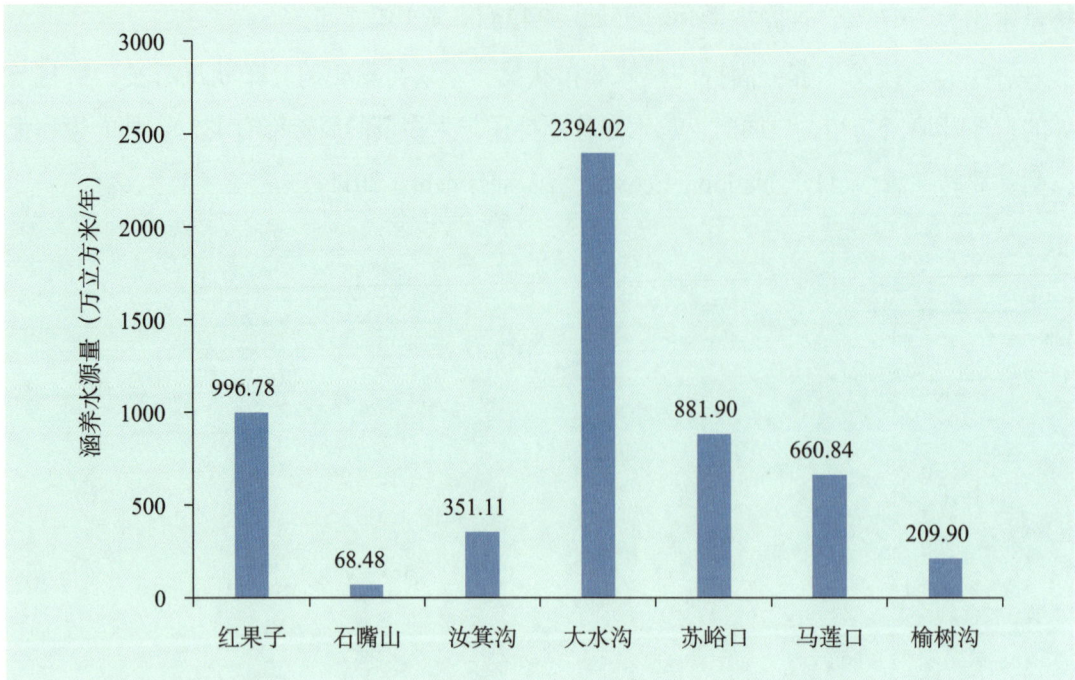

图 3-10　宁夏贺兰山国家级自然保护区管理站森林生态系统涵养水源量

四、固碳释氧

宁夏贺兰山国家级自然保护区 7 个管理站森林生态系统固碳量如图 3-11 所示。从图中可以看出，大水沟管理站固碳量最大，石嘴山管理站最小。大水沟管理站固碳量占宁夏贺兰山国家级自然保护区森林年固碳总量的 42.03%；其次为苏峪口、红果子和马莲口管理站，

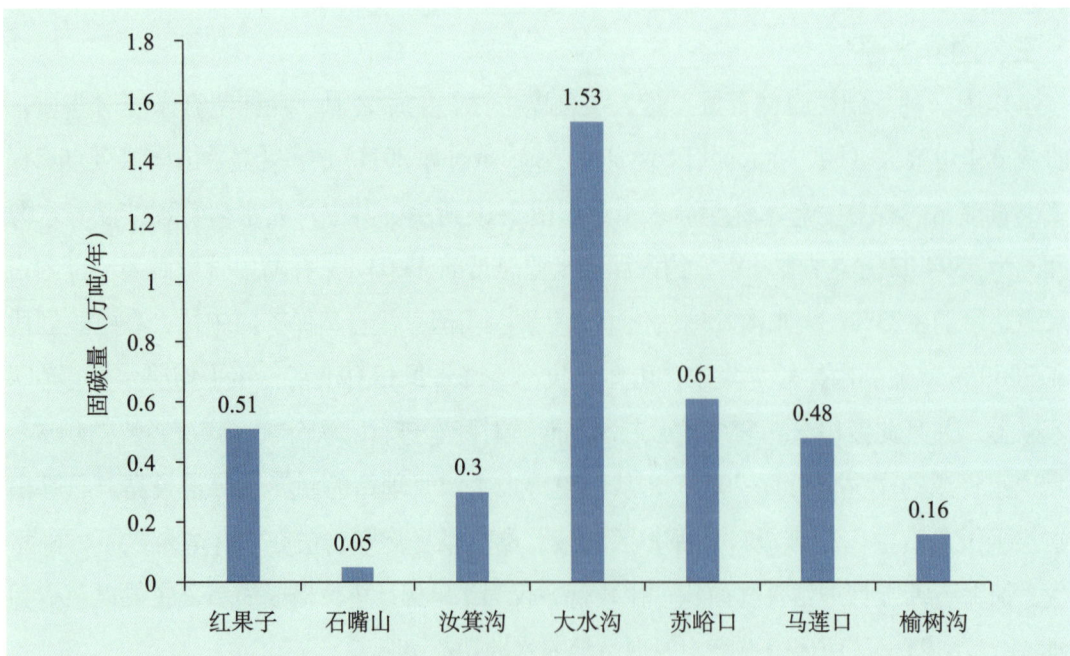

图 3-11　宁夏贺兰山国家级自然保护区管理站森林生态系统固碳量

固碳量分别占宁夏贺兰山国家级自然保护区森林年固碳总量的 14.01%、16.76% 和 13.19%；最小的是石嘴山管理站，固碳量仅占到宁夏贺兰山国家级自然保护区森林年固碳总量的 1.37%。

宁夏贺兰山国家级自然保护区 7 个管理站森林生态系统释氧量如图 3-12 所示。从图中可以看出，大水沟管理站释氧量最大，石嘴山管理站的最小。大水沟管理站的释氧量为 3.99 万吨 / 年，占宁夏贺兰山国家级自然保护区森林年释氧总量的 42.27%；最小的是石嘴山管理站，释氧量仅占宁夏贺兰山国家级自然保护区森林年释氧总量的 1.48%。

森林固碳释氧机制是通过森林自身的光合作用过程吸收二氧化碳，蓄积在树干、根部及枝叶等部位，并释放出氧气，从而抑制大气中二氧化碳浓度的上升，体现出绿色减排的作用（Liu et al.，2012）。大水沟管理站降水条件较好，年平均降水量在 400 毫米以上，再加上雨热同期，水分和温度因子适宜，使得大水沟管理站森林植被光合作用相对较强，固定较多的二氧化碳，释放出更多的氧气，从而使得其固碳释氧功能在 7 个管理站中最好。

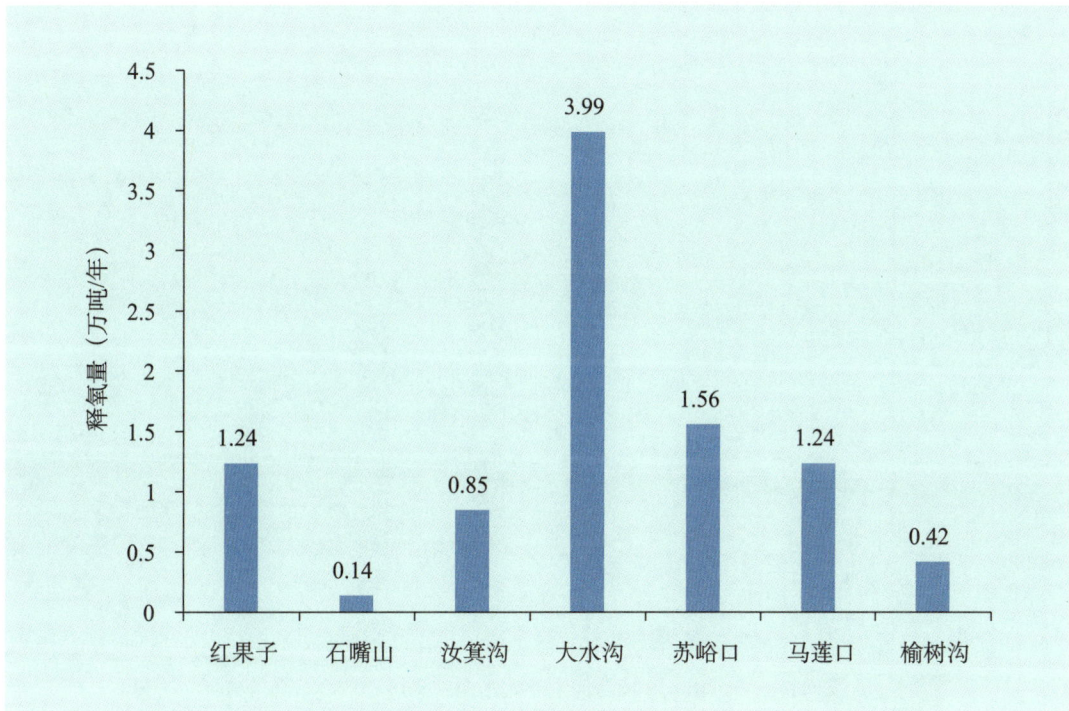

图 3-12　宁夏贺兰山国家级自然保护区管理站森林生态系统释氧量

五、净化大气环境

空气负离子是一种重要的无形旅游资源，具有杀菌、降尘、清洁空气的功效，被誉为"空气维生素与生长素"，对人体健康十分有益。此外，它还能改善肺器官功能，增加肺部吸氧量，促进人体新陈代谢，激活肌体多种酶和改善睡眠，提高人体免疫力和抗病能力（牛香等，2017）。植物对大气污染物的吸收是指植物对二氧化硫、氮氧化物和氟化物的吸收，

植物叶片具有吸附、吸收污染物或阻碍污染物扩散的作用。根据《中国生态环境状况公报(2021)》，颗粒物已成为中国大中城市的主要污染物。$PM_{2.5}$浓度较高会直接危害人类健康，给社会带来极大的负担和经济损失。森林植被等绿色植物是$PM_{2.5}$等细颗粒物的克星，发挥着巨大的吸尘功能。习近平总书记在党的十九大报告中指出，坚持全民共治、源头防治，持续实施大气污染防治行动，打赢蓝天保卫战。森林生态系统在净化大气方面的功能无可替代。

从图3-13可以看出，第一，提供负离子量最高的管理站是大水沟管理站，为66.20×10^{21}个/年。原因是大水沟管理站山体海拔相对较高，3000米以上的山体多分布于此，海拔越高越易受到宇宙射线的影响，负离子的浓度增加越明显（牛香，2017）；第二，大水沟管理站水文条件优越，其降水量约为红果子管理站的2倍，水源条件好的地区其产生的负离子越多（张维康，2015）；第三，大水沟管理站分布云杉林较多，作为针叶树种的云杉林其针状叶的等曲率半径较小，具有"尖端放电"功能，产生的电荷能够使空气发生电离从而产生更多的负离子。正是基于以上原因，使得大水沟管理站森林产生负离子的能力最强，产生负离子的量最多。

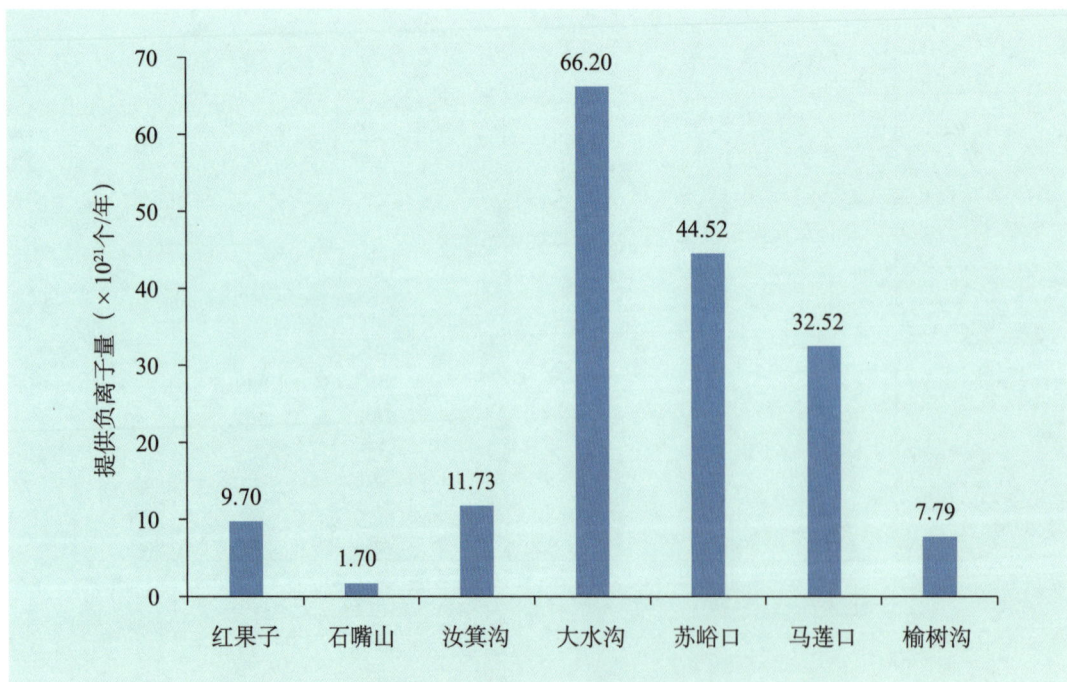

图3-13　宁夏贺兰山国家级自然保护区管理站森林生态系统提供负离子量

宁夏贺兰山国家级自然保护区森林生态系统吸收气体污染物的总量为8764.84吨/年。从图3-14可以看出，大水沟管理站森林吸收气体污染物量最多，占宁夏贺兰山国家级自然保护区森林生态系统吸收气体污染物总量的39.95%，苏峪口、马莲口管理站森林生态系统吸收气体污染物分别占宁夏贺兰山国家级自然保护区森林年吸收气体污染物总量的29.07%和19.82%。

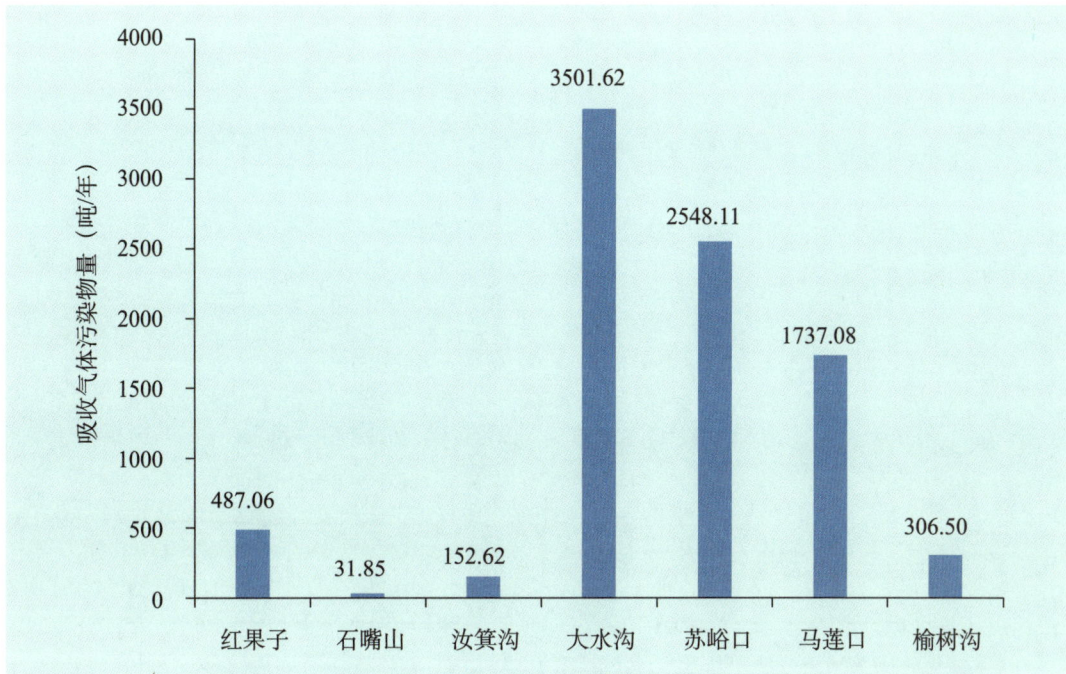

图 3-14　宁夏贺兰山国家级自然保护区管理站森林生态系统吸收气体污染物量

宁夏贺兰山国家级自然保护区森林生态系统滞尘量、滞纳 PM_{10} 及 $PM_{2.5}$ 的总量分别为 58.22 万吨 / 年、400.04 吨 / 年和 85.25 吨 / 年。从图 3-15 至图 3-17 可以看出，以大水沟管理站为最大，其森林滞尘量、滞纳 PM_{10} 及 $PM_{2.5}$ 的量为分别占相应总量的 46.58%、46.38% 和 46.43%；其次为苏峪口管理站，其森林滞尘量、滞纳 PM_{10} 及 $PM_{2.5}$ 的量分别占相应总量的 21.26%、20.49% 和 20.68%。

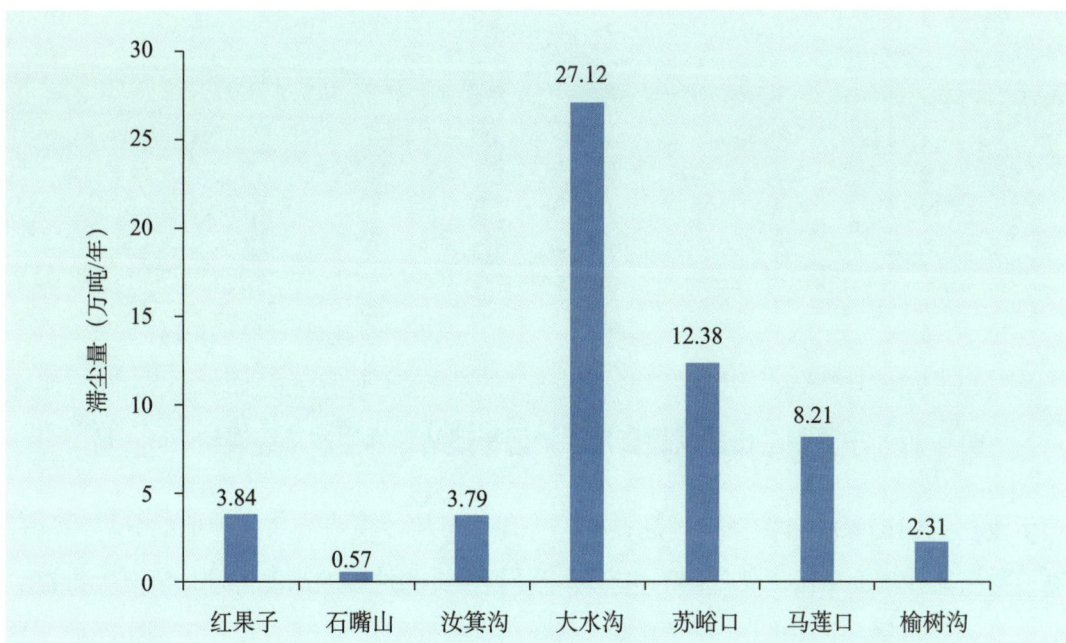

图 3-15　宁夏贺兰山国家级自然保护区管理站森林生态系统滞尘量

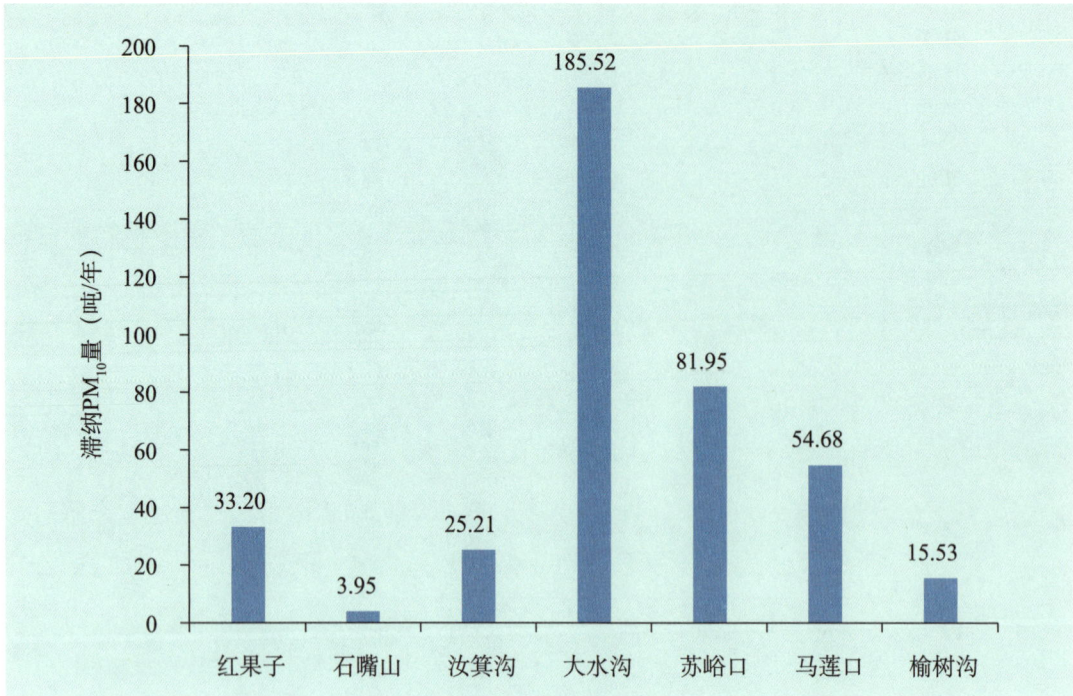

图 3-16　宁夏贺兰山国家级自然保护区管理站森林生态系统滞纳 PM_{10} 量

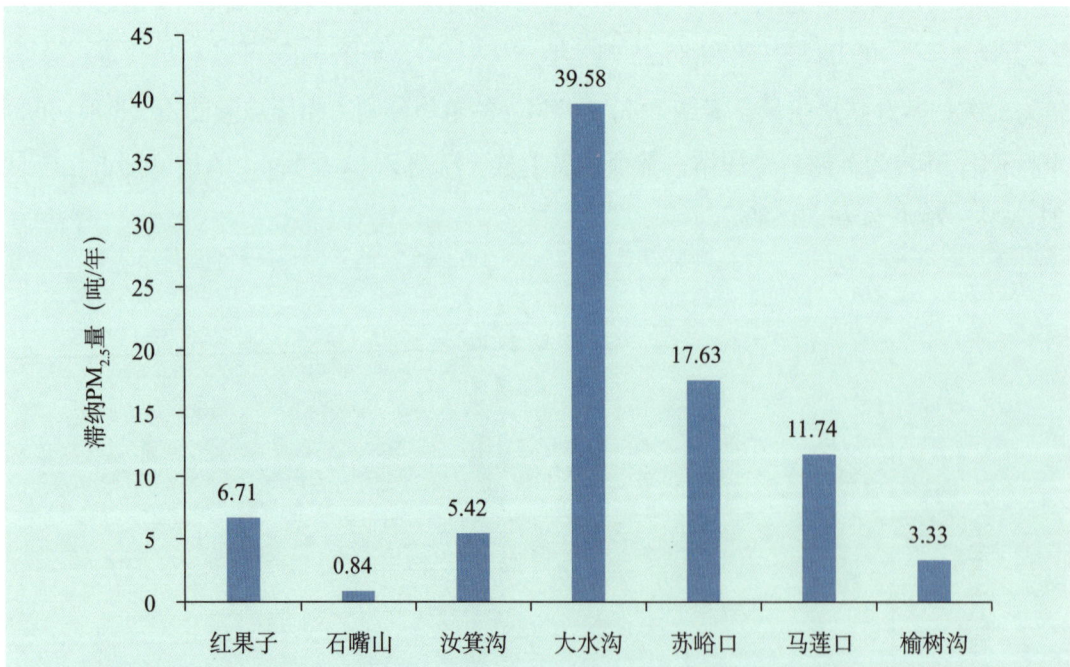

图 3-17　宁夏贺兰山国家级自然保护区管理站森林生态系统滞纳 $PM_{2.5}$ 量

　　宁夏贺兰山国家级自然保护区是腾格里、乌兰布和沙漠与毛乌素沙地的分界线，有效阻隔了腾格里沙漠的东侵。贺兰山的生态环境受到中央和地方的高度关注，宁夏大力整治贺兰山生态环境问题，于 2017 年正式打响"贺兰山生态保卫战"，不仅保护区内 169 处人类活动点全部退出，还把保护区及其外围保护地带作为整体进行保护和修复。贺兰山生态保护修

复经验作为十个中国特色生态修复典型案例之一向全世界发布推广。根据评估结果，宁夏贺兰山国家级自然保护区依托三北防护林工程建设、京津风沙源治理、退耕还林还草等国家重点生态工程的实施，治沙防沙工作效果十分显著，森林生态系统发挥着重要作用。

森林滞尘作用表现：一方面，由于森林茂密的林冠结构，可以起到降低风速的作用。随着风速的降低，空气中携带的大量空气颗粒物会加速沉降；另一方面，由于植物的蒸腾作用，树冠周围和森林表面保持较大湿度，使空气颗粒物容易降落吸附。最重要的还因为树体蒙尘之后，经过降水的淋洗滴落作用，使得植物又恢复了滞尘能力（牛香，2017）。受污染的空气经过森林反复洗涤过程后，会转化为清洁的空气。树木的叶面积总和很大，森林叶面积的总和可达其占地面积的数十倍。正因为如此，森林具备较强的吸附滞纳颗粒物的能力。此外，植被对空气颗粒物有着吸附、滞纳、过滤的功能，其吸附滞纳颗粒物能力会随植被种类、地区、面积大小、风速等环境因素不同而异，能力大小可相差十几倍甚至几十倍。森林生态系统被誉为"大自然总调度室"，因其一方面对大气的污染物，如二氧化硫、氟化物、氮氧化物、粉尘、重金属具有很好的阻滞、过滤、吸附和分解作用；另一方面，树叶表面粗糙不平，通过茸毛、油脂或其他黏性物质可以吸附部分沉降物，最终完成净化大气环境的过程，改善人们的生活环境，保证社会经济的健康发展（张维康，2015）。《宁夏统计年鉴（2023）》显示，2022年宁夏排放废气中颗粒物含量为49515.26吨/年。而宁夏贺兰山国家级自然保护区森林生态系统滞尘量为58.22万吨/年，相当于2022年宁夏排放废气中颗粒物排放量的11.76倍，所以，应该充分发挥宁夏贺兰山国家级自然保护区森林生态系统滞尘作用，调控区域内空气中颗粒物含量，更大地发挥森林净化大气环境的作用。

第三节　不同优势树种（组）森林生态产品物质量

不同优势树种（组）发挥着不同的生态系统服务功能（表3-3）。据宁夏林业调查规划院提供的宁夏贺兰山国家级自然保护区森林、草地资源数据与第三次全国国土调查数据对接融合得到的资源数据显示，宁夏贺兰山国家级自然保护区林地面积28010.13公顷，其中灌木林地面积达到10082.99公顷，占比为36.00%。保护区各优势树种（组）中，灌木林组的各服务功能均位居前列。根据评估显示，宁夏贺兰山国家级自然保护区灌木林组固土量为39.38万吨/年，占固土总量的29.75%。灌木是森林和灌丛生态系统的重要组成部分，地上枝条再生能力强，地下根系庞大，具有耐寒、耐热、耐贫瘠、易繁殖、生长快的生物学特性。在三北防护林体系工程建设、贺兰山生态保护修复专项规划（2020—2025年）等一批重点生态工程的推进过程中，宁夏贺兰山国家级自然保护区注重精准施策，持续深化贺兰山的治理与修复工作，始终坚持因地制宜、多措并举，依照自然恢复为主、人工修复为辅的方

针，通过工程造林、播撒草籽、封育抚育等举措恢复贺兰山生态。如今，贺兰山林草植被显著增多，生态系统得以恢复，特灌林也同步形成了良好的固沙植被覆盖。

依据数据显示，保护区乔木林以油松、灰榆和云杉为主，占比达到96.46%。经评估显示，油松的固土物质量为39.05万吨/年，涵养水源物质量为1364.17万立方米/年，占比分别为29.51%和24.52%，宁夏贺兰山国家级自然保护区主要优势树种（组）固土量的垂直分布格局中（图3-18），油松在各优势树种（组）中较为突出，仅次于灌木林。油松作为造林树种在水土流失防治中起到积极的作用，油松林下枯落物层较厚，减少降雨径流冲刷的侵蚀，而且植物根系形成根系网，而根系作为油松的支持器官在固土过程中起到了重要的作用（洪德伟，2020）。油松林下草本植物繁茂，但在旱季和雨季中均显著促进了油松0～1毫米细根的生长和生物量积累（谢子涵，2022），能够较好地固持土壤。

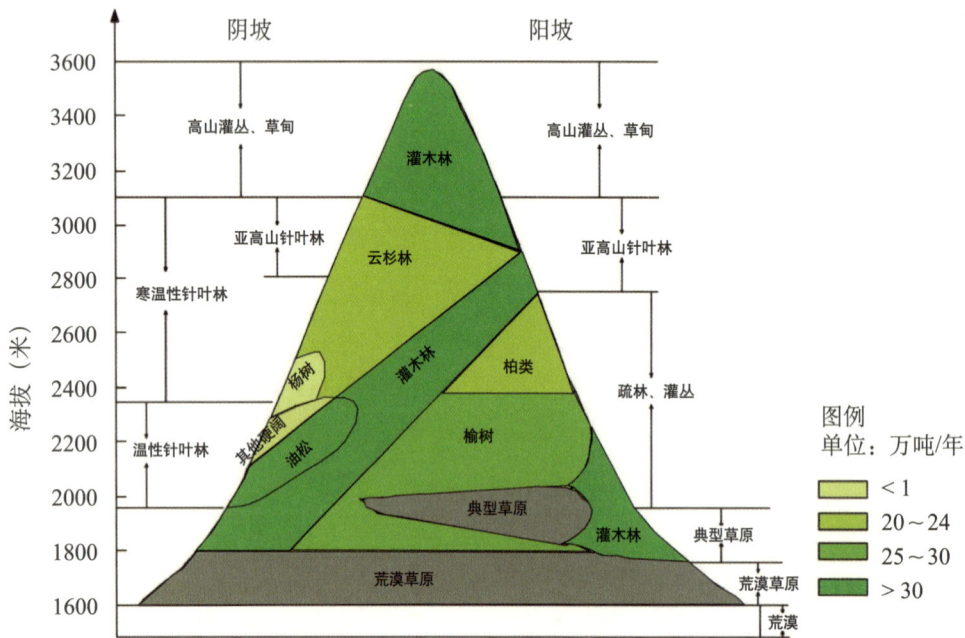

图3-18 宁夏贺兰山国家级自然保护区主要优势树种（组）固土量垂直分布

灰榆的固碳和释氧分别为11815.63吨/年和34369.40吨/年，占保护区固碳和释氧总量的比例分别为32.42%和36.41%；林木养分固持量为227.02吨/年，占比达到27.52%，上述功能均位列第一。灰榆的中幼龄林占比高达71.23%，林分年龄对净初级生产力的变化影响较大，中幼龄林处于高生长阶段，林分蓄积量随着林龄的增加而增加，随着时间的推移，幼龄林逐渐向成熟林的方向发展，从而使林分蓄积量得以提高，具有较高的固碳速率和较大的碳汇增长潜力。此外，林木养分固持是指森林植物通过生化反应，在土壤、大气、降水中吸收氮、磷、钾等营养物质并贮存在体内各营养器官的功能，与林分的净初级生产力密切相关。依据宁夏贺兰山国家级自然保护区主要优势树种（组）固碳和林木养分固持物质量

垂直分布（图 3-19 至图 3-20），灰榆位于 1800～2400 米的阳坡，保护区降水又多集中在夏季，雨热同期，从而使得植被能够快速生长，可以从空气中吸收更多的二氧化碳，经过光合作用释放较多的氧气，充分的光照同样使得灰榆有较好的固碳和林木养分固持功能。

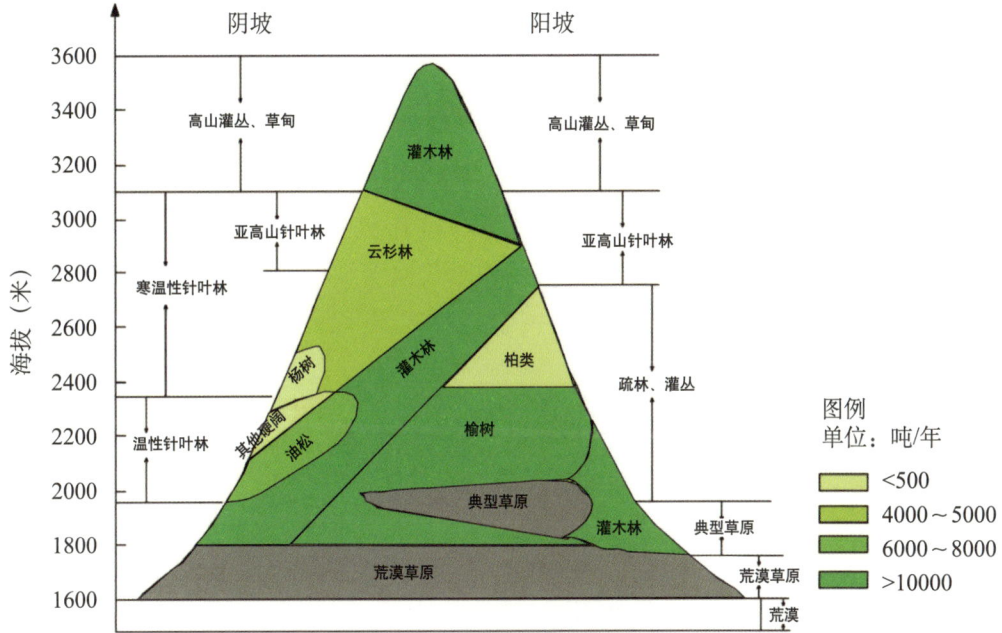

图 3-19　宁夏贺兰山国家级自然保护区主要优势树种（组）固碳量垂直分布

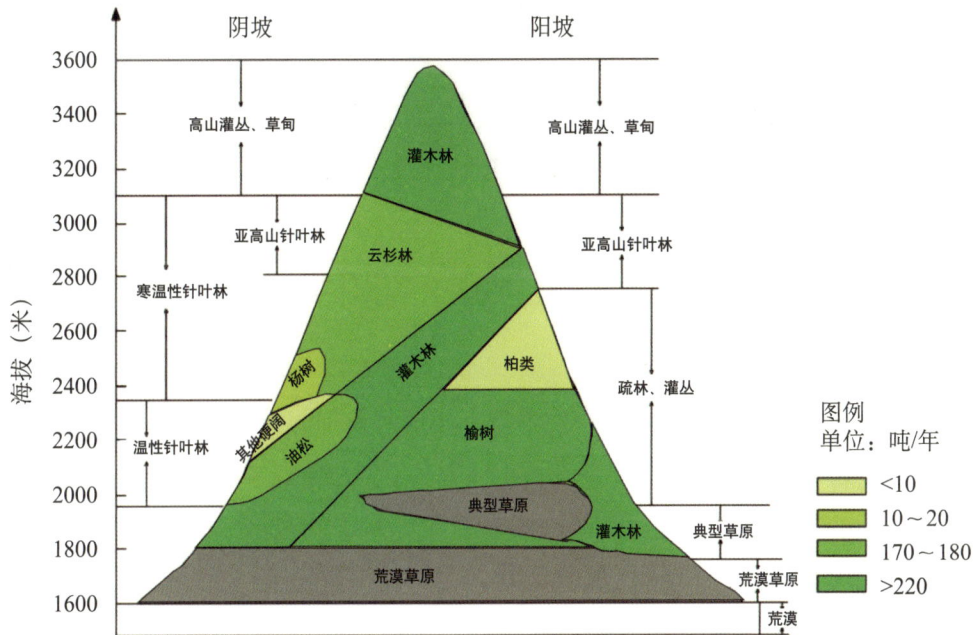

图 3-20　宁夏贺兰山国家级自然保护区主要优势树种（组）林木养分固持量垂直分布

云杉是组成宁夏贺兰山国家级自然保护区天然次生林的主要树种。评估结果显示，云杉固土量为23.30万吨/年，涵养水源量为1080.24万立方米/年，提供负离子量为5049.51×10^{19}个/年。依据宁夏贺兰山国家级自然保护区主要优势树种（组）涵养水源物质量垂直分布（图3-21），云杉林主要分布在2400～3100米的山地阴坡，年降水量为300～400毫米，雨水较充沛，其林下苔藓地被植物丰富。同时，此区段云杉林的郁闭度较高（楼晓饮，2012），使得云杉林涵养水源量相对较高。不同林种的林冠截留量、林下枯落物厚度及蓄水能力、不同林分下的土壤非毛管孔隙等，也是造成不同树种涵养水源差异的原因之一。有研究表明，不同林分类型土壤平均最大持水量、平均毛管持水量和非毛管持水量综合排序以云杉较高。同时，根据森林资源面积统计显示，云杉林面积以近熟林面积占比最高，达92.03%，面积排在油松和灰榆之后，但蓄积量仅次于油松，位列第二。可见，云杉在涵养水源方面具有巨大潜力。

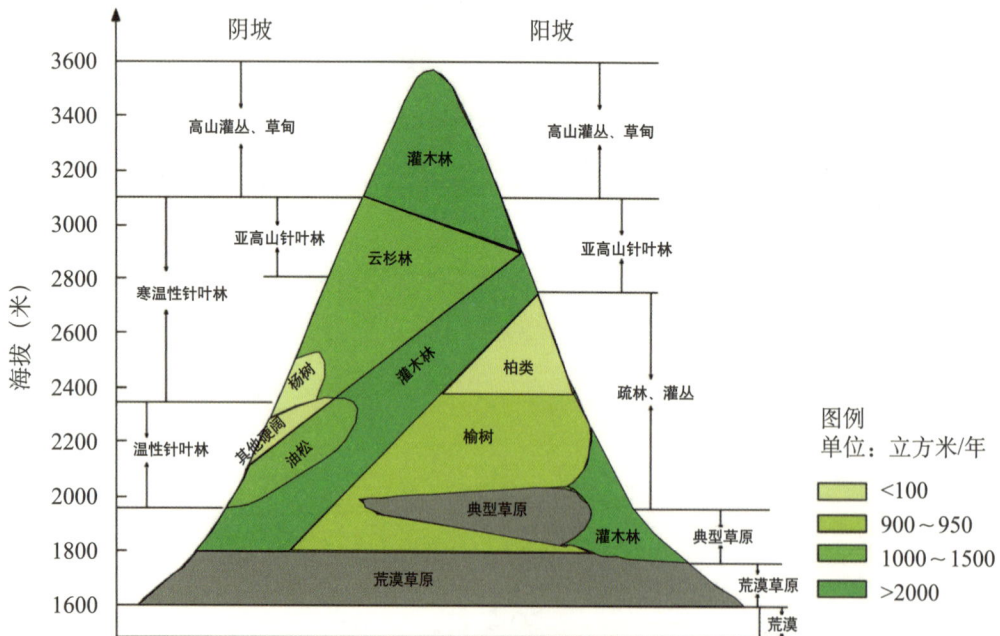

图 3-21 宁夏贺兰山国家级自然保护区主要优势树种（组）涵养水源量垂直分布

云杉、油松等针叶树种在净化大气环境、提供空气负离子方面发挥了重要作用（图3-22）。研究表明，针叶树较阔叶树有较强的滞尘能力，主要与树种的特性有关。与阔叶树种相比，针叶树气孔密度和叶面积指数大，叶片表面粗糙有茸毛、分泌黏性油脂和汁液等较多，污染物易在叶表面附着和滞留（牛香，2017），使得针叶树种吸收气体污染量相对较大。而影响负离子产生的因素主要包括：首先，宇宙射线是自然界产生负离子的重要来源，海拔越高则负离子浓度增加得越快；其次，与植物的生长息息相关，植物的生长活力高，则能够产生较多的负离子，这与"年龄依赖"假设吻合（Tikhonov et al.，2004）；第三，叶片形态

结构不同也是导致产生负离子量不同的重要原因，针叶树曲率半径较小，具有"尖端放电"功能，且产生的电荷能使空气发生电离从而产生更多的负离子（牛香，2017）。依据图3-23，在海拔2000～3000米段，油松和云杉林吸收气体污染物的量最大，阴坡的吸收量多于阳坡。一般来说，气孔密度大、叶面积指数大、叶片表面粗糙及茸毛、分泌黏性油脂和汁液等较多的树种，可吸附和黏着更多的污染物（牛香，2017）。此外，针叶树种与阔叶树种相比，针叶树茸毛多、表面分泌较多的油脂和黏性物质，气孔密度偏大，污染物易于在叶表面附着和滞留；阔叶树种虽然叶片较大，但表面比较光滑，分泌的油脂和黏性物质较少，不易于污染物的附着和滞留。另外，针叶树种为常绿树种，叶片可以一年四季吸收污染物。因此，云杉、油松等针叶树种的净化大气环境功能较高。

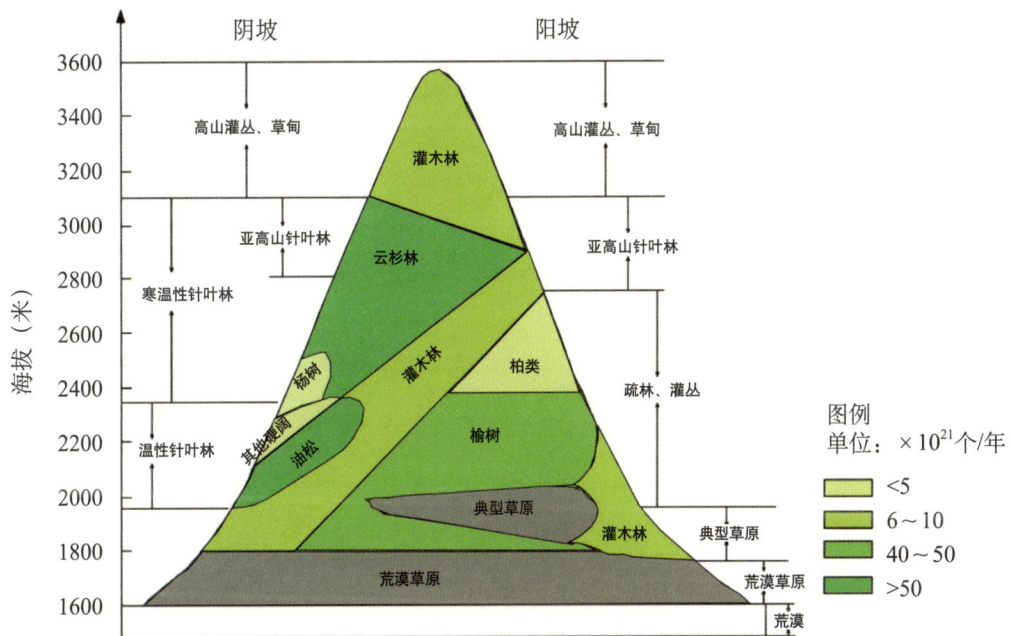

图 3-22 宁夏贺兰山国家级自然保护区主要优势树种（组）提供负离子量垂直分布

主要优势树种（组）滞尘量呈现出明显的垂直变化（图3-24），以海拔2000～3000米段油松和云杉林滞尘量最大，呈现出2000～3000米段和3000～3500米段高于1800～2400米段，阴坡多于阳坡，针叶树种高于阔叶树种的变化，这与优势树种（组）的分布、面积和不同树种叶片表面特征及结构有关。宁夏贺兰山国家级自然保护区乔木林主要分布在2000～3000米这一区间，这是由温度和降水等因素决定的，也是造成该区段滞尘最多的主要原因。叶片表面特性的差异是导致植物吸滞空气中颗粒物能力不同的主要原因，针叶树种有较小的叶子和较复杂的枝茎，且叶面积指数大，可以更有效地去除空气颗粒物。

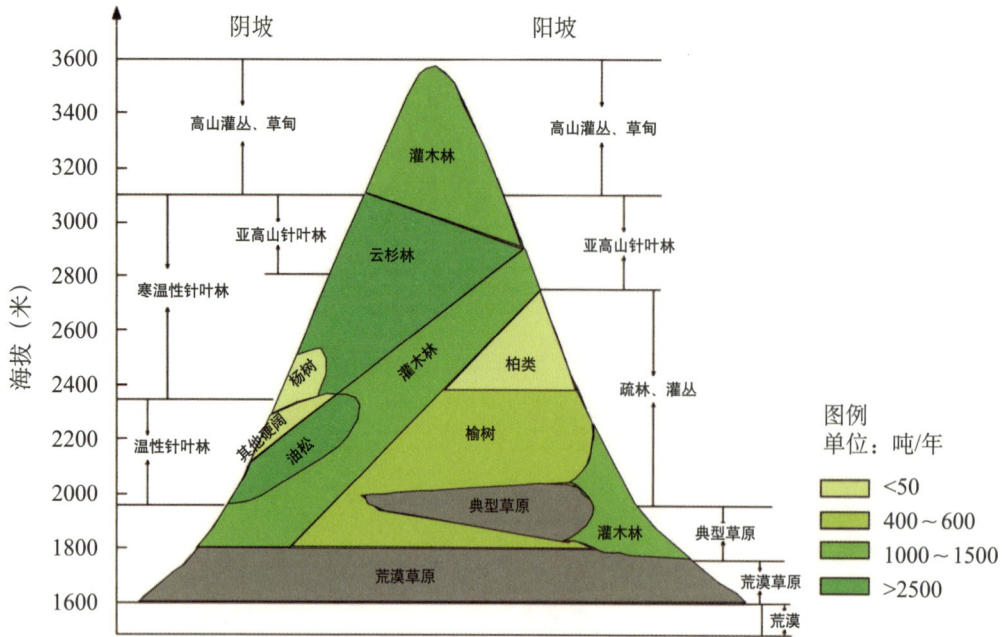

图 3-23　宁夏贺兰山国家级自然保护区主要优势树种（组）吸收气体污染物量垂直分布

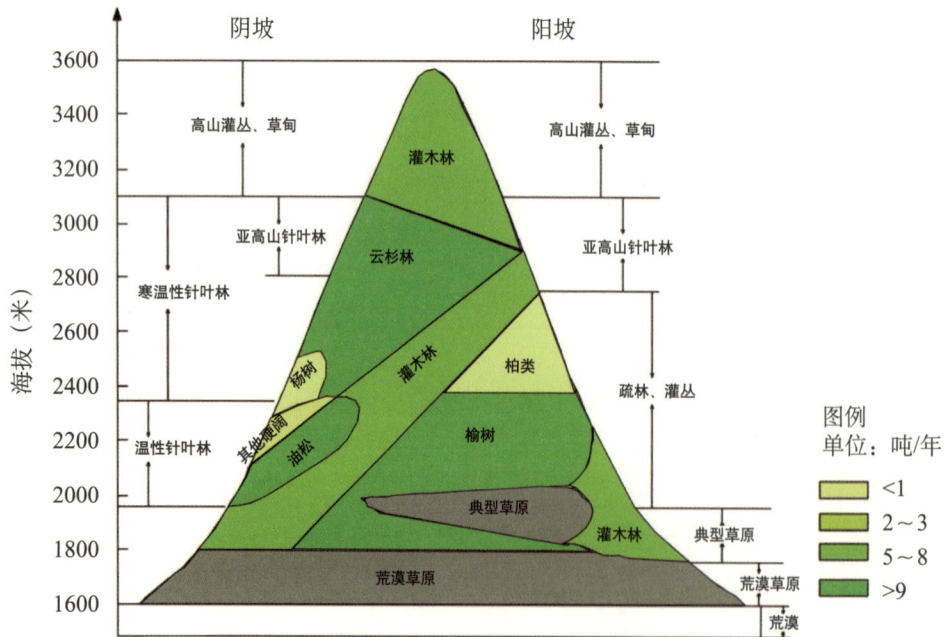

图 3-24　宁夏贺兰山国家级自然保护区主要优势树种（组）滞尘量垂直分布

表3-3　2022年宁夏贺兰山国家级自然保护区主要优势树种（组）生态产品物质量评估结果

管理站	支持服务				调节服务							
	保育土壤		林木养分固持（吨/年）	涵养水源（万立方米/年）	固碳释氧		提供负离子（×10¹⁹个/年）	净化大气环境				
								吸收气体污染物（吨/年）	滞尘量（吨/年）	滞尘		
	固土（吨/年）	保肥（吨/年）			固碳（吨/年）	释氧（吨/年）				滞尘量（吨/年）	滞纳PM$_{10}$（吨/年）	滞纳PM$_{2.5}$（吨/年）
云杉	233033.95	26055.70	175.10	1080.24	4685.31	11190.03	5049.51	2951.99	96820.83	63.51	13.69
油松	390522.96	22899.42	174.33	1364.17	8830.01	22510.62	5492.57	3880.35	249366.21	163.55	35.27
杜松	18630.71	1516.43	7.31	48.23	427.67	861.04	236.12	301.48	8385.74	5.50	1.19
柏树	200.37	11.37	0.08	0.57	4.62	12.13	1.94	2.11	141.15	0.09	0.02
灰榆	278553.67	17989.41	227.02	924.38	11815.63	34369.40	4878.41	565.28	156240.01	102.47	22.10
榆树	351.32	22.69	0.29	1.67	14.90	43.35	6.15	0.71	197.06	0.13	0.03
其他硬阔	1354.70	87.49	2.49	6.46	48.58	125.64	20.19	2.80	187.19	0.12	0.03
山杨	969.49	89.79	2.28	2.57	47.12	149.22	9.91	1.97	108.69	0.07	0.02
小叶杨	944.81	87.51	2.23	2.51	45.92	145.42	9.66	1.92	105.92	0.07	0.01
新疆杨	3188.30	295.30	7.51	8.45	154.95	490.72	32.59	6.47	357.43	0.23	0.05
柳树	251.49	16.24	0.20	1.2	10.70	31.03	4.41	0.51	141.06	0.09	0.02
其他软阔	552.23	51.15	1.33	2.97	27.05	73.66	8.74	2.34	156.73	0.10	0.02
经济林	1206.88	42.53	0.22	0.15	24.35	56.50	6.03	2.30	145.39	0.10	0.02
灌木林	393815.12	23358.30	224.44	2119.46	10308.93	24341.24	1660.08	1044.61	69842.14	64.01	12.78
总计	1323576.00	92523.33	824.83	5563.03	36445.74	94400.00	17416.31	8764.84	582195.55	400.04	85.25

第四章
宁夏贺兰山国家级自然保护区
森林生态产品价值量评估

生态系统服务是指人们从生态系统中获得的所有惠益。自 20 世纪末，随着 Constanza 等（1997）、Daily 等（1997）学者研究成果的发表，生态系统服务研究引起了国际上的广泛关注。特别是千年生态系统评估（the millennium ecosystem assessment，MA）的开展，极大地促进了全球范围内生态系统服务研究，随后开展的生态系统和生物多样性经济学（the economics of ecosystem and biodiversity，TEEB）研究、生物多样性和生态系统服务政府间科学—政策平台（Intergovernment Science Policy Platform on Biodiversity and Ecosystem Services，IPBES）、环境经济核算体系试验性—生态系统核算（System of Environment Economic Accounting 2012-Experimental Ecosystem Accounting，SEEA-EEA）等，又进一步推动了各国政府尝试将生态系统价值核算纳入国民经济核算体系。

我国也高度重视生态系统价值核算的相关研究，发布了不同类型生态系统的相关评估规范，并针对生态系统价值相关的理论框架、技术方法与实践应用等开展了广泛研究。特别是党的十八大以来，一系列生态文明建设要求的提出又将生态系统价值相关研究推到了前所未有的高度。价值量评估是指从货币价值量的角度对生态系统提供的生态服务功能价值进行定量评估。许多生态系统服务功能难以量化估价，如净化水质、净化大气环境、景观游憩和文化价值等。在生态系统服务功能价值量评估实践中，主要采用等效替代原则，并用替代品的价格进行等效替代核算某项评估指标的价值量（SEEA，2003）。同时，在具体选取替代品的价格时应遵守权重当量平衡原则，考虑计算所得的各评估指标价值量在总价值量中所占的权重，使其保持相对平衡。

第一节　森林生态产品价值量

优质生态产品是最普惠的民生福祉，是维系人类生存发展的必需品，森林生态系统产生的服务也是最普惠的民生福祉。物质量评价能够比较客观地反映生态系统服务功能的可持续性，而价值量评价更多地反映生态系统服务功能的总体稀缺性。根据国家标准《森林生态系统服务功能评估规范》（GB/T 38582—2020）的评估指标体系和计算方法，得出 2022 年宁夏贺兰山国家级自然保护区森林生态产品总价值为 22.90 亿元 / 年（表 4-1），相当于近年来贺兰山东麓山水林田湖草生态保护修复工程累计投入资金（61.38 亿元）的 37.31%，宁夏贺兰山国家级自然保护区森林生态产品价值量大小排序为生物多样性保护＞涵养水源＞保育土壤＞净化大气环境＞固碳释氧＞森林康养＞林木养分固持（图 4-1）。森林孕育着巨大的自然财富，反映出林业在全区经济社会发展中的重要作用，为绿色发展提供了重要的物质基础。随着自然资源市场的不断发展，森林资源在国民经济中占据越来越重要的位置。随着保护区生态建设与保护力度的不断加大，森林资源总量不断增加、质量不断提升，森林生态服务进一步增强，在改善生态环境、防灾减灾、提升人居生活质量方面产生了显著的效益。

表 4-1　2022 年宁夏贺兰山国家级自然保护区森林生态产品价值量评估结果

功能项	保育土壤	林木养分固持	涵养水源	固碳释氧	净化大气环境	生物多样性保护	森林康养	合计
价值量（亿元/年）	3.69	0.11	6.41	1.46	1.88	8.46	0.89	22.90
占比（%）	16.11	0.48	27.99	6.38	8.21	36.94	3.89	100

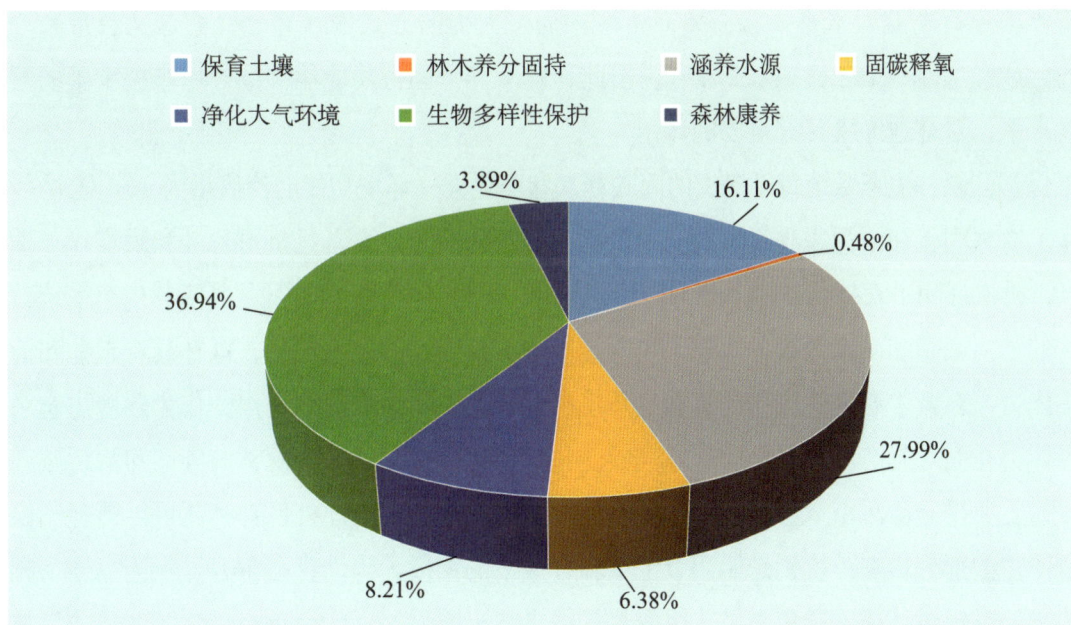

图 4-1　宁夏贺兰山国家级自然保护区森林生态产品价值量占比

宁夏贺兰山国家级自然保护区森林生态系统生物多样性保护价值量为 8.46 亿元 / 年，排在所有功能的第一位。生物多样性保护是指森林生态系统为生物物种提供生存与繁衍的场所，从而对其起到保育作用的功能，其价值是森林生态系统在物种保育中作用的量化。森林生态系统尤其是天然林生态系统结构复杂，其中孕育着多种多样的动植物资源以及珍贵的基因资源，对于全省乃至全球的生态安全具有重要的意义。本次核算把宁夏贺兰山国家级自然保护区内的国家重点保护野生动物物种，通过能值法进行生物多样性保护功能核算，全面且系统地对保护区的生物多样性保护功能予以评估。保护区共有 7 个管理站，较好地保存典型生态系统，维持生态系统的稳定与结构，对区域生态安全乃至全球的物种保护都具有重要意义。可持续利用生物多样性是推动生物多样性保护、维持生态系统服务、保证人类社会经济发展的一种生物多样性获益方式，也是应对开发活动、栖息地丧失及其他威胁生物多样性因素的有效措施（IPBES，2014）。

森林生态系统每年提供的涵养水源、保育土壤总价值量为 10.10 亿元 / 年。森林生态系统凭借庞大的林冠、发达的根系和枯枝落叶层保育土壤、涵养水源。由此可见，宁夏贺兰山地区森林生态系统对于涵养水源、调节径流、防止水土流失、改善区域小气候、抵御旱灾、洪灾、风灾、泥石流等自然灾害等方面具有重要作用，同时也是维护生态安全以及防灾减灾的主要措施和手段。

宁夏贺兰山国家级自然保护区森林生态系统林木养分固持功能价值量为 0.11 亿元 / 年，该功能在保障区域水系、土壤安全和健康中发挥着重要作用。森林生态系统可以使土壤中部营养元素暂时地保存在植物体内，之后通过生命循环进入土壤，这样可以暂时减少因为水土流失而带来的养分元素的损失；而且一旦土壤养分元素损失就会带来土壤贫瘠化，若想保持土壤原有的肥力水平，就需要向土壤中通过人为的方式输入养分，而这又会带来一系列的问题和灾难（Tan et al.，2005）。因此，林木养分固持功能能够很好地维持土壤的营养元素水平，对林地健康具有重要的作用。

保护区森林生态系统每年提供的固碳释氧和净化大气环境功能的价值量为 3.34 亿元 / 年，凸显了森林固碳和治污减霾投资少、代价低、综合效益大，更具经济可行性和现实操作性的特点，再次证明了森林是陆地上最大的"碳储库"和最经济的"吸尘器"，森林生态系统具有显著的治污减霾和减排效果。通过工业节能减排减霾的空间是有限的，森林具有碳汇和治污减霾能力，对减少温室效应和改善大气环境有着巨大和不可替代的作用。作为陆地生态系统的主体，在面对生态环境恶化和全球气候变化的过程中，需要提升森林的碳汇和治污减霾能力，为工业排碳治污拓宽容量空间，保障经济的可持续增长。此外，森林还可以减轻气候变化所产生的部分影响，特别是能调节土壤和林冠下的温度，为动物和游客提供阴凉地。林地覆盖物能够提供荫蔽，避免强风，减少热量损失和土壤侵蚀（Gardiner et al.，2006）。森林在溪流的遮阴可以调节温度，有利于鱼类生存（UK National Ecosystem Assessment，2011）。

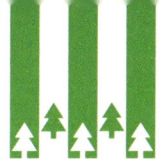

森林和林地因其独特特点和所处的位置，展现出强大的美学吸引力，从而增强景观特色。这种服务深受当地居民以及游客的赞赏。在城市地区，即使是小型林地也能改善视觉效果（UK National Ecosystem Assessment，2011）。2022年，宁夏贺兰山国家级自然保护区森林康养价值为0.89亿元/年。森林旅游资源丰富、独特，发展潜力巨大，是一种可持续发展的旅游资源。随着人们可自由支配收入的增加、生活水平的提高和可自由支配时间的增多，走进森林、回归自然的户外康养正逐步成为我国进入小康社会后人们扩大精神文化消费的热点，同时这种需求将会越来越大、越来越迫切。根据资料显示，要满足人们日益增长的户外康养的需求和为人们提供更多更好的户外康养空间，必须加快森林公园建设步伐，加大森林公园建设力度。森林旅游产业有着巨大的市场潜力和广阔的发展前景。

在现代化林业发展的过程中，人们也将森林生态效益的相关内容纳入林业资产核算当中，这就使得林业资产核算体系更加完善，从而有利于我国社会经济的稳定发展。森林作为一种重要的可再生自然资源，为经济社会可持续发展作出的贡献越来越受到社会的重视，将生态文明建设融入经济建设、政治建设、文化建设、社会建设各方面和全过程，着力推进绿色发展，把资源消耗、环境损害、生态效益纳入经济社会发展评价体系开展森林资源核算，生动地诠释森林生态产品和服务对国家和地区经济发展的贡献，科学量化森林资源资产的经济、生态、社会和文化价值，有效调动全社会造林、营林、护林的积极性，引导人类合理开发利用森林资源，积极参与保护生态环境，共同建设资源节约型和环境友好型社会。

第二节　不同管理站森林生态产品价值量

除生物多样性及森林康养功能外，各管理站的森林生态产品价值量见表4-2。除生物多样性保护及森林康养功能外的生态产品价值量分布如图4-2所示。

表4-2　2022年宁夏贺兰山国家级自然保护区各管理站森林生态产品价值量评估结果

管理站	保育土壤（万元/年）	林木养分固持（万元/年）	涵养水源（万元/年）	固碳释氧（万元/年）	净化大气环境（万元/年）	生物多样性保护（万元/年）	森林康养（万元/年）	总计（万元/年）
红果子	4402.92	161.46	11484.90	1936.10	1231.00			
石嘴山	367.92	12.64	789.04	211.03	177.11			
汝箕沟	1974.89	66.46	4045.45	1306.65	1173.40			
大水沟	14348.27	393.18	27583.94	6184.02	8687.49	—	—	—
苏峪口	8256.72	211.61	10161.19	2420.43	4098.94			
马莲口	6116.28	168.10	7614.19	1924.94	2725.15			
榆树沟	1480.49	43.64	2418.52	656.49	741.57			
合计	36947.49	1057.09	64097.23	14639.66	18834.66	84559.04	8876.41	229011.58

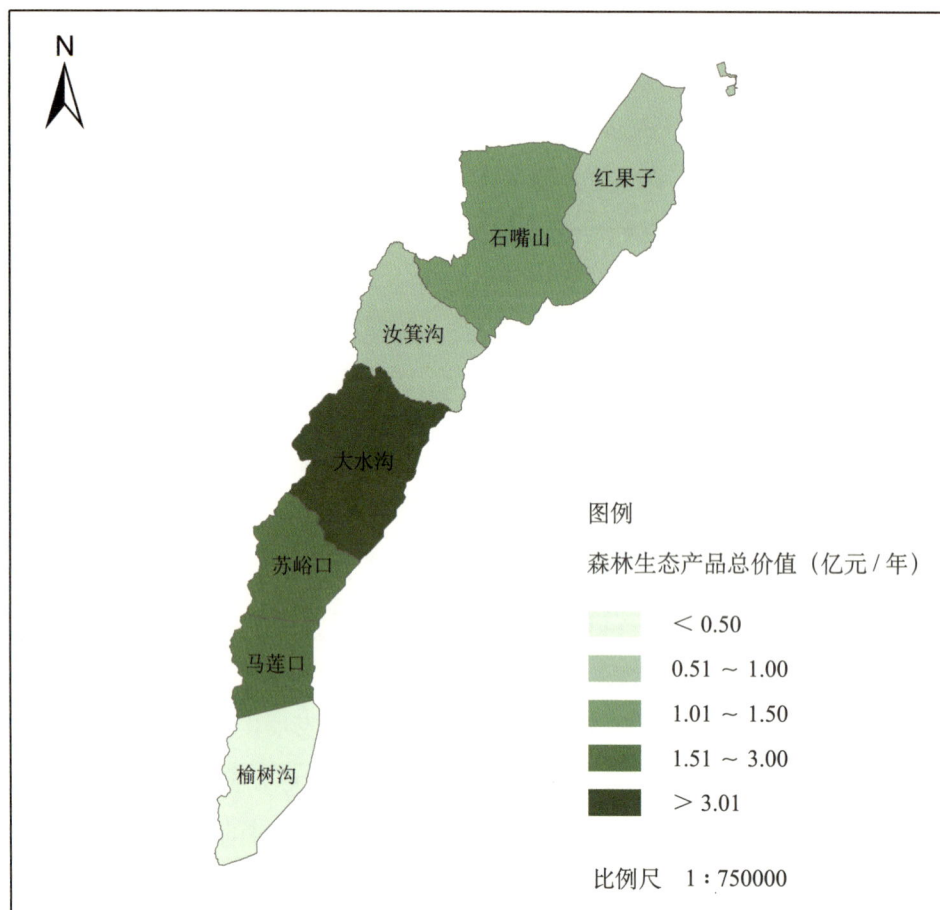

图4-2　宁夏贺兰山国家级自然保护区森林生态产品价值量空间分布

从表4-2及图4-2可以看出，宁夏贺兰山国家级自然保护区各管理站森林生态产品价值量的分布呈现明显的规律性。森林生态产品价值量最高的管理站为大水沟管理站，占森林生态产品价值总量的42.19%；其次为苏峪口、红果子和马莲口管理站，占比分别为18.55%、14.17%和13.68%。

一、保育土壤作用

土壤资源是环境中的一个基本组成部分，它们提供支持生物资源生产和循环所需的物质基础，是农业和森林系统的营养素和水的源泉，为多种多样的生物提供生境，在碳固存方面发挥着至关重要的作用，对环境变化起到复杂的缓冲作用（SEEA，2012）。保育土壤功能价值量最高的是大水沟管理站，为14348.27万元/年，占保护区保育土壤总价值量的38.83%（图4-3）。森林生态系统的固土作用极大地保障了生态安全，延长了水库的使用寿命，为本区域社会经济发展提供了重要保障。在地质灾害发生方面，贺兰山是一座蕴藏丰富矿藏的宝山，丰富的煤炭、硅石资源的开挖开采，以及煤层燃烧还会造成山体裂缝、塌陷等地质灾害，特别是过火后的土壤会失去养分且土质疏松，加剧了土地荒漠化和水土流失，严

重影响植被恢复，给人民生命财产和国家经济建设造成重大损失。因此，森林生态系统保育土壤功能对于降低宁夏贺兰山国家级自然保护区地质灾害经济损失、保障人民生命财产安全，具有非常重要的作用。

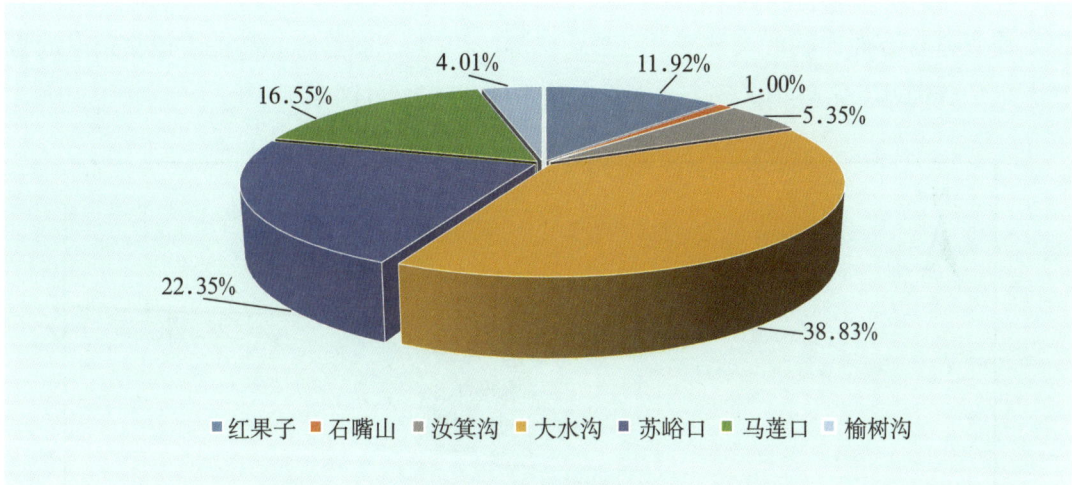

图4-3　宁夏贺兰山国家级自然保护区各管理站森林生态系统保育土壤功能价值量占比

二、林木养分固持作用

氮循环最显著的趋势在于土地管理中氮肥的使用增多，以及自然生态系统大气中氮沉降的增多，导致陆地生境中的氮含量不断增多（UK National Ecosystem Assessment，2011）。林木养分固持功能价值量最高的大水沟管理站，占保护区林木养分固持总价值量的37.19%（图4-4）。天然陆地生境的养分循环依赖于不同季节的植物和土壤微生物氮的分配（Bardgett et al.，2005），并且在许多生境，植物养分的获得很大程度上是由陆地上的根瘤菌决定的（Smith et al.，2008）。林木养分固持功能在土壤贫瘠地区发挥的功效对于经济社会发展具有重要意义。

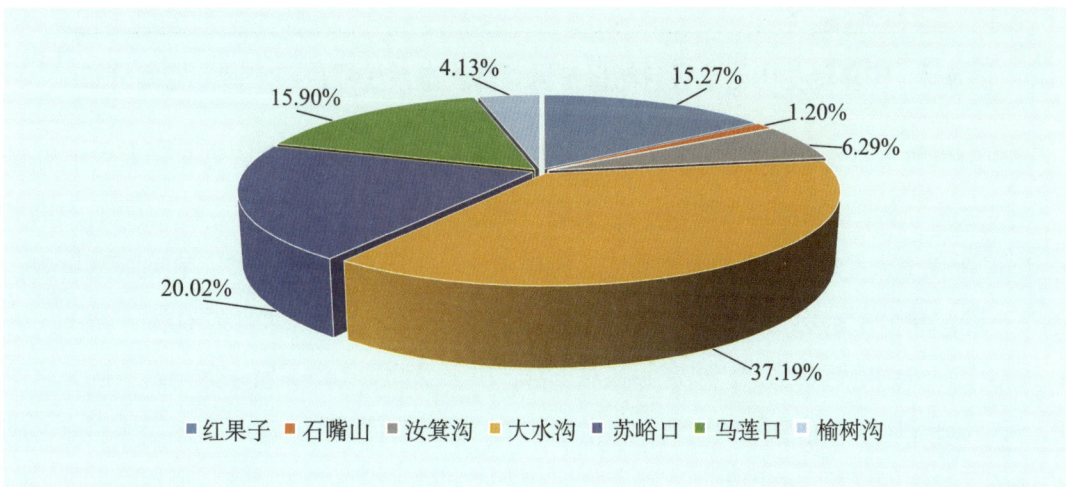

图4-4　宁夏贺兰山国家级自然保护区各管理站森林生态系统林木养分固持功能价值量占比

三、涵养水源功能的绿色"水库"作用

宁夏是我国严重的资源型缺水地区之一，经济社会发展主要依赖于过境黄河水（宁夏回族自治区水利厅，2023）。水资源供给的结构性矛盾较为突出，部分地区水资源被过度开发，经济社会用水大量挤占河湖生态水量，水生态空间被侵占，导致生态保护和修复用水保障、水质改善等方面面临严峻挑战（自然资源部，2020）。涵养水源功能价值量最高的管理站是大水沟管理站，占保护区涵养水源总价值量的 43.03%（图 4-5）。

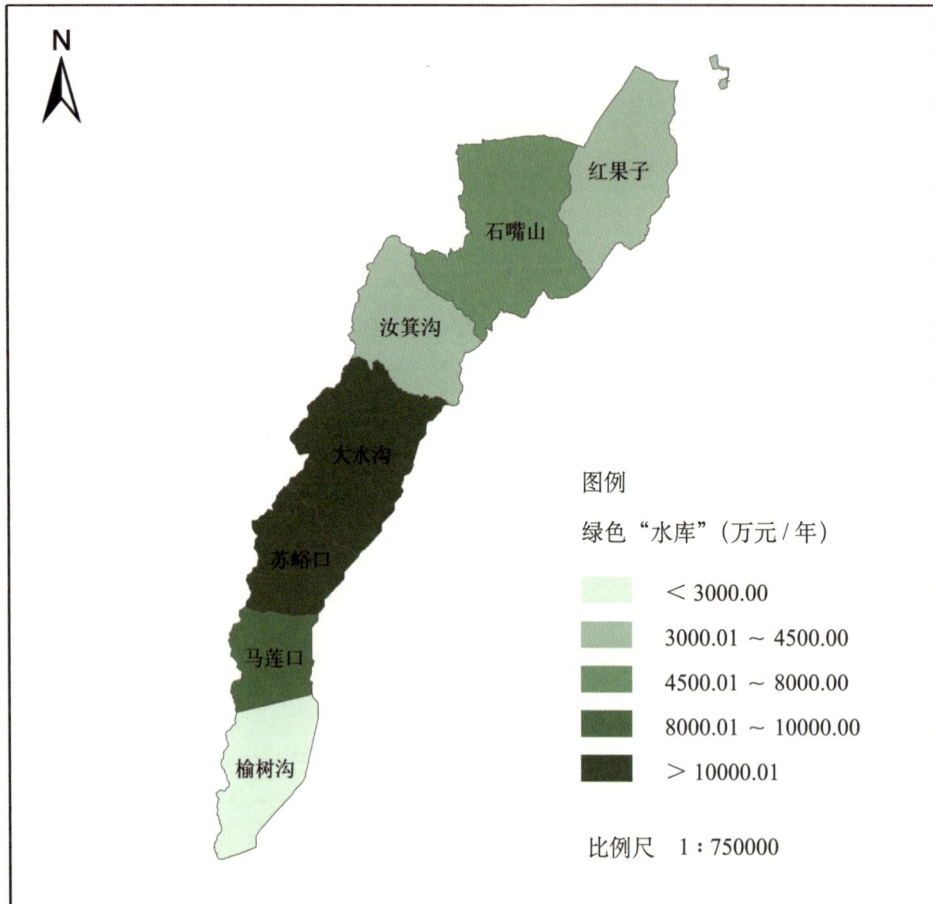

图 4-5　宁夏贺兰山国家级自然保护区森林生态系统绿色"水库"空间分布

贺兰山东麓水系属于黄河水系中黄河上游下段的宁夏黄河左岸分区。在东麓有大小沟道 67 条，多数沟道为季节性河流，植被较好的沟道常流水径流深可达 20 毫米。沿山的所有沟道出口海拔 1300 米以上，受地形地貌及气候影响，沟道水流具有暴涨、暴落特性。在东麓区境内，海拔越高，降水量分配越均匀，中段 2000 米以上的林区降水量占总降水量的 60% ～ 70%。大水沟管理站位于贺兰山脉中北部，水资源相对丰富，由于受地貌影响，富水区与贫水区无法均衡利用，这样就加剧了丰枯悬殊的比例，对生态和水资源的有序恢复产生一定的负面影响，成为制约经济可持续发展的主要因素。一般而言，建设水利设施用以拦截水流、增加贮备是人们采用最多的工程方法，但是建设水利等基础设施存在许多缺点，如占用大量的土地，改变了其土

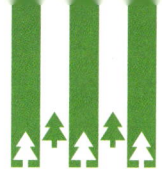

地利用方式；水利等基础设施存在使用年限等。森林能够涵养水源，是一座天然的绿色"水库"，森林的绿色"水库"功能主要是指森林具有的蓄水、调节径流、缓洪补枯和净化水质等功能。只要森林生态系统不遭到破坏，其涵养水源功能是持续增长的，极大地保障了区域的用水安全。丰富的水资源可以支持森林的生长，反过来，茂密的森林又可以促进涵养更多的水源，保护区森林生态系统绿色"水库"功能在改善水资源时空分布不均匀的问题上具有至关重要的作用。

四、固碳释氧功能的绿色"碳库"作用

林地最重要的调节服务之一是其具备固碳能力（UK National Ecosystem Assessment，2011）。通过负反馈作用，生物圈能够将化石燃料燃烧产生的碳储存在生物圈中，起到临时的碳汇作用。森林是陆地生态系统最大的碳储库，在全球碳循环过程中起着重要作用。就森林对储存碳的贡献而言，森林面积占全球陆地面积的27.6%，森林植被的碳贮量约占全球植被的77%，森林土壤的碳贮量约占全球土壤的39%（李顺龙，2005）。森林固碳机制是通过森林自身的光合作用过程吸收二氧化碳，并蓄积在树干、根部及枝叶等部分，从而抑制大气中二氧化碳浓度的上升，有效地起到了绿色减排的作用，提高森林碳汇功能是降低碳总量非常有效的途径。固碳释氧功能价值量最高的是大水沟管理站，占保护区固碳释氧总价值量的42.24%（图4-6）。

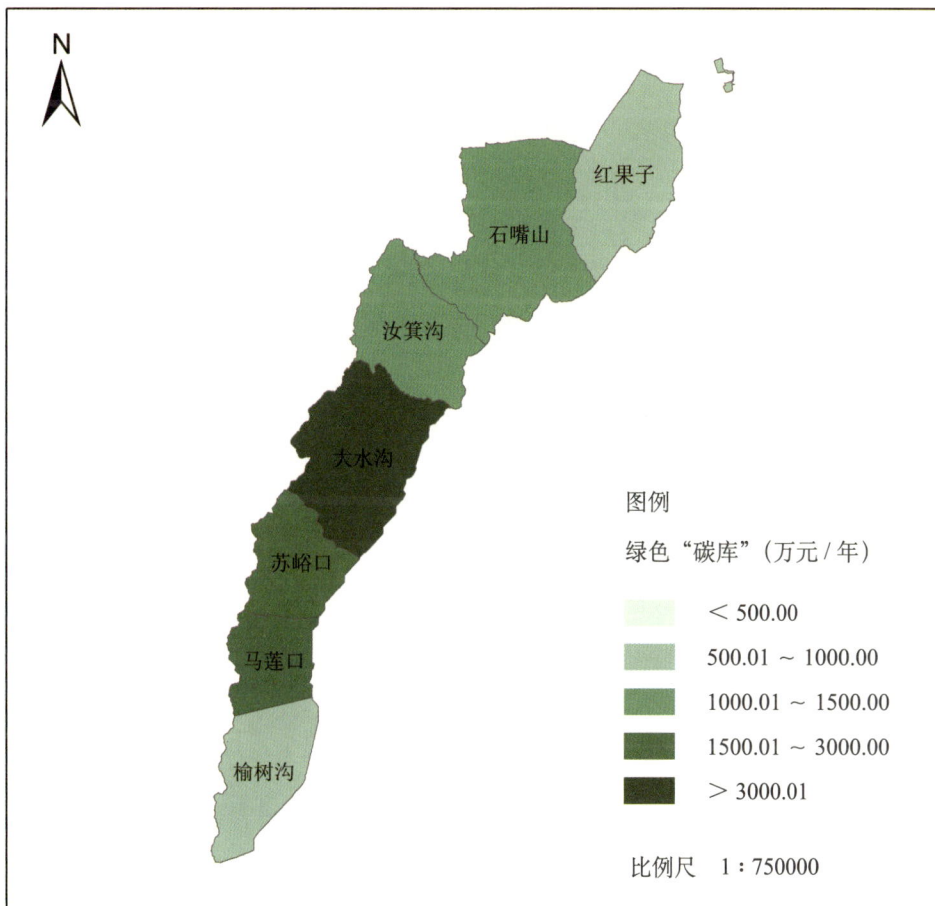

图4-6　宁夏贺兰山国家级自然保护区森林生态系统绿色"碳库"空间分布

森林生态系统作为陆地上最大的绿色"碳库"，已经成为促进经济社会绿色增长的有效载体，加快发展森林建设，一方面可以增加碳汇，抵消中和经济社会发展的碳排量，扩大资源环境容量，提升经济发展空间；另一方面可以壮大以森林资源为依托的绿色产业，改变传统的产业结构和发展模式，促进经济发展转型升级和绿色增长，发展循环经济和低碳技术，使经济社会发展与自然相协调（国家林业局，2015）。

五、净化大气环境功能的绿色"氧库"作用

宁夏回族自治区生态环境厅发布的《宁夏生态环境状况公报（2023）》显示，宁夏2022年大气环境质量考核指标达到国家考核目标要求。空气质量方面，全自治区环境空气质量优良天数比例为84.2%，同比上升0.4个百分点。宁夏贺兰山国家级自然保护区净化大气环境功能价值量最高的是大水沟管理站，占保护区净化大气环境总价值量的46.13%（图4-7）。

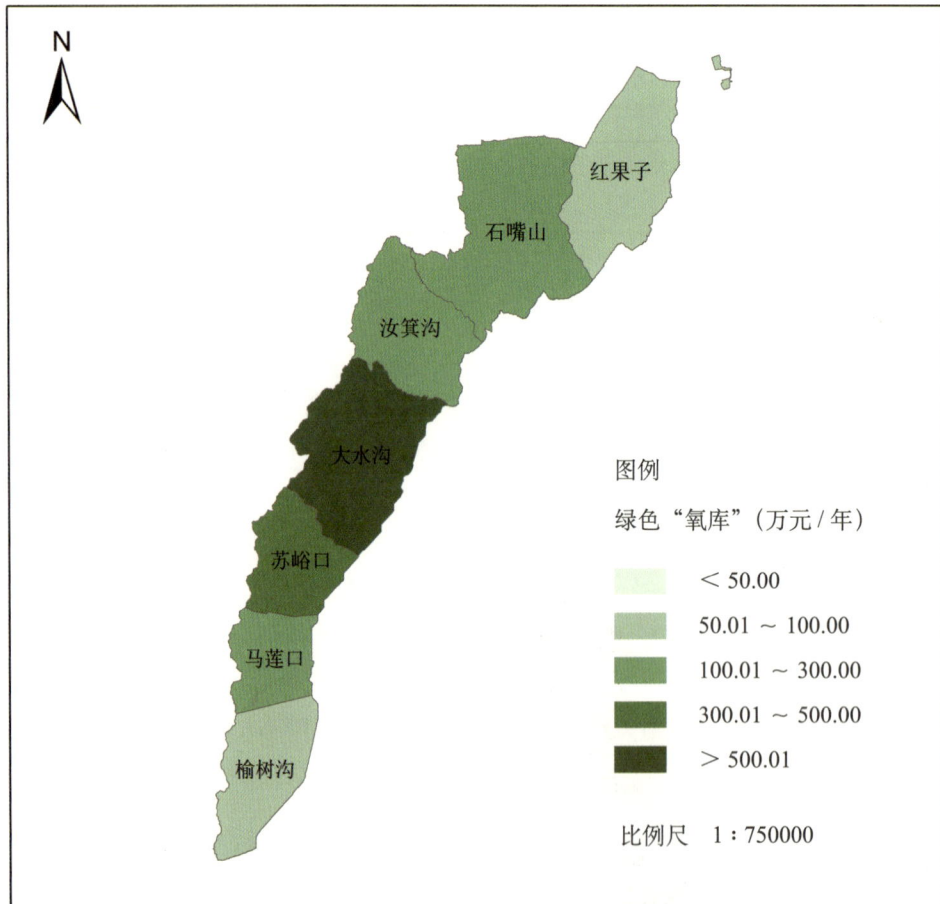

图 4-7　宁夏贺兰山国家级自然保护区省森林生态系统绿色"氧库"空间分布

森林生态系统绿色"氧库"功能即为林木通过自身的生长过程，从空气中吸收污染气体，在体内经过一系列的转化过程，将吸收的污染气体降解后排出体外或者储存在体内；并且林木通过林冠层的作用，加速颗粒物的沉降或者吸附滞纳在叶片表面，进而起到净化大气环境

的作用，极大地降低了空气污染物对于人体的危害。此外，森林可以提供大量的负离子供人类享用，让人类可以在紧张的工作生活后前往森林放松。

六、生物多样性保护功能的绿色"基因库"作用

生物多样性是生态环境的重要组成部分，是人类共同的财富，在人类的生存、经济社会的可持续发展和维持陆地生态平衡中占有重要的地位。20世纪90年代，森林对野生生物保护和生物多样性的价值得到越来越多的认可，森林为许多物种提供赖以生存的栖息地，如猛禽、鸣禽、植物和真菌和无脊椎动物等（UK National Ecosystem Assessment，2011）。宁夏贺兰山国家级自然保护区生物多样性丰富，保护区分布有野生脊椎动物329种。其中，国家一级保护野生动物有黑鹳（*Ciconia nigra*）、马麝（*Moschus chrysogaster*）等13种；国家二级保护野生动物有马鹿（*Cervus canadensis*）、盘羊（*Ovis ammon*）、岩羊（*Pseudois nayaur*）、蓝马鸡（*Crossoptilon auritum*）、雀鹰（*Accipiter nisus*）、松雀鹰（*Accipiter virgatus*）等56种。宁夏贺兰山国家级自然保护区生物多样性保护功能总价值量为84559.04万元/年，森林生态系统是巨大的生物多样性"基因库"。加强生物多样性保护工作可以维护生态系统的稳定，保障区域生态安全。

第三节　不同优势树种（组）森林生态产品价值量

根据物质量评估结果，通过价格参数，将宁夏贺兰山国家级自然保护区不同优势树种（组）生态服务功能的物质量转化为价值量，其中生物多样性保护、森林康养功能未分到各树种组。结果见表4-3。

表4-3　2022年宁夏贺兰山国家级自然保护区不同优势树种（组）森林生态产品价值量评估结果

优势树种	保育土壤（万元/年）	林木养分固持（万元/年）	涵养水源（万元/年）	固碳释氧（万元/年）	净化大气环境（万元/年）	生物多样性保护（万元/年）	森林康养（万元/年）	合计（万元/年）
云杉	9048.38	226.93	12446.54	1750.76	3340.40			
油松	10272.26	206.80	15717.94	3496.84	8063.38			
杜松	499.01	9.39	555.65	137.55	293.25			
柏树	17.85	0.08	6.57	1.88	4.54	—	—	—
灰榆	7680.01	255.83	10650.68	5268.74	4829.01			
榆树	9.69	0.32	19.25	6.65	6.09			
其他硬阔	37.35	3.81	74.44	19.49	6.19			

（续）

优势树种	保育土壤（万元/年）	林木养分固持（万元/年）	涵养水源（万元/年）	固碳释氧（万元/年）	净化大气环境（万元/年）	生物多样性保护（万元/年）	森林康养（万元/年）	合计（万元/年）
山杨	32.59	2.38	29.62	22.70	3.62			
小叶杨	31.76	2.32	28.87	22.12	3.53			
新疆杨	107.17	7.82	97.41	74.65	11.90			
柳树	6.93	0.23	13.78	4.76	4.36	—	—	—
其他软阔	18.56	2.00	34.24	11.37	5.10			
经济林	24.93	0.29	1.73	8.87	4.73			
灌木林	9161.00	338.89	24420.51	3813.28	2258.56			
总计	36947.49	1057.09	64097.23	14639.66	18834.66	84559.04	8876.41	229011.58

　　除国家重点保护野生动物物种保育及森林康养功能外，从表4-3可以看出，宁夏贺兰山国家级自然保护区各优势树种间生态服务功能价值量评估结果差异较明显。各优势树种六大功能合计价值量其大小顺序为灌木林＞油松＞灰榆＞云杉＞杜松＞新疆杨＞其他硬阔＞山杨＞小叶杨＞其他软阔＞榆树＞经济林＞柏树＞柳树。

　　灌木林和油松的生态系统服务功能价值量占保护区森林生态产品总价值量的57.35%。宁夏贺兰山国家级自然保护区森林生态产品在不同优势树种间的分布格局呈现一定的规律性。首先，这是由其面积决定的。不同优势树种（组）的面积大小排序与其生态系统服务功能大小排序呈现较高的正相关性。其次，与林木本身的特性有关。森林生态产品是在林木生长过程中产生的，林木的高生长也会对生态功能的产生带来正面的影响。再者，与不同优势树种分布区域有关。由于地理位置的特殊性，气候因子、土壤因子和地形因子对森林生产力的贡献率不同，使得不同优势树种间的森林生态产品分布格局产生了异质性。

　　宁夏贺兰山国家级自然保护区的地理条件和气候条件决定了其优势树种的分布和造林树种的选择。在造林树种的选择上，以油松、杨树和灌木林等为主。这些树种具备特殊的适应性和抗逆性，具有较为丰富的基因资源，可以在满足持续遗传改良中发挥重要作用。油松具有较强的保水能力，绿色组织脱离后，依然可以从中提取出一半的水量，12天后恢复平衡，有较长的周期。因此，兼具保水能力强、蒸腾量低的树种在宁夏贺兰山国家级自然保护区更有优势。从保水能力的角度来分析，灌木的保水能力较强。由于灌木的生长具有抗逆性的特点，有着明显的保水优势，所以即便是在一些生长环境较为恶劣的地区，也能顺利生长，而乔木则能在良好生长环境中顺利生长，尤其是针叶树种的抗旱能力较强。油松在涵养水源、保育土壤和固碳释氧方面发挥的功能占总价值的23.00%～28.00%，而由于针叶树种叶片特殊性，其发挥的净化大气环境功能占总价值的62.00%以上。

　　适合本地生长的优势树种经过长期的自然进化，早已适应了宁夏贺兰山国家级自然保护区的自然环境条件，并成功生存下来，所以其在形态特征和内部结构等方面具有较强的抗

逆性。因此，即便在地域相对恶劣的气候和土质土壤条件下，依旧可以很好地生长。大气污染特别是氮沉降仍然是陆地营养循环的主要动力。林木养分固持功能价值量最高的优势树种为灌木林、灰榆、云杉和油松，占保护区林木养分固持总价值量的97.29%。森林生态系统通过林木养分固持功能，可以将土壤中部分养分暂时地储存在林木体内。在其生命周期内，通过枯枝落叶和根系周转的方式再归还到土壤中，以此降低因为水土流失而造成的土壤养分损失。林木养分固持功能可以防止土壤养分元素的流失，保持宁夏贺兰山国家级自然保护区森林生态系统的安全。另外，其林木养分固持功能可以减少农田土壤养分流失而造成的土壤贫瘠化，在一定程度上降低了农田肥力衰退的风险。森林的林木养分固持功能是一种针对土地退化问题的基于自然的解决方式（Carsten，2017），这种方式对环境友好，更有利于可持续发展的推进。

第四节　国家重点保护野生动物物种保育价值

生态能量学主要研究生态系统中的能量及其与其他生态流（如物质流、生物流、信息流等）的数量变化和相互之间的关系，是一门研究系统的结构功能变化规律的科学。生态能量学研究始于1887年，S. A. Forbes首次描述了美国伊利诺斯湖的能量动态，被誉为能量生态学研究的先驱者。之后，在诸多学者的推动下，能量生态学的研究开始了大的发展，在能量环境、能量代谢、热值的测定、能量分配和能量流动及综合分析等各方面取得了卓有成效的研究成果（孙洁斐，2008）。H. T. Odum经过长期研究，综合系统生态、能量生态和生态经济原理，于20世纪80年代后期发展出新的科学概念和度量标准——能值，创立了能值理论分析方法。1987年H. T. Odum接受瑞典皇家科学院克莱福奖（Crafoord prize）时发表的演讲和在 Sciences 刊物的论文中，首次阐述了能值概念理论，能值与能质、能量等级、信息、资源财富等的关系。

> 能值分析：是指以能量为基准，把生态系统或生态经济系统中不同种类、不可比较的能量转换成同一标准的能值来衡量和分析，从中评价其在系统中的作用和地位，综合分析系统中各种生态流（能量流、货币流、人口流和信息流），得出一系列能值综合指标，定量分析系统的结构功能特征与经济效益。

在国外，对能值理论及其分析方法的研究已经涉及自然、社会等领域，且运用于评价地区流域系统的环境资源、经济投入和发展模式、环境政策，以及以生态系统为基础的环境管理、发展计划与政策等方面（Ascione et al.，2009；Zeng et al.，2010）；在国内，基于

能值分析这一方法，开展了生态系统价值核算（王楠楠等，2013；刘博，2014；喻锋等，2015；马程等，2017）、区域可持续发展评估（孙玥等，2013；黄洵等，2015；韩增林等，2016；贾小乐等，2019）、综合能源价值评估（段娜等，2015；王红彦，2016；田立亭等，2019）等工作，对能值分析方法的完善起到了积极的作用。

近年来，国内外学者围绕受威胁和濒危物种，在价值评估、价值体现、濒危程度评级、受威胁现状及其原因、优先保育及保护序列、就地保护状况及自然保护区物种多样性价值评估方法与保护优先性确定等方面开展了大量研究。而目前价值评估主要采用支付意愿法、条件价值法、成本效益法、保护性支出法、Shannon-Wiener 指数评估法及能值与 Eco-exergy 法等多种方法（胡涛等，2019）。

胡涛等（2019）认为，相比之下，更能体现生态系统过程多样性和复杂性的能值评估法反而更加有效。他们基于能值分析方法并采用濒危指数和特有度指数进行了修正，开展了对受威胁和濒危物种的价值评估工作。这种评估方法适合较大区域尺度的评估工作，然而评估某一较小区域尺度内国家重点保护野生动物物种时，将会严重低估国家重点保护野生动物物种的保护价值。因此，本研究在胡涛等（2019）评估模型的基础上进行了改进，计算宁夏贺兰山国家级自然保护区国家重点保护野生动物，包括马麝、马鹿（图4-8、图4-9）、鹅喉羚、牦牛(Bos mutus)、岩羊（图4-10）、贺兰山鼠兔(Ochotona argentata)和雪豹（图4-11）等在内的生物多样性保护价值。首先，根据国家重点保护野生动物在我国境内的分布面积，计算出各个物种的能值转换率；其次，计算宁夏贺兰山国家级自然保护区各国家重点保护野生动物个体数量占全国个体数量的比例；最后，根据全国各国家重点保护野生动物生物多样性保护价值和宁夏贺兰山国家级自然保护区各国家重点保护野生动物数量所占全国的比例，计算出宁夏贺兰山国家级自然保护区国家重点保护野生动物生物多样性保护价值。

图 4-8　马鹿群

图 4-9　悠然散步的马鹿

图 4-10　攀爬中的岩羊

图 4-11　猎食中的雪豹

宁夏贺兰山国家级自然保护区国家重点保护野生动物生物多样性保护价值计算过程如下：

（1）在地球生物圈 $2×10^9$ 年的地质进化历史中有 $1.5×10^9$ 个物种形成，应用 Brown 等（2010）的年地球生物圈能值基准值（$15.2×10^{24}$sej/ 年），计算出马麝、马鹿、鹅喉羚、牦牛、岩羊、贺兰山鼠兔和雪豹物种能值转换率分别为 $1.56×10^{19}$sej/ 种、$1.06×10^{19}$sej/ 种、$8.09×10^{19}$sej/ 种、$2.35×10^{19}$sej/ 种、$1.77×10^{20}$sej/ 种、$8.34×10^{19}$sej/ 种和 $4.89×10^{22}$sej/ 种。

（2）根据我国 2022 年能值分析表（表 1-4）得出，2022 年全国总能值为 $19.73×10^{25}$sej/ 年，再基于全国 2022 年 GDP 总量，计算出全国的能值 / 货币为 $1.72×10^{12}$[（sej/ 元）/ 年]。

（3）根据表 1-1 和表 1-2 确定上述国家重点保护野生动物的濒危指数和特有种指数，评估出全国马麝、马鹿、鹅喉羚、牦牛、岩羊、贺兰山鼠兔和雪豹生物多样性保护价值分别为 13.28 万元 / 年、8362.09 万元 / 年、15.04 万元 / 年、38.71 万元 / 年、6158.12 万元 / 年、8713.60 万元 / 年和 7672.96 万元 / 年。

（4）根据宁夏贺兰山国家级自然保护区上述区间物种数量占全国总数量的比例，评估出宁夏贺兰山国家级自然保护区国家重点保护野生动物生物多样性保护价值为 3.10 亿元 / 年。

本研究通过国内外较为成熟的能值法，利用濒危指数和特有种指数进行了修正，形成了保护区动物的生物多样性保护价值评估模型。评估结果显示，国家重点保护野生动物多样性保护价值为 3.10 亿元 / 年。由此可以看出，宁夏贺兰山国家级自然保护区对于国家重点保护野生动物保护具有重要性。

第五节　森林生态产品价值量动态变化分析

自然行为和人类活动引起的驱动因素是导致生态系统变化的原因（Nelson et al.，2005）。千年生态系统评估定义的驱动因素分为直接驱动因素和间接驱动因素。直接驱动因素对生态系统过程有明确的影响（Nelson et al.，2005），通常可以观测到物理变化（Ash et al.，2008）。间接驱动因素则是通过改变一个或多个直接驱动因素的状态或变化率进而对生态系统造成影响。然而，驱动因素的变化评估和管理十分复杂，具体有两个原因：第一，在不同空间和时间尺度上，驱动因素可以通过生态系统服务影响人类福祉。第二，驱动因素并不单独作用，多为互相作用（CBD，2010）。因此，了解直接驱动因素和间接驱动因素之间的关系对于改变或影响未来生态系统服务变化方向至关重要。

尽管自然部分范围有限，但自然林地仍然是物种最丰富的生境之一，拥有许多稀有物种和优先物种。林地生态系统的动态变化中导致树木死亡的害虫、病原体、气候和其他因素起着重要作用；死亡和腐烂的木材提供了重要的微生境，垂死的树木可以让更多的光线和热量到达森林地表，养分循环取决于生物量的周转（Kirby et al.，2010）。然而，树木的快速死

亡可能会威胁到生态系统服务，如木材生产（对树木生长的影响）、视觉舒适性和自然保护（稀有物种和珍贵栖息地的丧失）（UK National Ecosystem Assessment，2011）。随着天然林资源保护工程的实施，宁夏贺兰山国家级自然保护区各项生态产品价值量均有所提升。森林生态效益的提升不仅取决于森林数量的提高，更依赖于森林质量的改善，而这一切是林业政策、自然环境条件和社会经济发展等多因素相互作用的结果。

（1）水土保持功能提升。与2017年宁夏贺兰山国家级自然保护区评估结果（4.44亿元/年）相比，本次核算水土保持功能（10.1亿元/年）增幅达到127.48%。森林通过增加地上部分的地表粗糙度以增加径流的入渗时间。天然林资源保护工程的实施杜绝了人为对天然林资源的砍伐和破坏，从而保证天然林在自然生长状态下保持着较厚的林下覆盖枯落物层。二是通过地下部分改善土壤的理化性质以增加地表径流的入渗强度，最终实现对水源的涵养。研究表明，森林土壤中众多的大孔隙由植物根系在生长过程中及死亡腐烂后形成（Wang et al.，1999），这些大孔隙使得地表径流在土壤中可以快速迁移，进而加快了土壤的入渗速率。研究表明，土壤的持水量随着有机质含量的增加而增加，同时，根系的腐烂还可以大量增加土壤中的有机质，进一步影响土壤的结构及对水分的吸收能力。此外，土壤的保肥功能与土壤侵蚀量的大小和土壤中营养物质含量密切相关。保育土壤功能主要与植被的地表覆盖度、植被类型、坡度和土壤类型等因素密切相关（段庆斌，2009；余新晓等，2006；赵文武等，2003）。由于植物根系与土壤之间有极大的接触面，土壤和植物之间进行着频繁的物质交换。因此，土壤营养物质含量丰富，能促进植物的生长，扩大植物根系的分布范围和深度，增加地表植被的覆盖度，从而增加了对土壤的固持能力，避免土壤养分流失。同时，植物的快速生长加速了生态系统中养分循环和土壤中微生物的分解能力，有利于改善土壤结构，增加植物根系与土壤的结合能力，从而更好地发挥固土保肥功能。

（2）固碳释氧功能提升。与2017年宁夏贺兰山国家级自然保护区评估结果（3.44亿元/年）相比，本次核算森林生态系统固碳释氧价值量（1.46亿元/年）有所降低，这主要是由于2017年核算使用2013年瑞典碳税价格，即136.00美元/吨二氧化碳。本次核算鉴于我国逐步开展碳排放权交易服务，使用2022年北京大学发布的购买碳排放预算每吨115.00元二氧化碳，折合固碳价格为421.705元，因此固碳释氧价值量较2014年有所降低。从物质量来看，本次核算固碳量增加3053.74吨，固碳释氧功能整体呈现增加趋势。森林是陆地生态系统中最大的碳库，森林植被固碳能力受到树种、林龄等自身因素的影响（Wang et al.，2014），也直接受森林面积和气候环境的影响（王效科，2001）。一般来说，中幼龄林的生产力高于其他林龄。因此，固碳能力前者也相对高于后者，林龄也会影响天然林保护修复实施后土壤中碳储量的变化，随着恢复时间的持续，林木不断生长，土壤固碳能力明显增强（Deng et al.，2014）。

（3）林木养分固持能力提升。本次核算林木养分固持较2017年宁夏贺兰山国家级自然

保护区评估结果（713.14吨／年）增幅为15.66%，林木养分固持生态效益的发挥与林分的净初级生产力密切相关，而植物的净初级生产力的大小与地区水热条件、树种组成及林龄等密切相关。随着天然林资源保护工程的实施，宁夏贺兰山地区森林结构更加完整，树种组成更加丰富，林龄结构更加合理，净初级生产力有了一定程度的提高，所以林木养分固持功能提升。

（4）净化大气环境功能提升。净化大气环境功能与2017年宁夏贺兰山国家级自然保护区评估结果（5.12亿元／年）相比，本次核算价值量（1.88亿元／年）有所降低，这主要是由于本次核算使用《中华人民共和国环境保护税法》中规定的环境保护税应纳税额的方法进行测算，价格参数降低幅度较大，因此价值量较2017年有所降低。从物质量来看，本次核算提供负离子、吸收气体污染物、滞尘功能增幅分别为19.13%、11.22%和17.81%，净化大气环境功能整体呈现增加趋势。植物由于叶片表面的吸滞作用，在过滤周围空气中扮演着重要的角色，能够有效吸滞和分解空气中的二氧化硫、氟化物、氮氧化物和粉尘等有害物质，并提供负离子等有益物质，起到净化空气、改善大气环境的作用。植物净化大气环境作用与树木的叶面积、树冠的构造、叶片表皮茸毛、化学成分和叶面蜡质结构等密切相关。与光滑的叶片相比，具有粗糙表面结构的叶片在捕获、截留颗粒物方面具有更好的效果。宁夏贺兰山地区以松柏科树种面积较大，与其他树种相比，此类树种单位面积吸收颗粒物的能力和提供负离子的能力均更强。因此，实施天然林资源保护工程及后续更新造林增大了森林的面积，提升了森林的质量，服务功能也显著提升。

（5）生物多样性保护功能提升。生物多样性保护功能与2017年宁夏贺兰山国家级自然保护区评估结果(3.93亿元／年)相比，本次核算增加了国家重点保护动物物种保育功能核算，整体结果（8.46亿元／年）增幅达到115.27%。其中，植物物种保育功能增幅为16.38%。人类活动是造成生物多样性空前丧失的根本原因。随着人口的剧增及社会经济的快速发展，人类对自然资源进行掠夺式的开发和利用，导致生态环境恶化、生态系统失衡、森林植被退化，进而造成了生物多样性丧失甚至物种的局域灭绝（Pimm et al.，1995）。生态系统均具有自我修复功能，退化生态系统的植被恢复，能够增加物种多样性，提高生产力，加速系统能量和物质循环，从而有效地保护了生物多样性资源。天然林资源保护工程的实施从源头上有效遏制了人为活动对自然森林的过度干扰和破坏，使自然森林生态系统得以自我恢复，恢复了许多物种赖以生存的生境，使物种得以顺利完成其生命史，从而有效地保护了生物多样性，避免了物种的灭绝。

第五章

宁夏贺兰山国家级自然保护区
草地生态产品绿色核算

第一节 草地生态产品物质量

一、草地生态产品物质量评估总结果

草地被称为"地球皮肤"，是陆地上面积最大的生态保护屏障，其特有的防风固沙、涵养水源、保持水土、净化空气以及维护生物多样性等综合功能，在保护生态安全方面具有不可替代的作用。同时，草地也是地球上最脆弱的生态资源，广泛分布在其他植被类型难以延伸的干旱、高寒等自然环境最为严酷的广阔地域，一旦遭到破坏，恢复的难度将远远大于海洋、森林、湿地等生态系统，甚至无法还原。对草地生态系统进行服务功能评估有助于帮助政府制定生态补偿政策，促进资源的合理利用与可持续发展。

宁夏贺兰山国家级自然保护区草地生态产品物质量评估结果见表 5-1。

表 5-1　2022 年宁夏贺兰山国家级自然保护区草地生态产品物质量评估结果

服务类别	功能类别	指标分项	物质量
支持服务	保育土壤	减少土壤风力侵蚀（万吨/年）	99.44
		减少氮流失（万吨/年）	1.80
		减少磷流失（万吨/年）	0.21
		减少钾流失（万吨/年）	2.18
		减少有机质流失（万吨/年）	3.44
	草本养分固持	氮固持（吨/年）	866.80
		磷固持（吨/年）	729.57

（续）

服务类别	功能类别	指标分项			物质量
支持服务	草本养分固持	钾固持（吨/年）			1001.14
调节服务	涵养水源	调节水量（万立方米/年）			3596.98
	固碳释氧	固碳（万吨/年）			5.31
		释氧（万吨/年）			6.89
	净化大气环境	吸收气体污染物	吸收二氧化硫（万千克/年）		347.42
			吸收氟化物（万千克/年）		6.25
			吸收氮氧化物（万千克/年）		11.12
		滞尘	滞纳TSP（万千克/年）		1512.75
			滞纳PM_{10}（万千克/年）		1.21
			滞纳$PM_{2.5}$（万千克/年）		0.10
供给服务	提供产品	草产品（万吨）			5.79

二、不同管理站草地生态产品物质量评估总结果

宁夏贺兰山国家级自然保护区7个管理站草地生态产品物质量见表5-2。

草地生态系统凭借其地面覆盖、土壤疏松多孔和由细根组成的庞大根系，在降水时不易形成地表径流，显著地增加壤中流，能够起到良好的截留降水和净化水质的作用，并可以补充地下水和调节河川流量，而且比空旷裸地具有更高的渗透性和保水能力，对涵养土壤中的水分具有重要的意义。此外，草本植物生长迅速、茎叶繁茂，可以遮挡雨水，避免暴雨直接击打地面；株丛密集，加大地面糙率，阻缓径流，拦截泥沙；根系发达，纵横交错，形成紧密的根网，可以疏松土壤，提高土壤的透水性和渗透速度，加大渗透量，增强蓄水保墒能力，固结土壤，抵御侵蚀。同时，草本植物遗留在地下的残根和地面的枯枝败叶，给土壤带来丰富的有机物。这些有机物，经过分解，形成腐殖质，使土壤团粒显著增加，改善了土壤的理化性质，也极大地增强了土壤本身的防侵蚀能力。据测定，生长一年的草地较一般农地容重平均减小4.5%，孔隙度增大3.3%，入渗量和入渗率增加51%，这样渗透的雨水增多了，渗透的速率加快了，地表径流就减少了，径流对土壤的侵蚀也随之减小。宁夏贺兰山国家级自然保护区各管理站草地生态系统涵养水源与减少土壤风力侵蚀功能物质量如图5-1至图5-2所示。其中，涵养水源以石嘴山、红果子、大水沟、汝箕沟和榆树沟管理站最高，以上管理站合计占总区域的83.19%；石嘴山管理站减少土壤风力侵蚀物质量最高，占保护区减少土壤风力侵蚀总量的24.53%。

表 5-2　2022 年宁夏贺兰山国家级自然保护区管理站草地生态产品物质量评估结果

管理站	支持服务			调节服务							供给服务
	保育土壤			固碳释氧		调节水量（万立方米/年）	净化大气环境				提供草产品（万吨/年）
	减少土壤风力侵蚀（万吨/年）	保肥（万吨/年）	草本养分固持（吨/年）	固碳（万吨/年）	释氧（万吨/年）		吸收气体污染物（万千克/年）	滞尘			
								滞尘量（万千克/年）	滞纳PM$_{10}$（千克/年）	滞纳PM$_{2.5}$（千克/年）	
红果子	17.00	1.30	443.95	0.91	1.18	614.77	62.35	280.24	2241.94	179.36	0.99
石嘴山	24.49	1.88	639.77	1.31	1.70	885.94	89.85	403.86	3230.84	258.47	1.43
汝箕沟	12.59	0.97	328.75	0.67	0.87	455.25	46.17	80.60	644.80	51.58	0.73
大水沟	16.13	1.24	421.48	0.86	1.12	583.65	59.19	266.06	2128.46	170.28	0.94
苏峪口	9.16	0.70	239.26	0.49	0.63	331.32	33.60	151.03	1208.25	96.66	0.53
马莲口	7.55	0.58	197.36	0.40	0.52	273.30	27.72	124.58	996.67	79.73	0.44
榆树沟	12.52	0.96	326.94	0.67	0.87	452.75	45.91	206.38	1651.06	132.08	0.73
总计	99.44	7.63	2597.51	5.31	6.89	3596.98	364.79	1512.75	12102.02	968.16	5.79

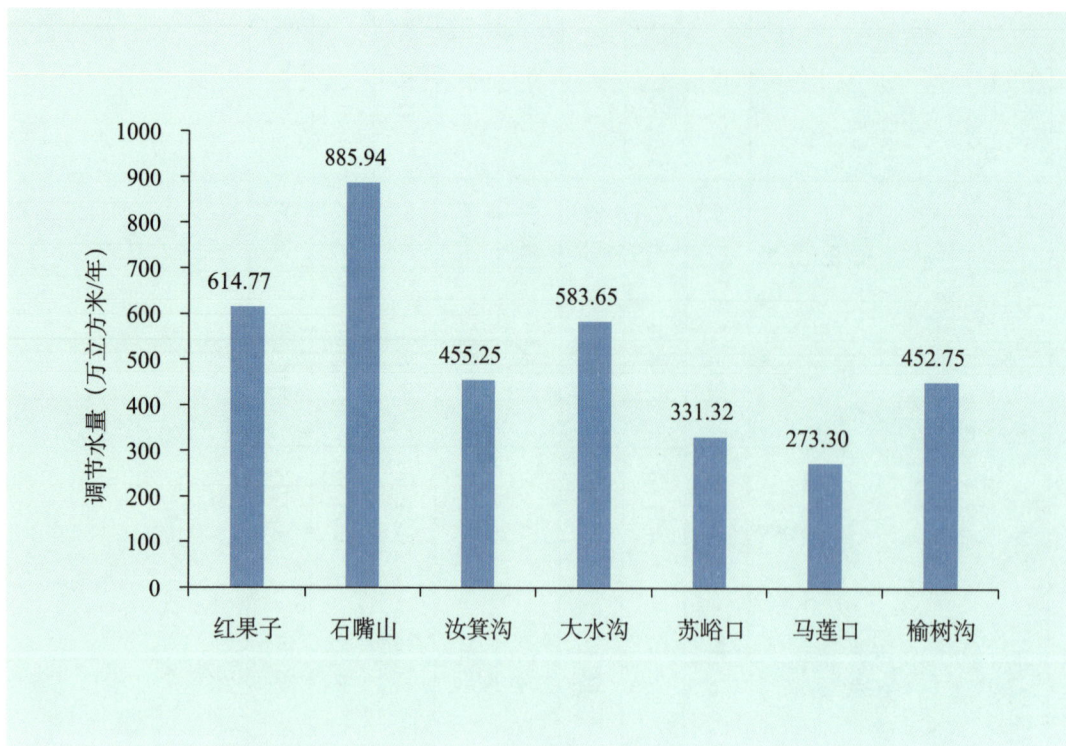

图 5-1   宁夏贺兰山国家级自然保护区管理站草地生态系统调节水量

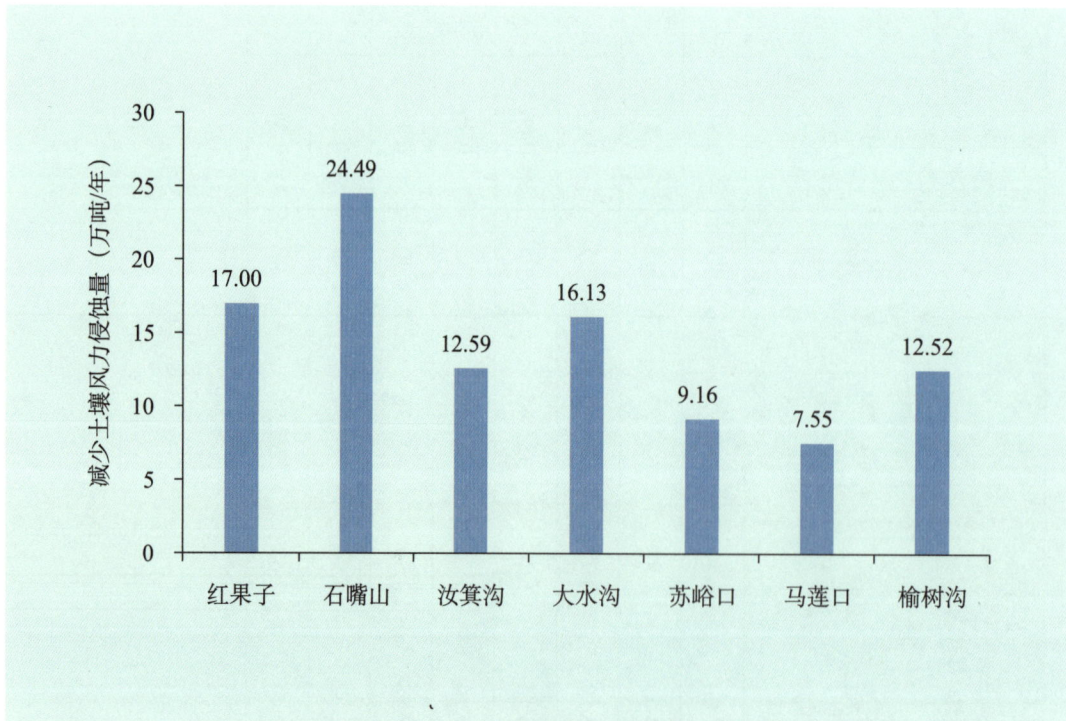

图 5-2   宁夏贺兰山国家级自然保护区管理站草地生态系统减少土壤风力侵蚀量

宁夏贺兰山国家级自然保护区保肥量最高的三个管理站为石嘴山、大水沟和红果子管理站，年保肥量均在 1.10 万吨以上，其次为汝箕沟、榆树沟和马莲口沟管理站，年保肥量

均在 0.70 万吨以上，上述管理站年保肥量之和占宁夏贺兰山国家级自然保护区的 92.40%
（图 5-3 至图 5-6）。

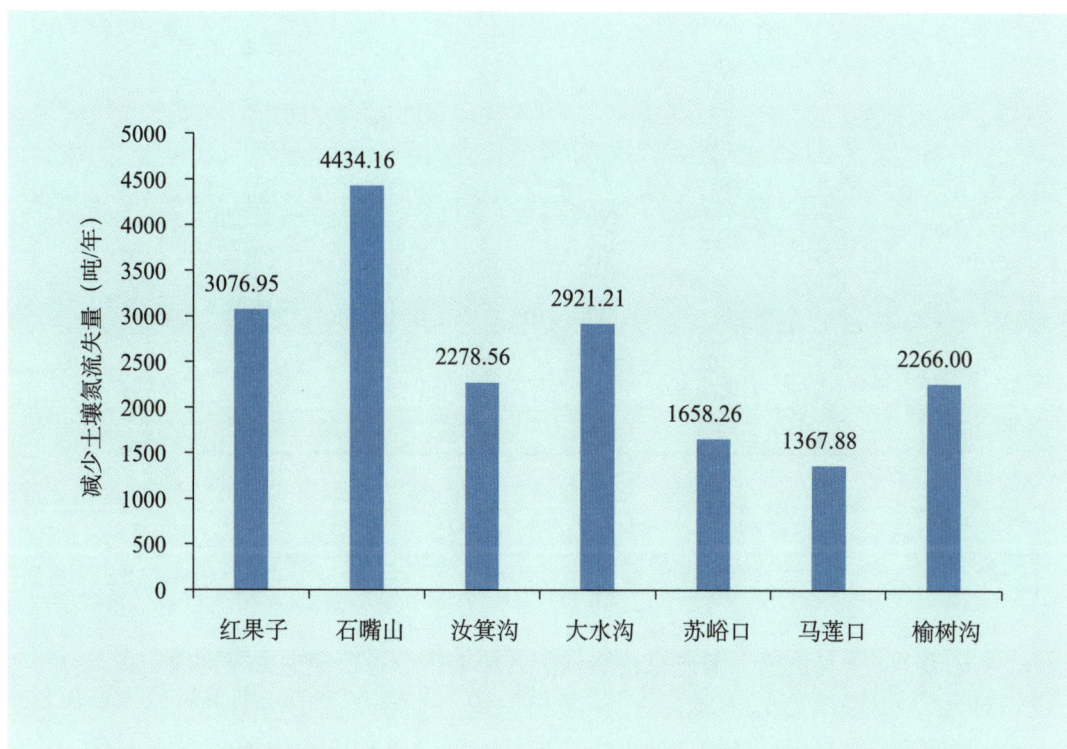

图 5-3　宁夏贺兰山国家级自然保护区草地生态系统减少土壤氮流失量

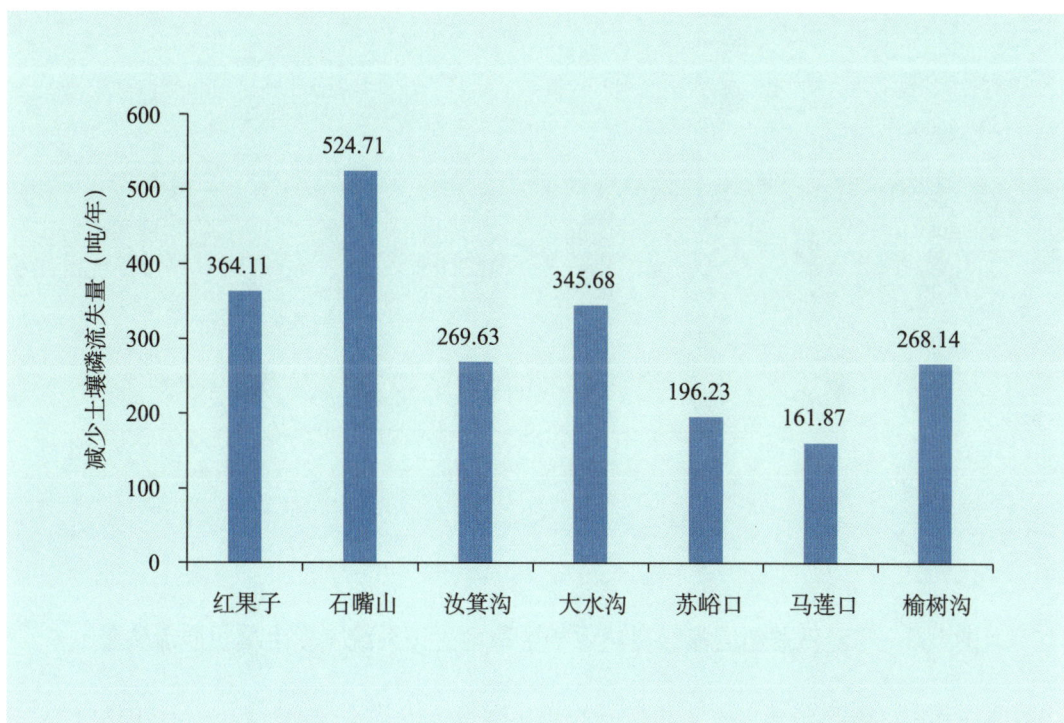

图 5-4　宁夏贺兰山国家级自然保护区草地生态系统减少土壤磷流失量

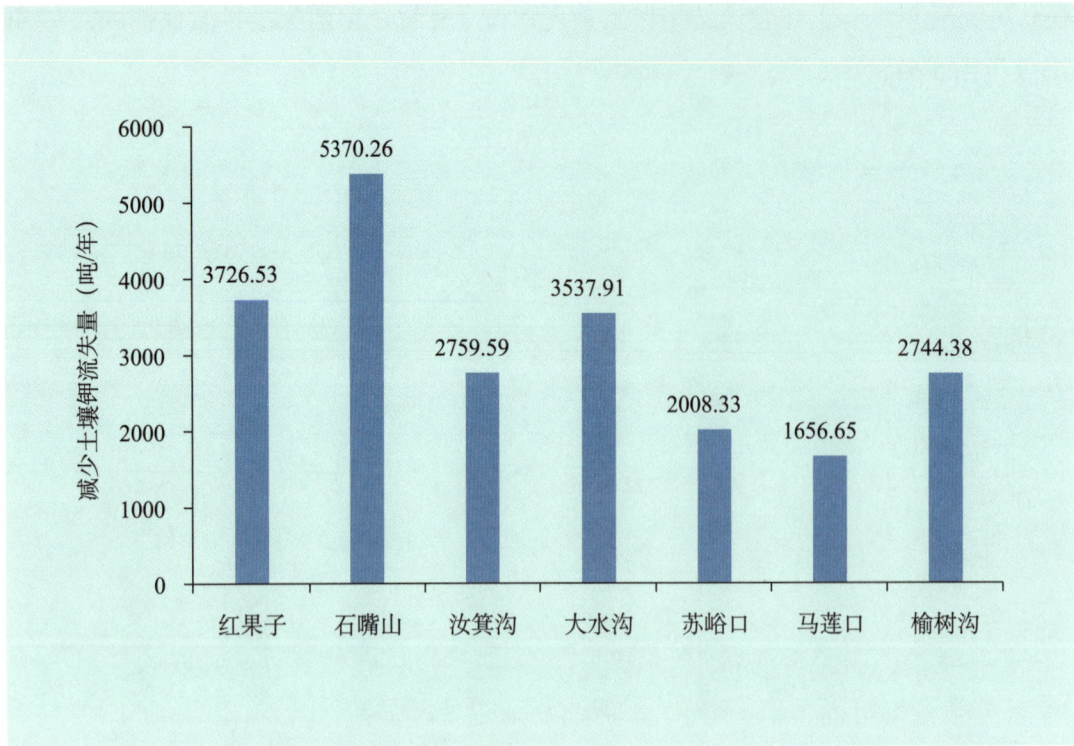

图 5-5　宁夏贺兰山国家级自然保护区草地生态系统减少土壤钾流失量

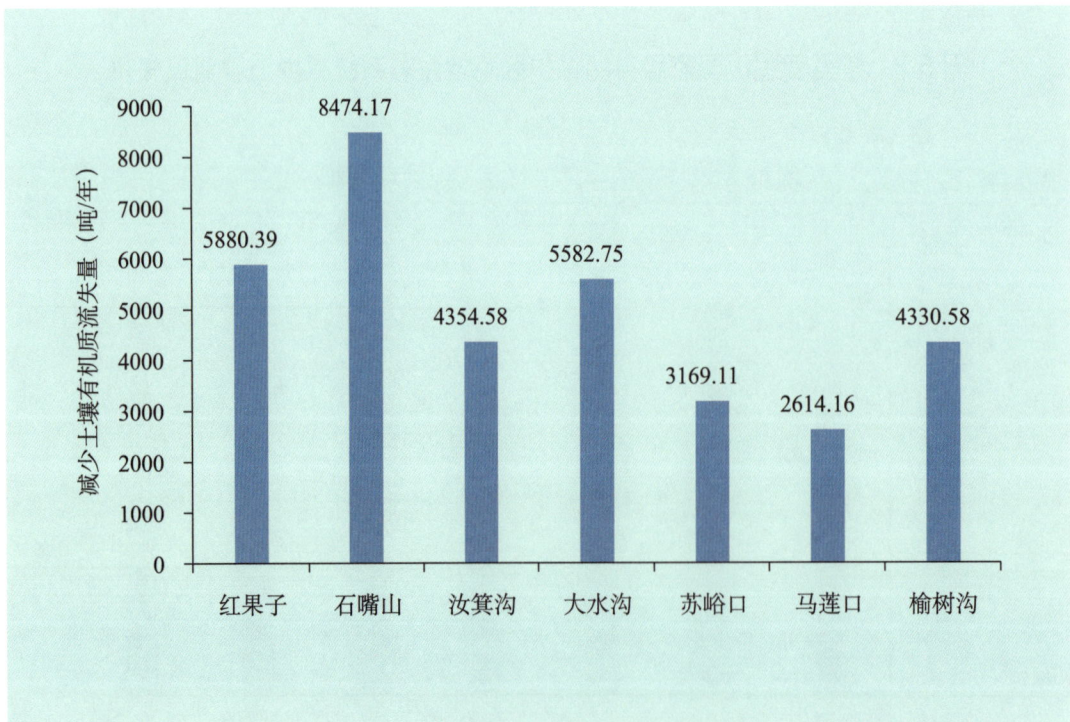

图 5-6　宁夏贺兰山国家级自然保护区草地生态系统减少土壤机质流失量

草地生态系统通过植物光合作用、微生物化能自养以及土壤碳沉积等方式固定 CO_2，并将其固定在植被和土壤中，从而增加草地生态系统的碳吸收与贮存能力，减少大气中的 CO_2

浓度，对维持地球大气中的二氧化碳和氧气的动态平衡、减少温室效应以及提供人类生存的基本条件有着不可替代的作用。研究表明，草地是个巨大的碳库，全球草地总碳储量约为 308×10^9 吨，其中约 92% 储存在土壤中（Schuman et al., 2002）。宁夏贺兰山国家级自然保护区各管理站草地生态系统固碳释氧功能物质量如图 5-7、图 5-8 所示。

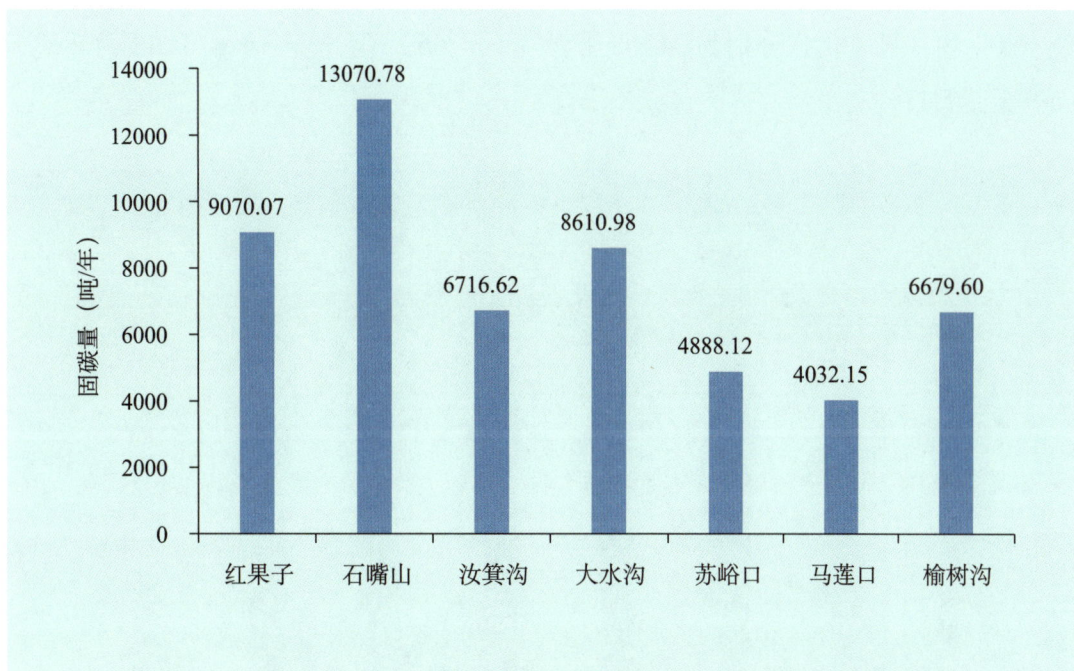

图 5-7　宁夏贺兰山国家级自然保护区管理站草地生态系统固碳量

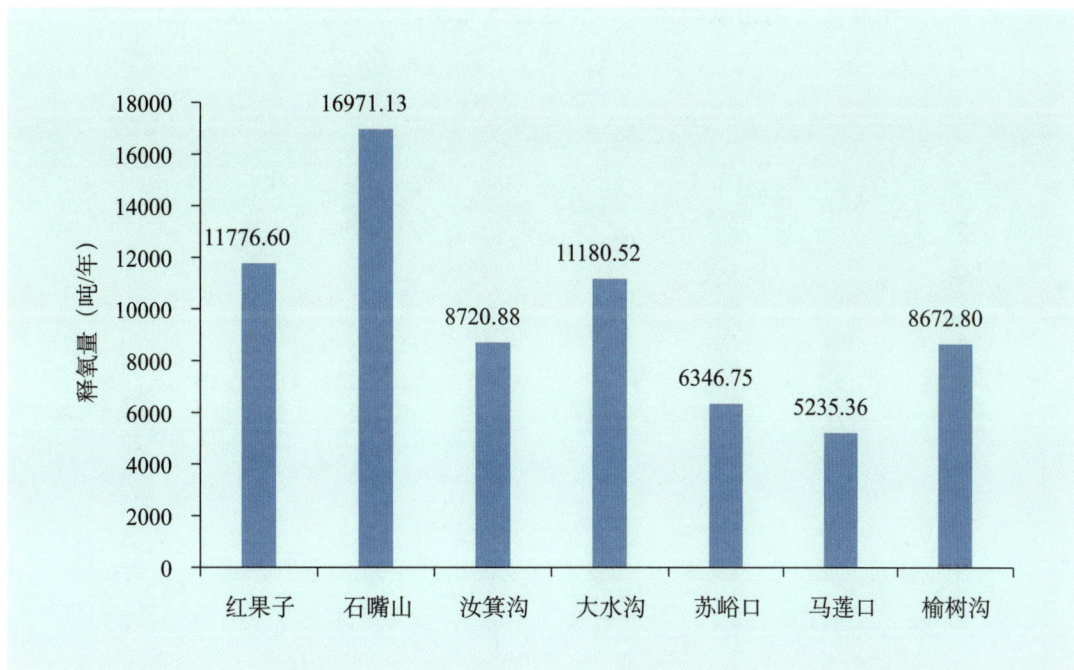

图 5-8　宁夏贺兰山国家级自然保护区管理站草地生态系统释氧量

其中，石嘴山管理站固碳和释氧物质量最高，固碳量在 13000.00 万吨 / 年以上，释氧量在 16000.00 万吨 / 年左右；其次是红果子、大水沟管理站，固碳量均在 8500.00 吨 / 年以上，释氧量在 11000.00 吨 / 年以上，以上管理站固碳量和释氧量合计均占保护区的 57.00% 以上。

草地生态系统吸收二氧化硫、氟化物、氮氧化物等大气污染物，同时吸附滞纳、过滤空气颗粒物，发挥着净化大气环境功能。宁夏贺兰山国家级自然保护区各管理站吸收二氧化硫、氟化物、氮氧化物分别为 347.42 万千克 / 年、6.25 万千克 / 年和 11.12 万千克 / 年（图 5-9 至图 5-11）。

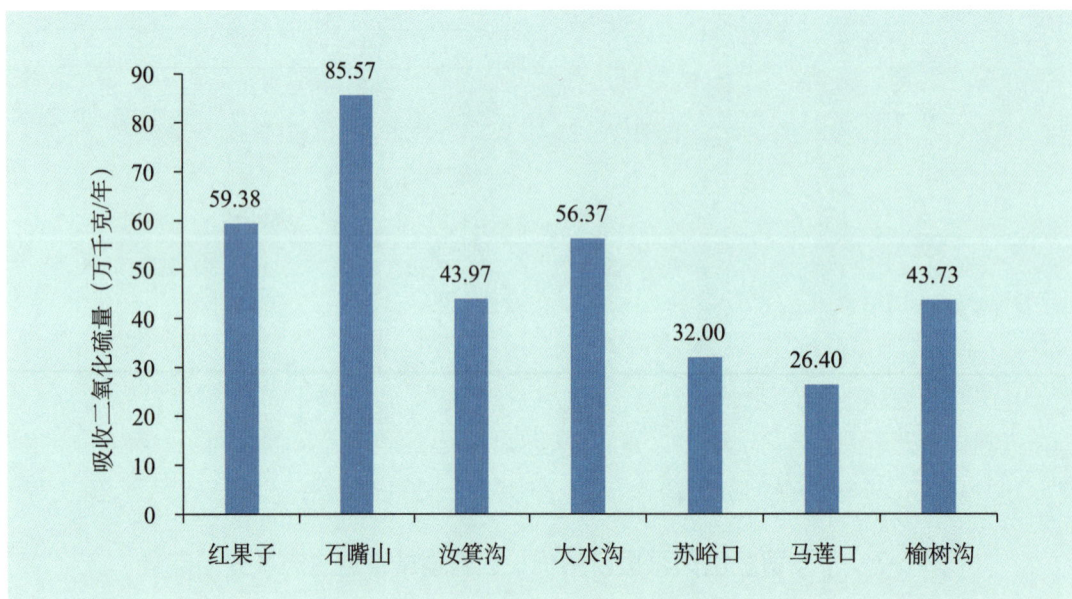

图 5-9　宁夏贺兰山国家级自然保护区管理站草地生态系统吸收二氧化硫量

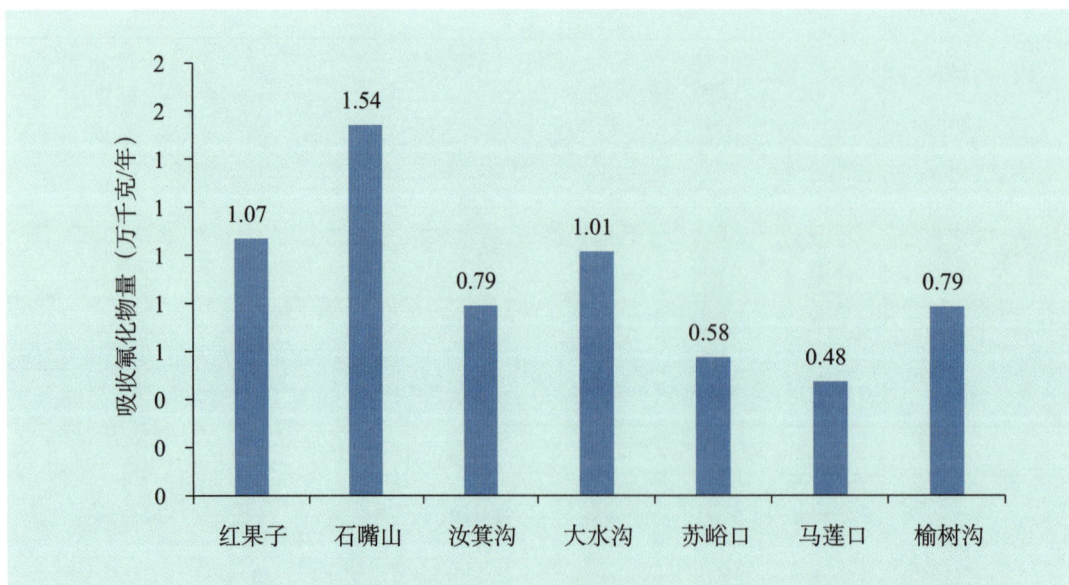

图 5-10　宁夏贺兰山国家级自然保护区管理站草地生态系统吸收氟化物量

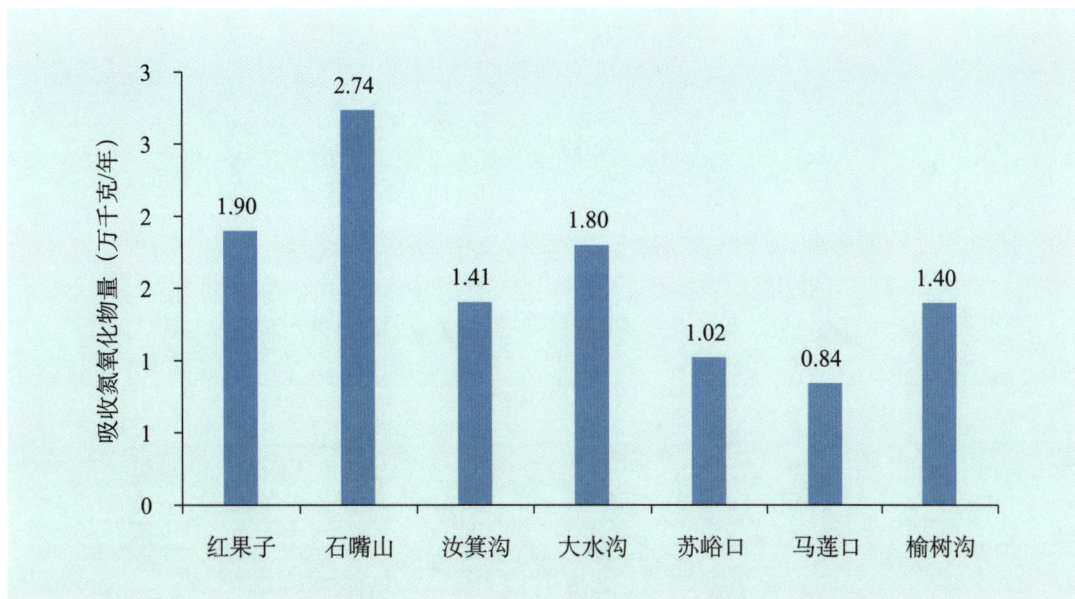

图 5-11　宁夏贺兰山国家级自然保护区管理站草地生态系统吸收氮氧化物量

　　草地对空气颗粒物具有吸附、滞纳、过滤的功能，宁夏贺兰山国家级自然保护区滞纳 TSP 物质量如图 5-12 所示。其中，石嘴山管理站滞纳 TSP 物质量最高，占保护区滞纳 TSP 总量的 26.70% 以上；其次为红果子和大水沟管理站，均在 260.00 万千克/年以上；其余管理站均在 210.00 万千克/年以下。滞纳 PM_{10} 和 $PM_{2.5}$ 最高的三个管理站均为石嘴山、红果子和大水沟管理站，滞纳 PM_{10} 和 $PM_{2.5}$ 分别为 2000.00 千克/年、170.00 千克/年以上（图 5-13、图 5-14）。

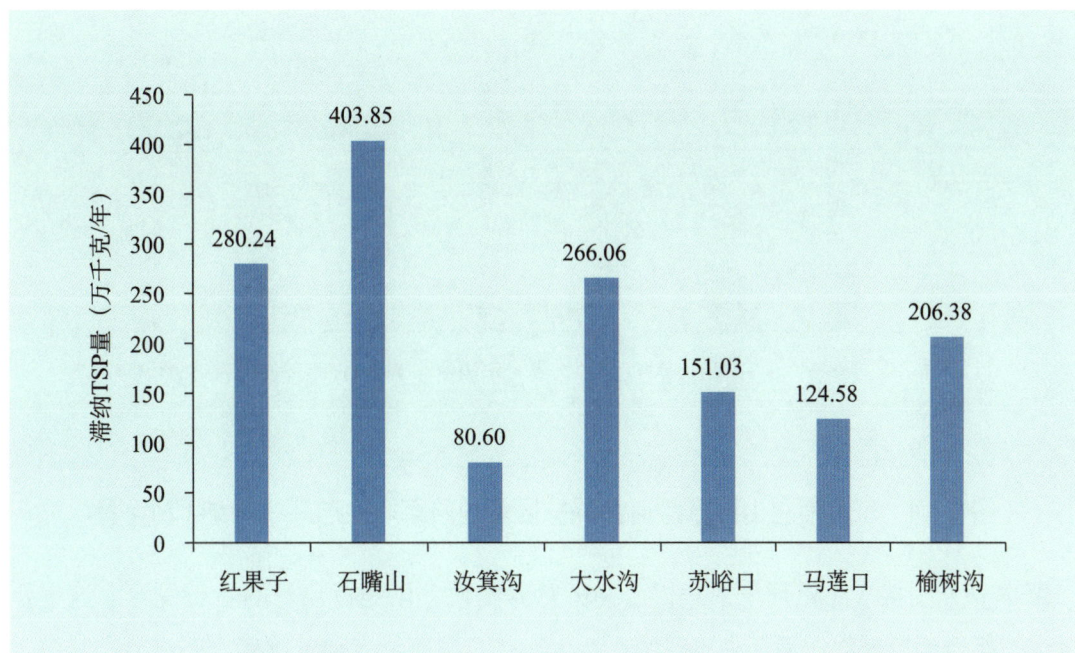

图 5-12　宁夏贺兰山国家级自然保护区管理站草地生态系统滞纳 TSP 量

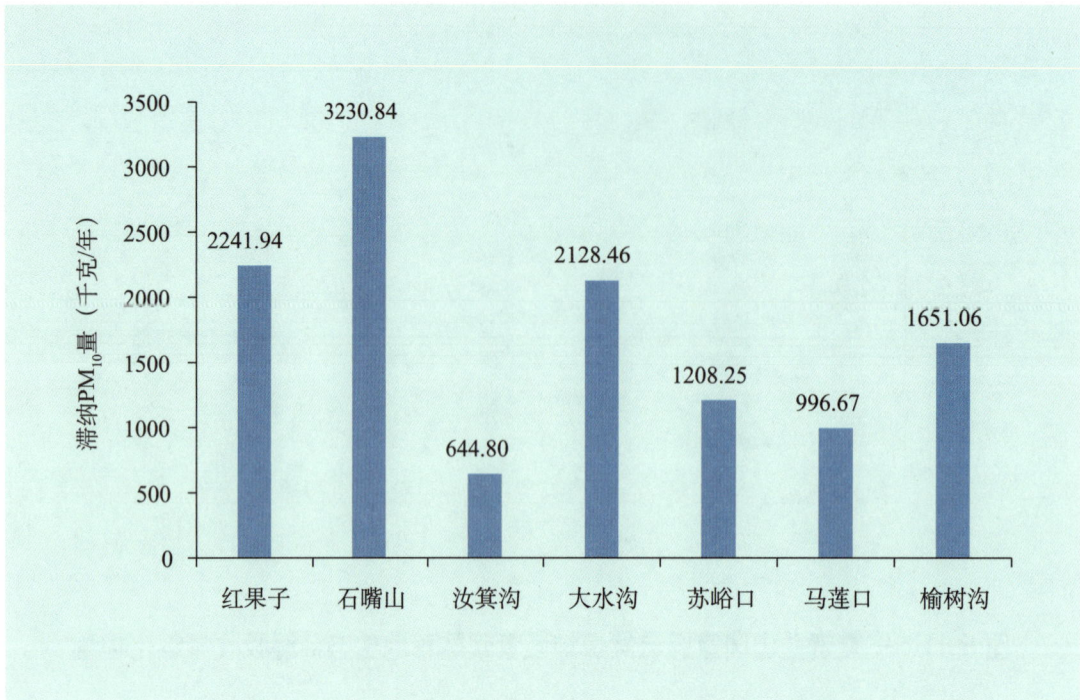

图 5-13　宁夏贺兰山国家级自然保护区管理站草地生态系统滞纳 PM$_{10}$ 量

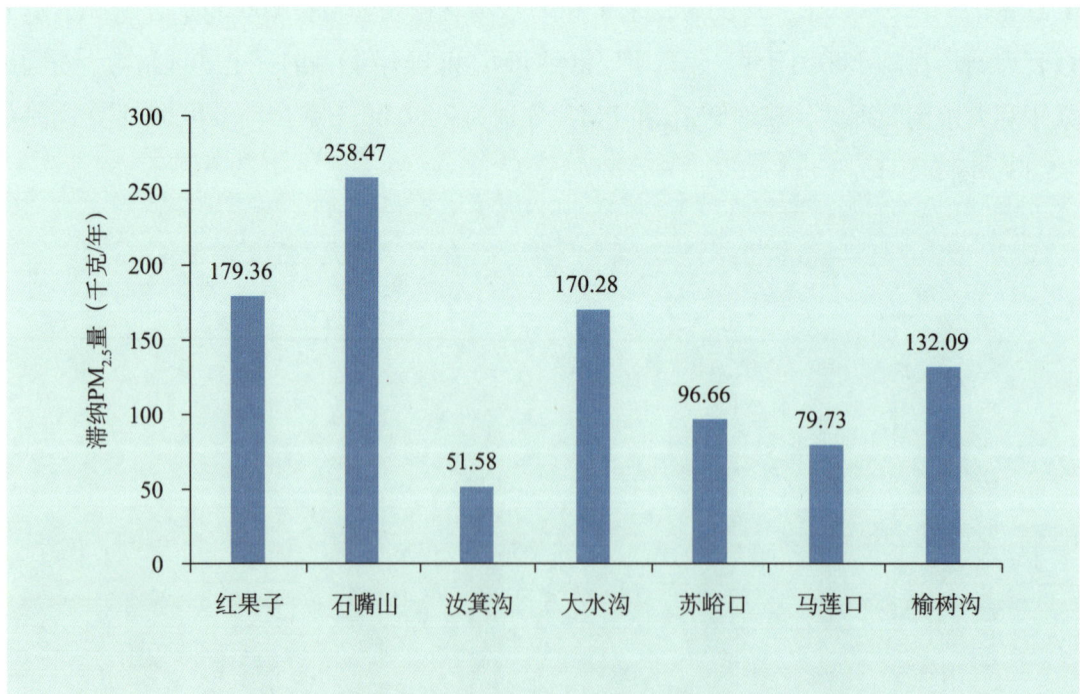

图 5-14　宁夏贺兰山国家级自然保护区管理站草地生态系统滞纳 PM$_{2.5}$ 量

　　草本养分固持从无机环境中获得必需的营养物质，以维持自身的生长发育，这主要是通过生态系统的营养物质循环来实现的，在生物库、凋落物库和土壤库之间进行。其中，生物与土壤之间的养分交换过程是最主要的过程，同时也是植物进行初级生产的基础，对维持

生态系统的功能和过程十分重要。宁夏贺兰山国家级自然保护区各管理站草地生态系统草本养分固持物质量如图 5-15 至图 5-17 所示。其中，石嘴山、红果子和大水沟管理站草本养分固持功能物质量最高，均在 400 吨 / 年以上。

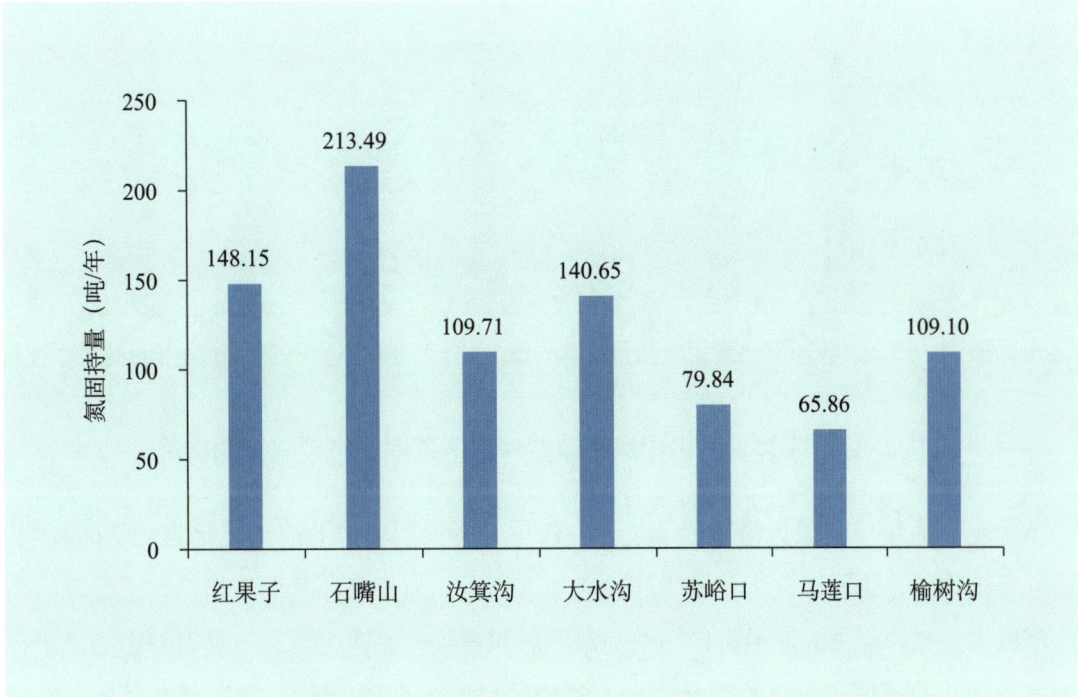

图 5-15　宁夏贺兰山国家级自然保护区草地生态系统氮固持量

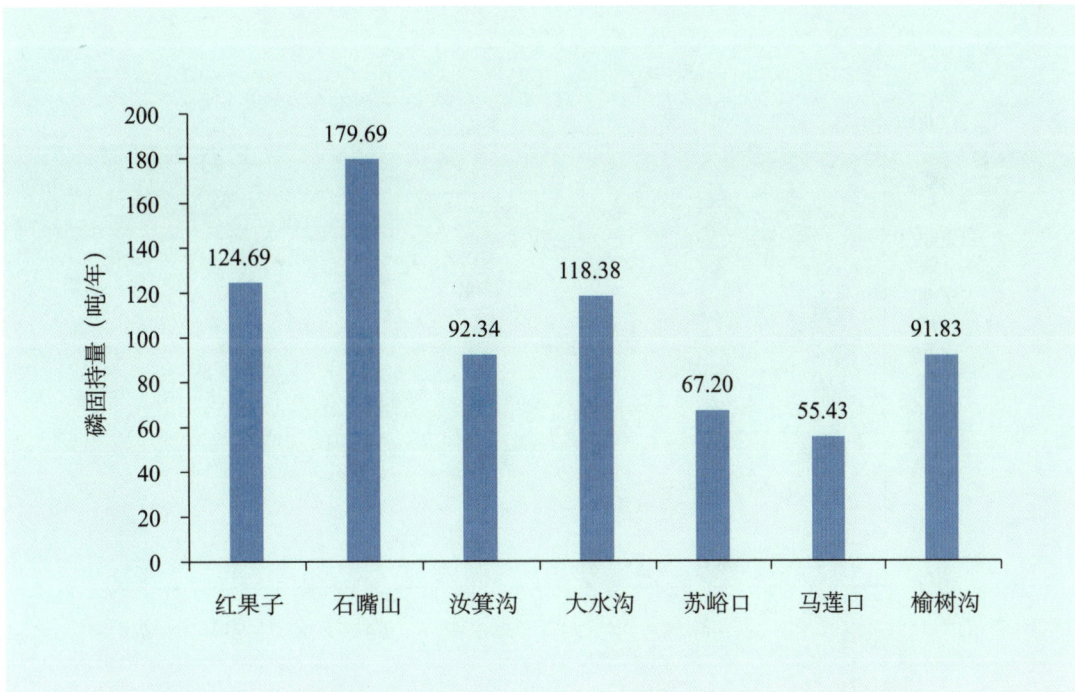

图 5-16　宁夏贺兰山国家级自然保护区草地生态系统磷固持量

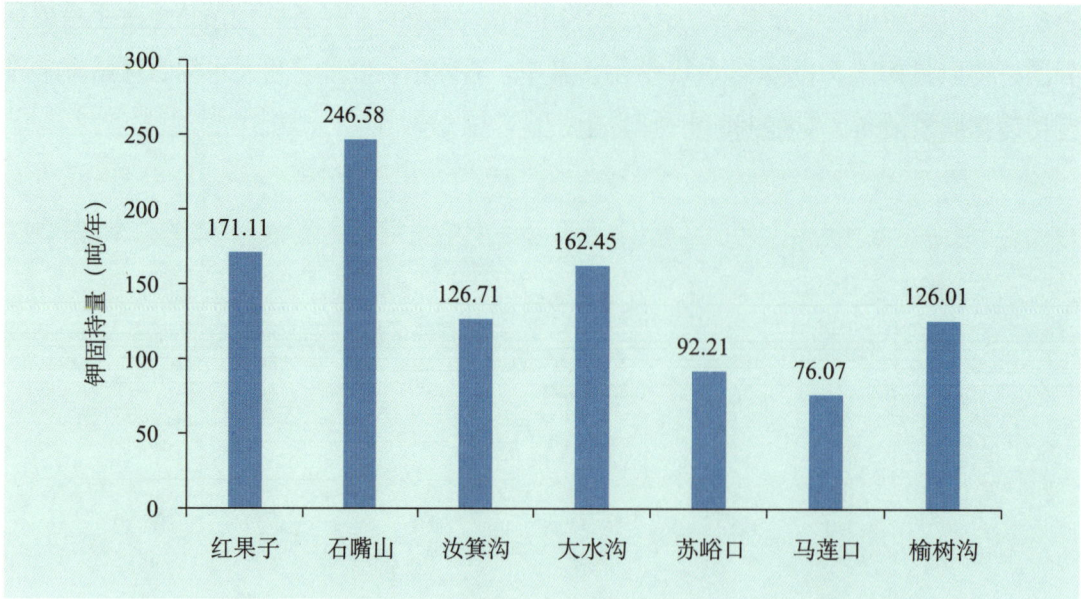

图 5-17　宁夏贺兰山国家级自然保护区草地生态系统钾固持量

草地生态系统中的绿色植物能通过光合作用，将太阳辐射的能量转化为化学能和热能，动物再将植物的化学能转化为机械能和热能加以利用，为人类和其他生物提供了最原始的能量。草地生态系统提供的产品可以归纳为草产品和畜牧产品两大类。宁夏贺兰山国家级自然保护区草地生态系统产品以草产品为主，其物质量如图 5-18 所示。提供草产品最多的是石嘴山管理站，其次为红果子、大水沟管理站，上述管理站提供草产品量均在 9300.00 吨 / 年以上，占比达到 57.95%。

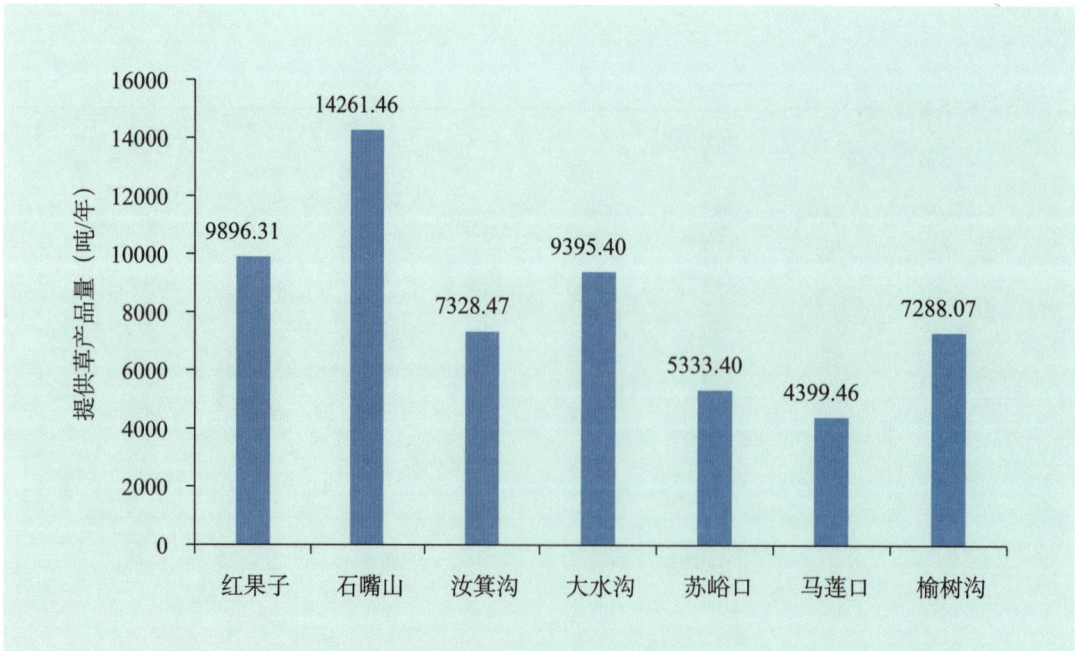

图 5-18　宁夏贺兰山国家级自然保护区草地生态系统提供草产品量

第二节　草地生态产品价值量

一、草地生态产品价值量评估总结果

2022 年，宁夏贺兰山国家级自然保护区草地生态产品总价值量约为 15.18 亿元 / 年（表 5-3）。其中，保育土壤功能价值量最大，其次为生境提供和涵养水源功能，上述功能占总价值量的 84.64%。

表 5-3　2022 年宁夏贺兰山国家级自然保护区草地生态产品价值量

功能项	保育土壤	草本养分固持	涵养水源	固碳释氧	净化大气环境	提供产品	生境提供	合计
价值量（亿元/年）	51417.59	3092.98	36905.01	10615.70	917.99	8685.38	40126.40	151761.05
占比（%）	33.88	2.04	24.32	7.00	0.60	5.72	24.32	100.00

宁夏贺兰山国家级自然保护区独特的地理位置决定了其既是我国主要的风沙源区，又是北方重要的生态安全屏障。它位于黄土高原丘陵沟壑区、阴山—贺兰山防风固沙区的交汇地带，在全国生态安全战略格局中处于北方防沙带，是重要的生态屏障。草地生态系统植物贴地面生长，能很好地覆盖地面，增加下垫面的粗糙程度，降低近地表风速，从而可以减少风蚀作用的强度。研究表明，当草原植被盖度为 30% ~ 50% 时，近地面风速可削弱 50%，地面输沙量仅相当于流沙地段的 1%。在干旱、多风、土壤贫瘠等条件下，草本植物较易生长。随着流动沙丘上草本植被的生长，沙丘逐渐由流动向半固定、固定状态演替，最终形成固定沙丘、沙地，有效控制沙尘源地，减少沙尘暴的发生发展。因此，该项功能是宁夏贺兰山国家级自然保护区草地生态系统的主导功能。

宁夏贺兰山国家级自然保护区草地生态产品价值量空间分布具有明显的差异性，除生境提供外，各管理站草地生态产品总价值量空间分布格局如图 5-19 所示。

二、管理站草地生态产品价值量评估结果

宁夏贺兰山国家级自然保护区各管理站草地生态产品价值量见表 5-4。总体以石嘴山管理站最高，在 2.70 亿元 / 年以上；红果子和大水沟管理站次之，在 1.80 亿元 / 年以上；以上区域价值量之和占全保护区草地生态产品价值量的 57.97%。

有研究通过分析牧草生产功能对各项影响因子的响应发现，牧草生产功能与年平均气温、海拔、聚合度、多样性指数等因子呈负相关，与植被覆盖度、年平均降水量、坡度、斑块密度、最大斑块指数、破碎度和 GDP 等影响因子呈正相关（刘亚红，2021）。进一步将牧草生产功能与各影响因子拟合发现，牧草生产能力随植被覆盖度的增加而增加。在一定的范围，牧草生产

能力随年平均降水量的增加而增加，当增加到一定值后，保持相对的平稳状态。在一定的温度范围内，牧草生产能力随年平均气温的增高而降低，随斑块密度的下降而下降，与多样性指数呈现先增高后下降的趋势。根据熵值法将各项因子赋权重，对各指标相关系数加权发现，影响草地生产功能的关键因素包括GDP、植被覆盖度、斑块密度、年平均降水量和聚合度等。

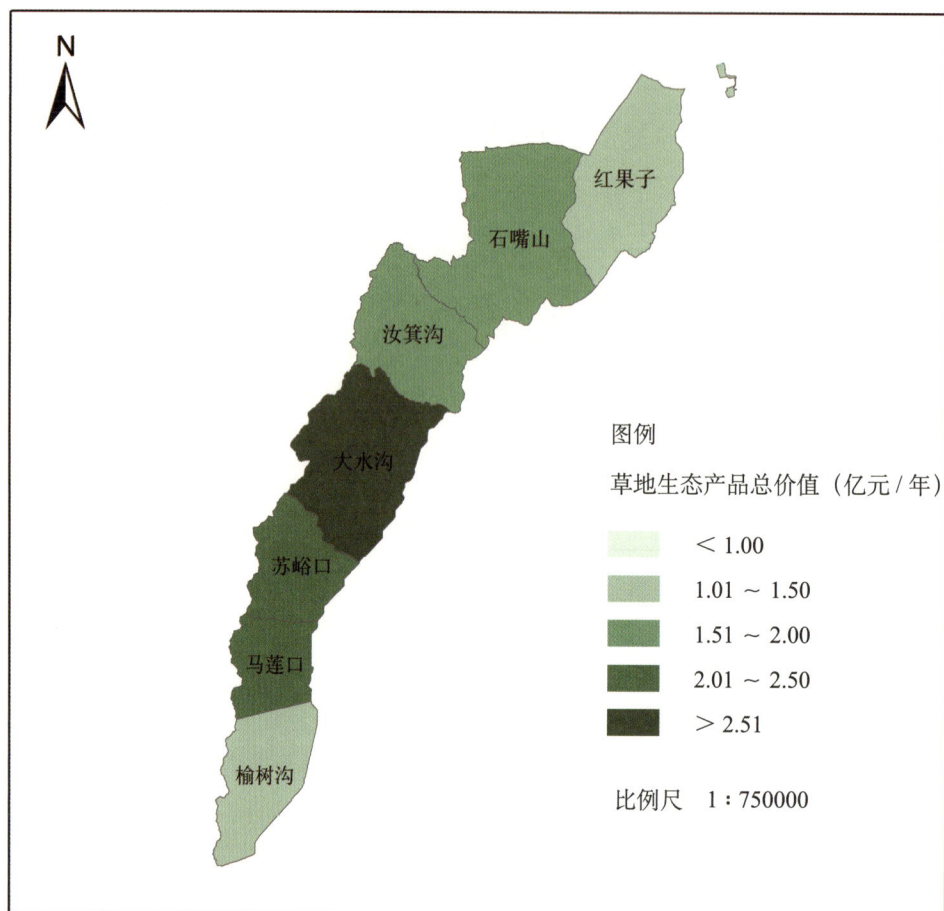

图 5-19　宁夏贺兰山国家级自然保护区草地生态产品价值量空间分布

表 5-4　2022 年宁夏贺兰山国家级自然保护区管理站草地生态产品价值量评估结果

管理站	保育土壤（亿元/年）	草本养分固持（亿元/年）	涵养水源（亿元/年）	固碳释氧（亿元/年）	净化大气环境（亿元/年）	提供产品（亿元/年）	生境提供（亿元/年）	总计（亿元/年）
红果子	8787.94	528.63	6307.55	1814.36	163.44	1484.45		
石嘴山	12664.20	761.80	9089.74	2614.66	235.54	2139.22		
汝箕沟	6507.70	391.47	4670.90	1343.58	82.73	1099.27		
大水沟	8343.13	501.87	5988.29	1722.52	155.17	1409.30	—	—
苏峪口	4736.07	284.89	3399.32	977.81	88.08	800.01		
马莲口	3906.73	235.01	2804.06	806.59	72.66	659.92		
榆树沟	6471.82	389.31	4645.15	1336.18	120.37	1093.21		
合计	51417.59	3092.98	36905.01	10615.70	917.99	8685.38	40126.40	151761.05

　　草地生态系统不仅具有较高的渗水性，还能截留降水、保水，尤其是对于干旱地区的水循环与水资源的合理利用发挥着重要的绿色"水库"功能。宁夏贺兰山国家级自然保护区各区域草地生态系统绿色"水库"功能价值量空间分布如图 5-20 所示，整体呈现出北部区域较高、南部区域较低的特征。其中，石嘴山管理站涵养水源价值量最高，其次是红果子和大水沟管理站。通过分析涵养水源功能对各项影响因子的响应发现，涵养水源功能与年平均气温、海拔、聚合度、破碎度、多样性指数和 GDP 等因子呈负相关，与植被覆盖度、年平均降水量、坡度、斑块密度、最大斑块指数、生物量等影响因子呈正相关。进一步将涵养水源功能与各影响因子拟合发现，决定系数表明水源涵养功能与各因子之间的关系存在一定的差异性。涵养水源功能随植被覆盖度、年平均降水量和生物量的增加而增加。在一定的范围，随坡度、人口数量和 GDP 等因素呈现先增加，超过范围后，呈现下降的趋势。根据熵值法将各项因子赋权重，对各指标相关系数加权发现，影响草地水源涵养功能的关键因素是生物量、植被覆盖度、斑块密度、GDP 和年平均降水量等。

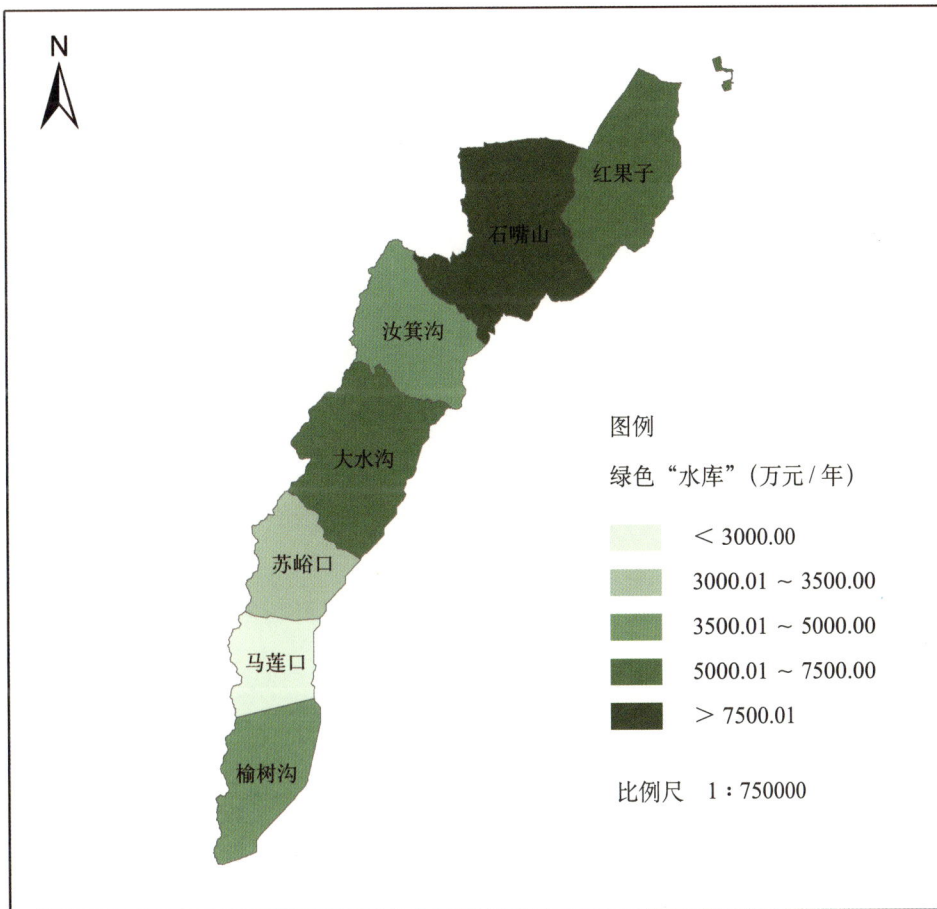

图 5-20　宁夏贺兰山国家级自然保护区草地生态系统绿色"水库"空间分布

　　通过分析保育土壤功能对各项影响因子的响应发现，保育土壤功能与年平均气温、斑块密度、最大斑块占比和 GDP 等因子呈负相关，与年平均降水量、海拔、坡度、聚合度、

破碎度、多样性指数、植被覆盖度、生物量等影响因子呈正相关。进一步将保育土壤功能与各影响因子拟合发现，决定系数表明保育土壤功能与各因子之间的关系存在一定差异性。保育土壤功能随植被覆盖度、生物量、坡度和海拔的增加而增加。在一定范围内保育土壤功能与年平均气温和多样性指数等呈现先增高，超过范围后呈下降的趋势。根据熵值法将各项因子赋权重，对各指标相关系数加权发现，影响草地保育土壤功能的关键因素是生物量、GDP、植被覆盖度、坡度和海拔等。

　　草地植物通过光合作用吸收二氧化碳，呼吸作用释放氧气，草地生态系统吸收大量的碳作为土壤有机质并储存在土壤中，对保持大气平衡、维持人类正常生活起着基本的绿色"碳库"功能。宁夏贺兰山国家级自然保护区各区域草地生态系统绿色碳库功能价值量空间分布如图 5-21 所示，由于草地生态系统碳积累量较大，当草地被破坏时会对全球的气候变化产生重大影响，因此草地保护工作不容懈怠。通过分析草地固碳功能对各项影响因子的响应发现，固碳功能与年平均气温、海拔、聚合度、多样性指数等因子呈负相关，与植被覆盖度、年平均降水量、坡度、斑块密度、最大斑块指数、破碎度和 GDP 等影响因子呈正相关。固碳功能随植被覆盖度的增加而增加。在一定的范围，其随年平均降水量的增加而增加，当

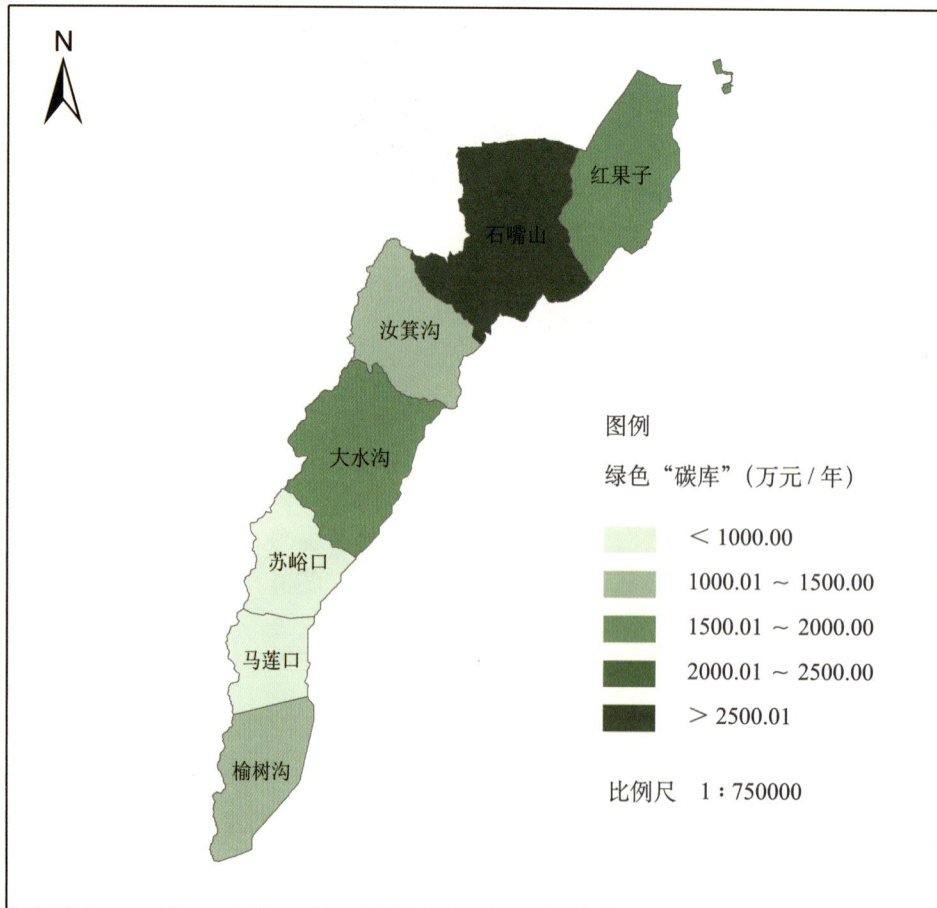

图 5-21　宁夏贺兰山国家级自然保护区草地生态系统绿色"碳库"空间分布

增加到一定值后，保持相对的平稳状态。在研究的温度范围内，固碳能力随年平均气温的增高而降低，随斑块密度下降而下降，与多样性指数呈现先增高后下降的趋势。根据熵值法将各项因子赋权重，对各指标相关系数加权发现，影响固碳功能的关键因素是生物量、GDP、植被覆盖度、斑块密度和年平均降水量等。由于草地生态系统碳积累量较大，当草地被破坏时会对全球的气候变化产生重大影响，因此草地保护工作不容懈怠。

草地中有很多植物对空气中的一些有害气体具有吸收转化能力，同时还具有吸附尘埃、净化空气的作用。草地生态系统在为地区提供清洁空气、保护人体健康方面发挥重要的治污减霾"氧库"功能。在当前日益严重的环境污染状况下，较大面积的草地对空气净化起到重要的作用。此外，草地生物多样性是维持区域草地生态系统稳定和生产的基础，草地生态系统"基因库"功能不仅关系着全球生态系统健康，也是当地物质生活的基础。宁夏贺兰山国家级自然保护区各区域草地生态系统绿色"氧库"功能价值量空间分布如图5-22所示。由于海拔的变化引起降水、温度等差异，从而影响土壤水分等，进而形成不同的植物群落，由于影响草本分布的因素较多，草地群落物种多样性随海拔梯度变化的规律非常复杂，不同研究尺度上得出的结果不尽相同。在低海拔处草地离居民点较近，受人和牲畜的影响较大，受

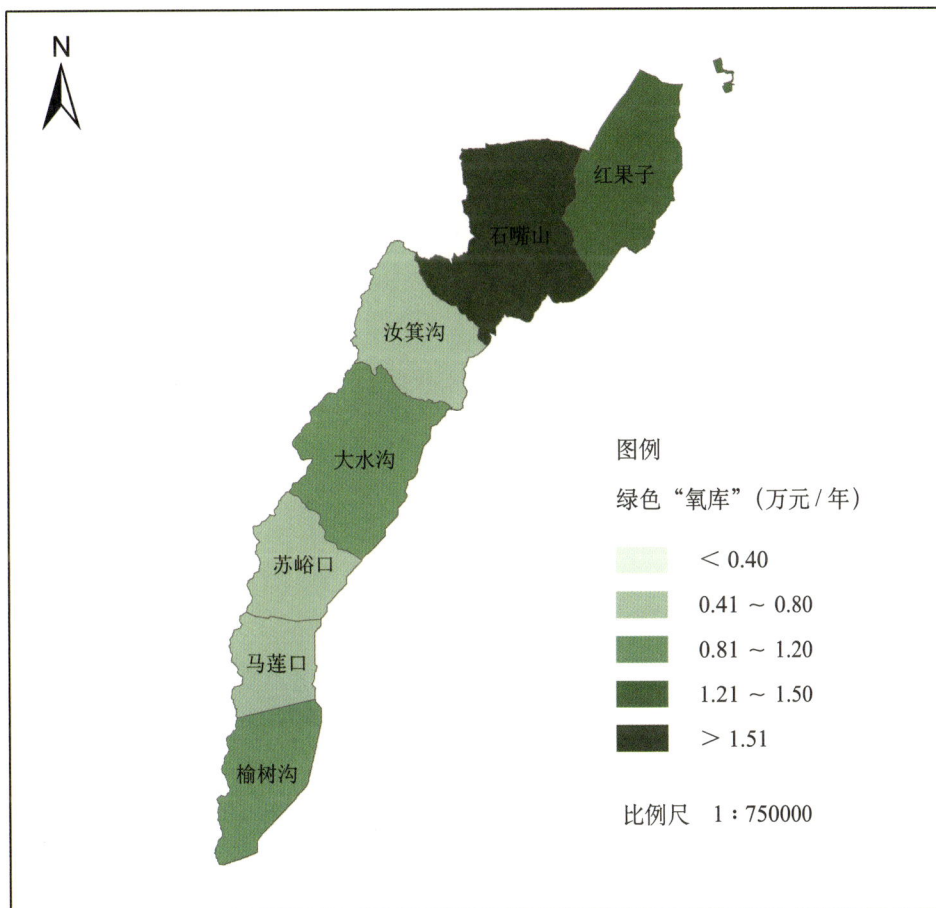

图 5-22　宁夏贺兰山国家级自然保护区草地生态系统绿色"氧库"空间分布

降水的限制，导致物种多样性较低。在高海拔地区，气温逐渐降低，使非耐寒草本植物减少，物种多样性相应降低。而在中等海拔处，一方面由于人为干扰因素大大降低，草地植物群落生长旺盛；另一方面，具备植物生长所需要的适宜水热条件，因此物种多样性较高。由此可知，低海拔区域草地植被的保护对于草地生产力的维持和生物多样性的稳定发展具有重要的意义。

第六章

宁夏贺兰山国家级自然保护区
森林全口径碳中和

　　2020 年 9 月，习近平总书记在第七十五届联合国大会一般性辩论上宣布，"中国将提高国家自主贡献力度，采取更加有力的政策和措施，二氧化碳排放力争于 2030 年前达到峰值。努力争取 2060 年前实现碳中和"。2021 年 11 月，在格拉斯哥气候大会前，我国正式将其纳入新的国家自主贡献方案并提交联合国。碳达峰是指我国碳排放量将于 2030 年前达到峰值，并进入平稳期，其间虽有波动，但总体保持下降趋势；碳中和是指通过采取除碳等措施，使碳清除量与排放量达到平衡，即中和状态。碳达峰与碳中和一起，简称"双碳"。实现"双碳"目标是党中央经过深思熟虑作出的重大战略决策，事关中华民族永续发展和构建人类命运共同体。

> 　　碳达峰（peak carbon dioxide emissions）：广义来说，碳达峰是指某一个时点，二氧化碳的排放不再增长达到峰值，之后逐步回落。根据世界资源研究所的介绍，碳达峰是一个过程，即碳排放首先进入平台期并可以在一定范围内波动，之后进入平稳下降阶段。

> 　　碳中和（carbon neutrality）：是指企业、团体或个人测算在一定时间内直接或间接产生的温室气体排放总量，通过植树造林、节能减排等形式，抵消自身产生的二氧化碳排放量，实现二氧化碳"零排放"。

　　目前，实现"双碳"目标已纳入《中共中央关于制定国民经济和社会发展第十四个五年规划和二○三五年远景目标的建议》。实现碳中和的两个决定因素是碳减排和碳增汇，虽

然碳捕获利用与封存（carbon capture utility and storage，CCUS）也有所贡献，但目前而言，其实现大规模的实际应用存在很大困难，短期内不会成为碳固存的主要方式。

> 碳捕获利用与封存（carbon capture utility and storage，CCUS）：是指通过物理、化学和生物学的方法进行二氧化碳的捕集、封存与利用。

因此，本章针对宁夏贺兰山国家级自然保护区森林资源的特点，基于宁夏林业调查规划院提供的宁夏贺兰山国家级自然保护区森林、草地资源数据与第三次全国国土调查数据对接融合得到的资源数据、中国森林生态系统定位观测研究网络（CFERN）的长期观测数据，应用森林全口径碳中和研究方法，对宁夏贺兰山国家级自然保护区森林植被全口径碳中和进行精准分析。

第一节　森林全口径碳中和理论

随着人类社会的发展，温室气体的大量排放引起了严重的全球气候变化问题。2020 年 9 月 22 日，在第七十五届联合国大会一般性辩论上，中国向全世界宣布将提高国家自主贡献力度，采取更加有力的政策和措施，二氧化碳排放力争于 2030 年前达到峰值，努力争取 2060 年前实现碳中和。森林作为陆地生态系统的重要组成部分，包含了陆地生物圈 45% 以上的碳，在全球碳平衡中扮演了重要角色。IPCC 报告指出，1995—2005 年全球森林吸收了 60 亿 ~ 87 亿碳，相当于同时期化石燃料燃烧排放二氧化碳的 12% ~ 15%（IPCC，2007）。精准评价森林生态系统的碳汇能力，对于实现"3060"碳减排目标尤为重要。

一、理论基础

目前，森林生态系统碳汇的测算研究主要有生物量换算、森林生态系统碳通量测算和遥感测算三种主要途径。其中，基于生物量换算途径的森林碳储量测算方法主要有样地实测法（Brown et al.，1982；Preece et al.，2015）、材积源生物量法（Fang et al.，1998；Zhou et al.，2002；Segura et al.，2005；林卓，2016）；基于森林生态系统碳通量途径的测算方法是净生态系统碳交换法（Markkanen et al.，2001；陈文婧，2013）；基于遥感测算途径的测算方法是遥感判读法（Hansen et al.，2000；Dong et al.，2003；Li et al.，2015）。其中，样地实测法由于直接、明确、技术简单，省去了不必要的系统误差和人为误差，可以实现森林碳汇的精确测算（Whittaker et al.，1975）。

> 样地实测法（measurement of sample plot）：是指在固定样地上用收获法连续调查森林的碳储量，通过不同时间间隔的碳储量的变化，测算森林生态系统的碳汇功能。

传统的碳汇监测计量方法学存在缺陷，即推算森林碳汇量采用的材积源生物量法是通过森林蓄积量增量进行计算的，一些森林碳汇资源并未被统计其中（王兵，2021）。主要体现在以下三方面：

其一，森林蓄积量没有统计特灌林和竹林，只体现了乔木林的蓄积量，而仅通过乔木林的蓄积量增量来推算森林碳汇量，忽略了特灌林和竹林的碳汇功能。历次全国森林资源清查期间我国有林地及其分量（乔木林、经济林和竹林）面积的统计数据见表6-1。我国有林地面积近40年增长了10292.31万公顷，增长幅度为89.28%。有林地面积的增长主要原因是造林。历次全国森林资源清查期间的全国造林面积均保持在2000万公顷/5年之上。Chen等（2019）的研究也证明了造林是我国增绿量居于世界前列的最主要原因。近40年来，我国竹林面积处于持续的增长趋势，增长量为309.81万公顷，增长幅度为93.49%；灌木林地（特灌林＋非特灌林灌木林）面积亦处于不断增长的过程中，近40年其面积增长了5倍。竹林是森林资源中固碳能力最强的植物，在固碳机制上，属于碳四（C₄）植物，而乔木林属于碳三（C₃）植物。虽然没有灌木林蓄积量的统计数据，但我国特灌林面积广袤，也具有显著的碳中和能力。

表6-1 历次全国森林资源清查期间全国有林地面积

清查期	年份	有林地（万公顷）			
		合计	乔木林	经济林	竹林
第二次	1977—1981年	11527.74	10068.35	1128.04	331.35
第三次	1984—1988年	12465.28	10724.88	1374.38	366.02
第四次	1989—1993年	13370.35	11370	1609.88	390.47
第五次	1994—1998年	15894.09	13435.57	2022.21	436.31
第六次	1999—2003年	16901.93	14278.67	2139	484.26
第七次	2004—2008年	18138.09	15558.99	2041	538.1
第八次	2009—2013年	19117.5	16460.35	2056.52	600.63
第九次	2014—2018年	21820.05	17988.85	3190.04	641.16

第九次全国森林资源清查结果显示，我国竹林面积641.16万公顷、特灌林面积3192.04万公顷。竹林是世界公认的生长最快的植物之一，具有爆发式可再生生长特性，蕴含着巨大的碳汇潜力，是林业应对气候变化不可或缺的重要战略资源（张红燕等，2020）。研究表明，

毛竹年固碳量为 5.09 吨 / 公顷，是杉木林的 1.46 倍，是热带雨林的 1.33 倍，同时每年还有大量的竹林碳转移到竹材产品碳库中长期保存（武金翠等，2020）。灌木是森林和灌丛生态系统的重要组成部分，地上枝条再生能力强，地下根系庞大，具有耐寒、耐热、耐贫瘠、易繁殖、生长快的生物学特性（曹嘉瑜等，2020）。尤其是在干旱、半干旱地区，生长灌木林的区域是重要的生态系统碳库，对减少大气中二氧化碳含量具有重要作用。

其二，疏林地、未成林造林地、非特灌林灌木林、苗圃地、荒山灌丛、城区和乡村绿化散生林木也没在森林蓄积量的统计范围之内，它们的碳汇能力也被忽略了。

第九次全国森林资源清查结果显示，我国疏林地面积为 342.18 万公顷、未成林造林地面积为 699.14 万公顷、非特灌林灌木林面积为 1869.66 万公顷、苗圃地面积为 71.98 万公顷、城区和乡村绿化散生林木株数为 109.19 亿株（因散生林木具有较高的固碳速率，可以相当于 2000 万公顷森林资源的碳中和能力）。疏林地是指附着有乔木树种，郁闭度在 0.1 ~ 0.19 的林地。其郁闭度过低的特点，恰恰说明其活立木种间和种内竞争比较微弱，而其生长速度较快的事实，又体现了其较强的碳汇能力。未成林造林地是指人工造林后，苗木分布均匀，尚未郁闭但有成林希望或补植后有成林希望的林地，是提升森林覆盖率的重要潜力资源之一，其处于造林的初始阶段，也是林木生长的高峰期，碳汇能力较强。苗圃地是繁殖和培育苗木的基地，由于其种植密度较大，碳密度必然较高。有研究表明，苗圃地碳密度明显高于未成林造林地和四旁树，其固碳能力不容忽视。城区和乡村绿化散生林木几乎不存在生长限制因子，生长速度更接近于生产力的极限，也意味着其固碳能力十分强大。

其三，森林土壤碳库是全球土壤碳库的重要组成部分，也是森林生态系统中最大的碳库。森林土壤碳含量占全球土壤碳含量的 73%，森林土壤碳含量是森林生物量的 2 ~ 3 倍（周国模等，2006），它们的碳汇能力同样被忽略了。土壤中的碳最初来源于植物通过光合作用固定的二氧化碳，在形成有机质后通过根系分泌物、死根系或者枯枝落叶的形式进入土壤层，并在土壤中动物、微生物和酶的作用下，转变为土壤有机质存储在土壤中，形成土壤碳汇（王谢，2015）。有研究表明，成熟森林土壤可发挥持续的碳汇功能，土壤表层 20 厘米有机碳浓度呈上升趋势（Zhou et al.，2006）。

基于上述分析，中国森林资源核算第三期研究结果中提出了全口径碳汇新理念，结果显示，我国森林全口径碳中和每年达 4.34 亿吨碳当量。其中，黑龙江、云南、广西、内蒙古和四川的森林全口径碳中和量居全国前列，占全国森林全口径碳中和量的 43.88%。

森林碳汇资源能够提供碳汇功能的森林资源，包括乔木林、竹林、特灌林、疏林地、未成林造林地、非特灌林灌木林、苗圃地、荒山灌丛、城区和乡村绿化散生林木等。森林植被全口径碳汇除了包括传统森林资源（乔木 + 特灌林）外，还包括上述提及的森林碳汇资源，其计算公式如下：

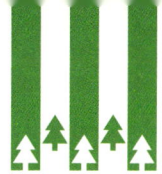

$$G_全 = G_乔 + G_竹 + G_特 + G_疏 + G_未 + G_苗 + G_{四,散} + G_灌 + G_土 \tag{6-1}$$

式中：$G_全$——森林植被全口径碳汇（吨／年）；

　　　　$G_乔$——乔木林碳汇（吨／年）；

　　　　$G_竹$——竹林碳汇（吨／年）；

　　　　$G_特$——特灌林碳汇（吨／年）；

　　　　$G_疏$——疏林地碳汇（吨／年）；

　　　　$G_未$——未成林造林地碳汇（吨／年）；

　　　　$G_苗$——苗圃地碳汇（吨／年）；

　　　　$G_{四,散}$——四旁树、散生木碳汇（吨／年）；

　　　　$G_灌$——其他灌木林碳汇（吨／年）；

　　　　$G_土$——森林土壤碳汇（吨／年）。

$G_乔$、$G_竹$、$G_特$、$G_疏$、$G_未$、$G_苗$、$G_{四,散}$、$G_灌$ 可由优势树种的净初级生产力（net primary production，NPP）计算得到，$G_土$可由单位面积林分土壤碳汇计算得到：

$$G_植物 = 0.445 \times A \times NPP \tag{6-2}$$

$$G_土 = A \times F_土 \tag{6-3}$$

式中：$G_植物$——$G_乔$、$G_竹$、$G_特$、$G_疏$、$G_未$、$G_苗$、$G_{四,散}$、$G_灌$（吨／年）；

　　　　A——林分面积（公顷）；

　　　　0.445——生物量与碳之间的转换系数；

　　　　$G_土$——森林土壤碳汇（吨／年）；

　　　　$F_土$——单位面积林分土壤年固碳量［吨／（公顷·年）］。

二、作用和意义

森林的不断扩张（即在森林达到稳定状态之前）已被确定为是增加碳储量和减缓气候变化的手段。生长速度快的物种与土地质量更好的区域不仅固碳速度快，还可以迅速生产出可利用的木材（UK National Ecosystem Assessment，2011）。基于以上分析和中国森林资源核算项目一期、二期、三期研究成果，王兵等（2021）提出了森林碳汇资源和森林全口径碳汇新理念。森林全口径碳汇能更全面地对我国的森林碳汇资源进行评估，避免我国森林生态系统碳汇能力被低估，同时还能彰显出我国林业在碳中和进程中的重要地位。

在2021年1月9日召开的中国森林资源核算研究项目专家咨询论证会上，中国科学院院士蒋有绪、中国工程院院士尹伟伦肯定了森林全口径碳中和这一理念，对森林生态系统服务功能价值核算的理论方法和技术体系给予高度评价。尹伟伦表示，生态价值评估方法和理

论，推动了生态文明时代森林资源管理多功能利用的基础理论工作和评价指标体系的发展。蒋有绪表示，固碳功能的评估很好地证明了中国森林生态系统在碳减排方面的重要作用，希望中国森林生态系统在碳中和任务中担当重要角色。

2020年3月15日，习近平总书记主持召开的中央财经委员会第九次会议强调，要把碳达峰碳中和纳入生态文明建设整体布局。全国森林全口径碳汇4.34亿吨碳当量折合15.91亿吨二氧化碳量计算，森林可以起到显著的固碳作用，对于生态文明建设整体布局具有重大的推进作用。

目前，我国人工林面积达7954.29万公顷，为世界上人工林面积最大的国家，其约占天然林面积的57.36%，但单位面积蓄积生长量仅为天然林的1.52倍，这说明我国人工林在森林碳汇方面起到了非常重要的作用。另外，我国森林资源中幼龄林面积占森林面积的60.94%，中幼龄林处于高生长阶段，具有较高的固碳速率和较大的碳汇增长潜力。由此可见，森林全口径碳汇将对我国碳达峰碳中和起到重要作用。

因此，在实现碳达峰目标与碳中和愿景的过程中，除了大力推动经济结构、能源结构、产业结构转型升级，还应进一步加强以完善陆地生态系统结构与功能为主线的生态系统修复和保护措施，加强森林碳汇资源的综合监测工作，掌握森林碳汇资源的分布、结构及其种类，增进森林碳汇资源的生态系统状况、功能效益及其演变规律长期监测水平，进而增强以森林生态系统为主体的森林全口径碳汇功能，提高林业在碳达峰目标与碳中和过程中的参与度，打造具有中国特色的碳中和之路。

第二节　森林全口径碳中和评估

一、宁夏贺兰山国家级自然保护区森林全口径碳汇

基于森林全口径碳汇评估方法，宁夏贺兰山国家级自然保护区森林生态系统森林全口径碳汇量如图6-1所示。本研究将全口径碳汇分为三部分，即乔木林植被层、森林资源土壤层（乔木林和特灌林）和其他森林植被层（非特灌林、疏林地、未成林造林地、苗圃地、散生木和四旁树等）。由于宁夏贺兰山国家级自然保护区不存在苗圃地、散生木、四旁树，因此不计入核算。宁夏贺兰山国家级自然保护区乔木林植被层固碳量最多，占总固碳量的54.24%。乔木林是森林生态系统发挥碳汇功能的主体，其固碳能力强弱是影响区域固碳能力的关键因素；其次为其他森林植被层，即灌木林、四旁树等，植物在生长过程中通过光合作用吸收二氧化碳并将其作为生物量固定在植物体中，从而降低大气中温室气体浓度，减缓气候变化。与此同时，土壤也是一个巨大的碳库，其固碳量的波动会对气候变化产生巨大影响。固定到土壤中的有机碳一部分会经过土壤微生物的分解转化，并以二氧化碳形式重新返

回到大气；剩余的有机质则经过多年累积转化成稳定的有机碳储存到土壤。

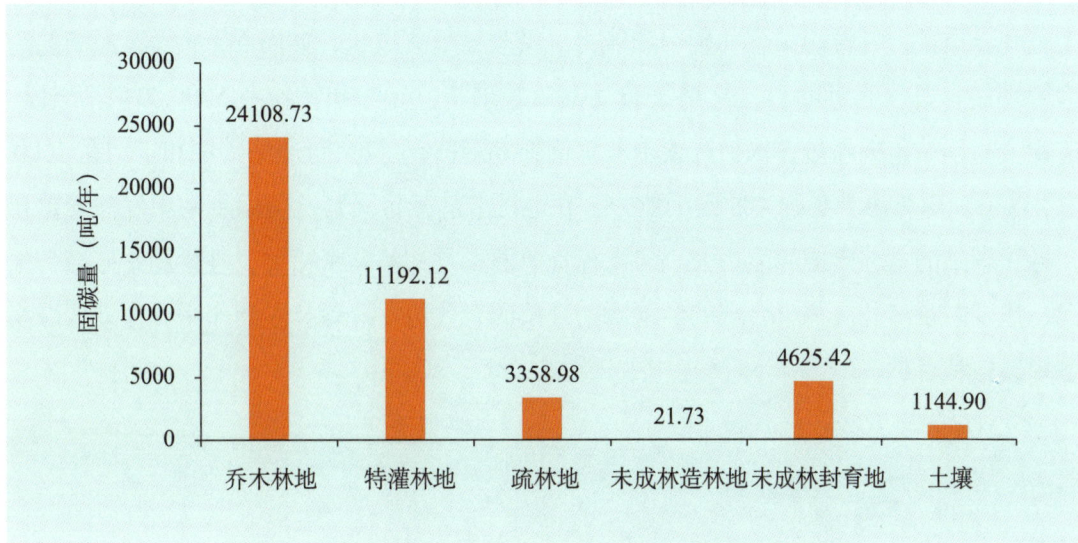

图 6-1　宁夏贺兰山国家级自然保护区全口径碳汇

　　结果显示，森林全口径碳汇量为 4.45 万吨／年，将宁夏贺兰山国家级自然保护区碳汇量折合成固定二氧化碳量需要乘以系数 3.67，宁夏贺兰山国家级自然保护区森林生态系统固定二氧化碳量为 16.33 万吨／年。根据《宁夏回族自治区统计年鉴（2023）》和《宁夏回族自治区统计年鉴（2022）》显示，2022 年贺兰县能源消费总量为 88.70 万吨标准煤，依据《火电厂节能减排手册》可知，每千克标准煤可产生二氧化碳 2.58 千克，换算后可得到二氧化碳排放量为 228.846 万吨，乘以二氧化碳中碳的含量 27.27%，可以得到 2022 年贺兰县碳排放量为 62.41 万吨。宁夏贺兰山国家级自然保护区森林生态系统固定二氧化碳量相当于中和了贺兰县碳排放量的 26.17%，显著发挥了森林碳中和作用（图 6-2），宁夏贺兰山国家级自然保护区是一个巨大的绿色"碳库"。森林生态系统不仅为其节能减排赢得了时间，也证明森林全口径碳汇能真实反映林业在生态文明建设战略总体布局中的作用和地位。

图 6-2　宁夏贺兰山国家级自然保护区森林全口径碳中和作用

二、宁夏贺兰山国家级自然保护区森林全口径碳中和空间分布

由于宁夏贺兰山国家级自然保护区森林资源分布状况不同，森林的碳中和能力也存在较大空间异质性。各管理站森林碳中和能力（吸收二氧化碳量）如图 6-3 所示，最高的为大水沟管理站，其次为苏峪口、红果子和马莲口管理站，碳中和量均在 5000.00 吨／年以上，上述 4 个管理站碳中和量占保护区碳中和总量的 83.58%；其余管理站碳中和量均在 4000.00吨／年以下。森林由于其强大的碳汇能力，在地区节能减排、营造美丽生活中发挥着重要作用。各管理站的森林碳中和能力大小与森林资源面积及林龄紧密相关，各管理站应结合生产状况，适度对森林开展科学合理的经营活动，从而有效地发挥森林固碳作用，推动区域实现碳达峰碳中和目标。

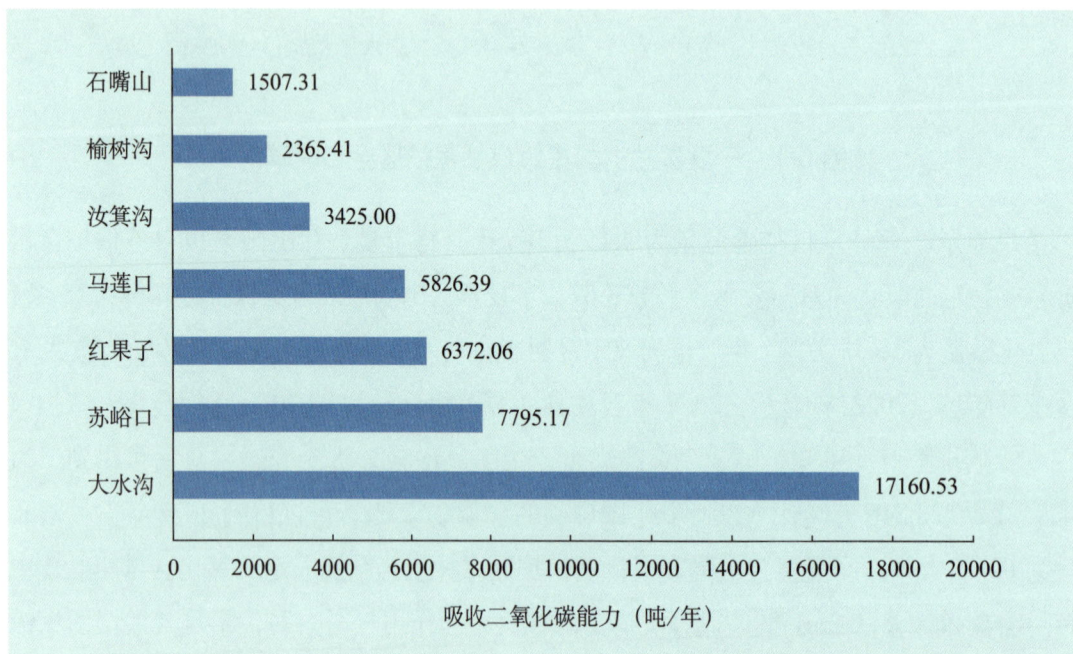

图 6-3　宁夏贺兰山国家级自然保护区各管理站森林全口径碳汇能力排序

第七章

宁夏贺兰山国家级自然保护区生态产品价值化实现

"生态产品"可以被看作是生态系统服务的中国升级版,其于2010年在《全国主体功能区规划》中首次提出,被定义为"维系生态安全、保障生态调节功能、提供良好人居环境的自然要素",一方面基于国际上生态系统服务研究成果,以生态系统调节服务为主;另一方面从人类需求角度出发,将清新空气、清洁水源等人居环境纳入其中,这对生态系统服务来说是一个巨大的提高。"产品"是作为商品提供给市场、供人们使用和消耗的物品,产品的生产目的就是通过交换转变成商品,而商品则是用来交换的劳动产品,产品进入交换阶段就成为商品。2021年4月26日,中共中央办公厅、国务院办公厅印发《关于建立健全生态产品价值实现机制的意见》指出:建立健全生态产品价值实现机制,是贯彻落实习近平生态文明思想的重要举措,是践行"绿水青山"就是"金山银山"理念的关键路径。生态产品价值实现是要把生态系统服务提供的、没有体现在GDP统计体系中的额外附加价值显现出来,把自然资产和生态产品纳入经济制度决策中,完善国民财富核算体系,让优美的生态环境成为经济发展新的"增长极"。因此,我国提出生态产品概念的战略意图就是要把生态环境转化为可以交换消费的生态产品,充分利用我国改革开放后在经济建设方面取得的经验、人才、政策等基础,用搞活经济的方式充分调动起社会各方开展环境治理和生态保护的积极性,让价值规律在生态产品的生产、流通与消费过程发挥作用,以发展经济的方式解决生态环境的外部不经济性问题。

森林生态系统是维护地球生态平衡最主要的一个生态系统,在物质循环、能量流动和信息传递方面起到了至关重要的作用。特别是森林生态系统服务发挥的绿色"水库"、绿色"碳库"、净化环境"氧库"和生物多样性"基因库"四个生态库功能,为经济社会的健康发展,尤其是人类福祉的普惠提升提供了生态产品保障。目前,国内对于森林生态产品价值的研究主要涉及实现路径、机制构建、价值转化、定量评估等方面,虽然通过探索取得了一定

研究成果,但针对森林生态产品价值实现的专项研究规模仍然不足,其丰富性、系统性和实用性有待进一步提高。目前,如何核算森林生态功能与其服务的转化率以及价值化实现,并为其生态产品设计出科学可行的实现路径,正是当今研究的重点和热点。本章基于大量的森林生态系统服务评估实践,开展价值化实现路径设计研究,以期为"绿水青山"向"金山银山"转化提供可复制、可推广的范式。

> 生态产品价值实现(ecosystem product value realization):是指将生态产品所蕴含的内在价值转化为经济效益、社会效益和生态效益的过程,是经济社会发展格局、城镇空间布局、产业结构调整和资源环境承载能力相适应的过程,有利于实现生产空间、生活空间和生态空间的合理布局。

第一节   生态产品特征分析

根据《宁夏回族自治区统计局(2023)》,宁夏贺兰山国家级自然保护区森林与草地生态产品总价值为 38.08 亿元(图 7-1),相当于 2022 年贺兰县 GDP(170.31 亿元)的 22.36%、宁夏林业总产值(11.48 亿元)的 3.32 倍左右。按生态系统类型划分,森林生态产品价值占保护区生态产品总价值量的 60.14%,草地生态系统占保护区生态产品的 39.86%;按生态系统服务类别划分,生态系统的支持服务、调节服务、供给服务和文化服务,分别占生态系统生态服务功能价值量的 24.30%、38.33%、35.04% 和 2.34%。随着科学技术的进步和商品经济的发展,人类一方面不断利用科学技术充分发挥生态环境中各物质要素的功能;另一方面则通过商品交换的方式,把生态环境中物质要素的使用价值转化为价值,从而实现经济效益。

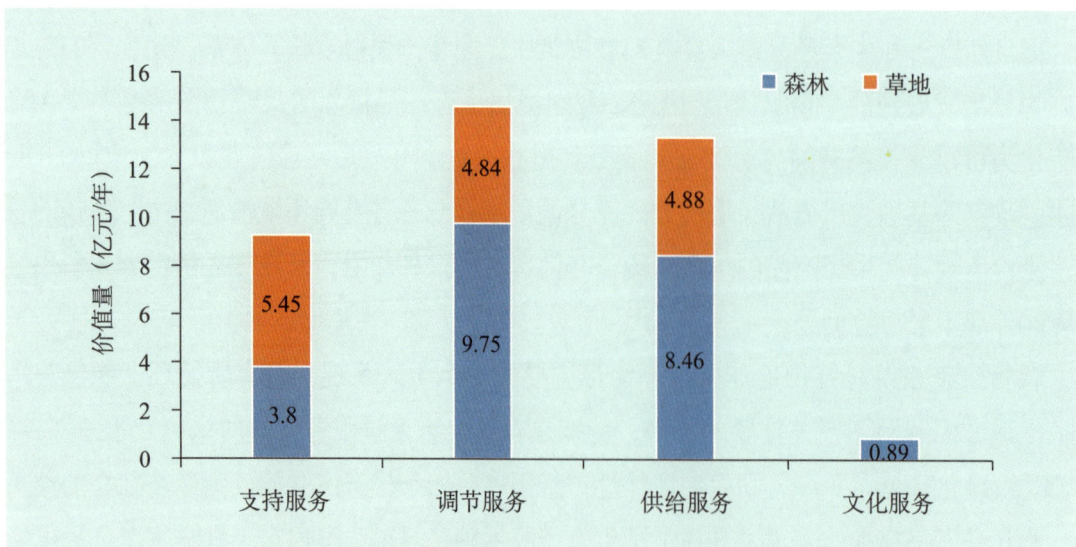

图 7-1   宁夏贺兰山国家级自然保护区森林与草地生态产品价值量

　　因各管理站森林、草地等资源禀赋差异，宁夏贺兰山国家级自然保护区各管理站生态产品价值量的排序较单一生态系统的服务功能价值量排序有所差别（图7-2）。

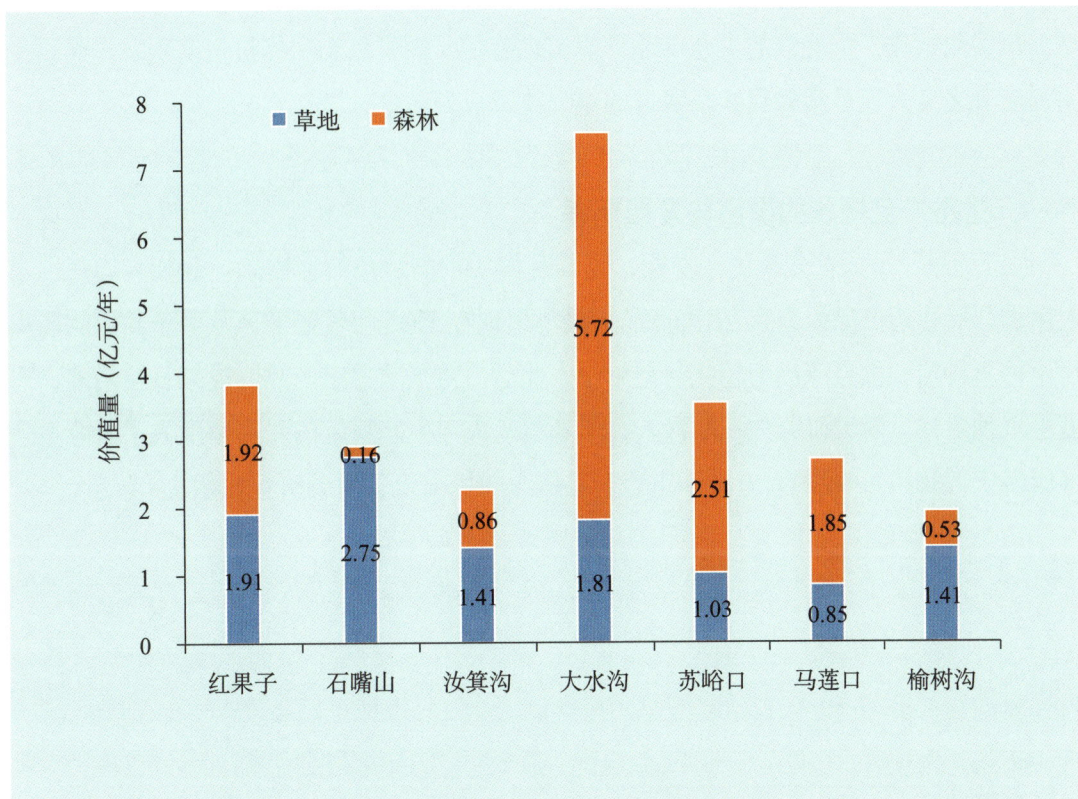

图7-2　宁夏贺兰山国家级自然保护区各管理站森林与草地生态产品价值量
注：各管理站森林生态产品价值不包含生物多样性保育价值和森林康养生境提供价值。

　　除国家重点保护野生动物物种保育价值和森林康养价值及生境提供外，大水沟管理站生态产品价值量最高（7.53亿元/年），是宁夏贺兰山国家级自然保护区唯一一个生态产品价值超5亿元/年的管理站。大水沟管理站地处在贺兰山北段，森林面积达1.16万公顷，占保护区森林面积的41.42%，森林蓄积量占总蓄积量的52.26%。通过全面停止天然林商业性采伐、天然林资源保护修复的实施，以及森林经营和管理，大水沟管理站森林、草地生态系统在维护当地的生物多样性、涵养水源、碳汇、保持水土等方面起到非常重要的作用。

第二节　生态产品价值化实现理论

　　党的十九大报告明确提出："既要创造更多物质财富和精神财富以满足人民日益增长的美好生活需要，也要提供更多优质生态产品以满足人民日益增长的优美生态环境需要。"因此，建立健全生态产品价值实现机制，既是贯彻落实习近平生态文明思想、践行"两山"理

念的重要举措，也是坚持生态优先、推动绿色发展、建设生态文明的必然要求。习近平总书记在深入推动长江经济带发展座谈会上强调，要积极探索推广绿水青山转化为金山银山的路径，选择具备条件的地区开展生态产品价值实现机制试点，探索政府主导、企业和社会各界参与、市场化运作、可持续的生态产品价值实现路径。探索生态产品价值实现，是建设生态文明的应有之义，也是新时代必须实现的重大改革成果。

一、生态产品概念的提出与发展历程

"生态产品"一词首先诞生于中国，是具有鲜明中国特色的新概念。起初，均是以学者个人角度开展生态产品研究，"生态产品"最早出现在 1985 年发表的《从黄土高原的历史变迁讨论种草种树和生态产品的转化问题》中。此后，对于"生态产品"成果日益增多，研究角度也多种多样。随着研究的不断深入，学者们从人与生态系统的关系角度入手研究生态产品（唐潜宁，2017）。我国官方关于生态产品概念的提出及其发展历程如图 7-3 所示。

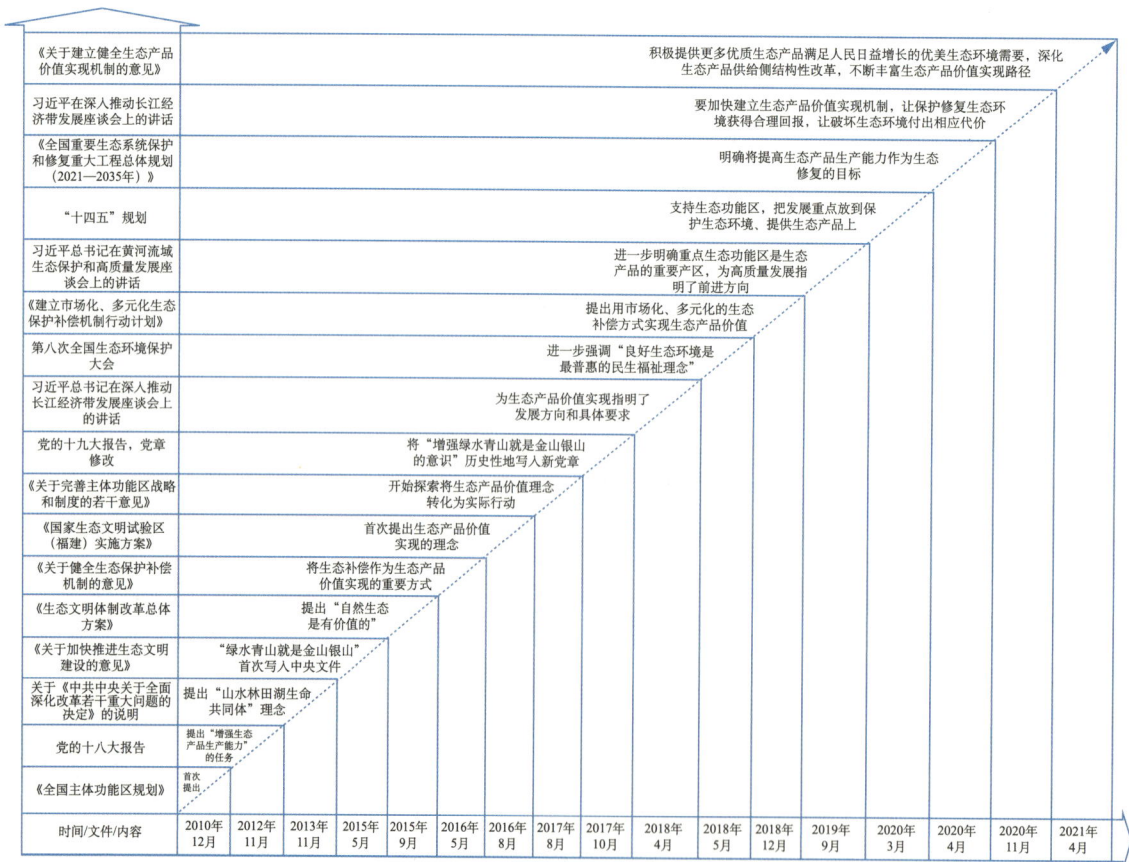

时间/文件/内容	内容说明	时间
《关于建立健全生态产品价值实现机制的意见》	积极提供更多优质生态产品满足人民日益增长的优美生态环境需要，深化生态产品供给侧结构性改革，不断丰富生态产品价值实现路径	2021年4月
习近平在深入推动长江经济带发展座谈会上的讲话	要加快建立生态产品价值实现机制，让保护修复生态环境获得合理回报，让破坏生态环境付出相应代价	2020年11月
《全国重要生态系统保护和修复重大工程总体规划（2021—2035年）》	明确将提高生态产品生产能力作为生态修复的目标	2020年4月
"十四五"规划	支持生态功能区，把发展重点放到保护生态环境、提供生态产品上	2020年3月
习近平总书记在黄河流域生态保护和高质量发展座谈会上的讲话	进一步明确重点生态功能区是生态产品的重要产区，为高质量发展指明了前进方向	2019年9月
《建立市场化、多元化生态保护补偿机制行动计划》	提出用市场化、多元化的生态补偿方式实现生态产品价值	2018年12月
第八次全国生态环境保护大会	进一步强调"良好生态环境是最普惠的民生福祉理念"	2018年5月
习近平总书记在深入推动长经济带发展座谈会上的讲话	为生态产品价值实现指明了发展方向和具体要求	2018年4月
党的十九大报告，党章修改	将"增强绿水青山就是金山银山的意识"历史性地写入新党章	2017年10月
《关于完善主体功能区战略和制度的若干意见》	开始探索将生态产品价值理念转化为实际行动	2017年8月
《国家生态文明试验区（福建）实施方案》	首次提出生态产品价值实现的理念	2016年8月
《关于健全生态保护补偿机制的意见》	将生态补偿作为生态产品价值实现的重要方式	2016年5月
《生态文明体制改革总体方案》	提出"自然生态是有价值的"	2015年9月
《关于加快推进生态文明建设的意见》	"绿水青山就是金山银山"首次写入中央文件	2015年5月
关于《中共中央关于全面深化改革若干重大问题的决定》的说明	提出"山水林田湖生命共同体"理念	2013年11月
党的十八大报告	提出"增强生态产品生产能力"的任务	2012年11月
《全国主体功能区规划》	首次提出	2010年12月

图 7-3　生态产品价值实现理念发展历程

2010 年发布的《全国主体功能区规划》中首次提出"生态产品"的概念，即维系生态安全、保障生态调节功能、提供良好人居环境的自然要素，包括清新的空气、清洁的水源和宜人的气候等。陈岳等（2021）根据经济学原理的相关释义，将生态产品分为具有一般

私人物品特征、具有公共资源特征、具有俱乐部物品特征和具有纯公共物品特征 4 个类别。廖茂林等（2021）基于产品的供给视角、消费视角、功能视角以及人与自然互动等 4 个方面对生态产品的分类进行了阐述。李忠（2021）在《全国主体功能区规划》中给出定义的基础上，将生态产品进行了更为深入的划分，阐述生态产品与生态标识产品、绿色产品的内在联系，认为生态产品产业链的下游产品为绿色产品和生态标识产品。自然资源部有关部门认为能够增进人类福祉的产品和服务来源于自然资源生态产品和人类的共同作用，这就是生态产品概念的内涵和外延（张兴等，2020）。张林波等（2021）将生态系统自然生长过程的生物生产与人类社会共同作用下，提供给人类使用和消费的产品或者服务称之为生态产品，其可以细化为共性生态产品、准公共生态产品和经营性生态产品三类。马晓妍等（2020）认为生态产品是指生态系统生产或由人类劳动共同参与生产，当前或者将来比较稀缺的，且能够进入人类经济活动的，具有使用价值或交换价值的产品、功能和效益等；沈辉和李宁（2021）认为生态产品是需要通过投入人类劳动及物质资源生产的最终产品或服务，具有整体性、公共性、外部性、时空可变性特征；王金南等（2021）同样将生态产品定义为生态系统通过生态过程或与人类社会生产共同作用为增进人类及自然可持续福祉提供的产品和服务。至此，生态产品的概念逐渐清晰，虽尚未形成统一或公认的概念，但对生态产品的基本内涵和属性的理解大致趋同，包括干净空气、清洁水源、宜人气候等在内的生态调节服务是狭义概念上的生态产品，而广义概念上的生态产品一方面包含由生态系统服务提供且难以通过市场交易实现其价值的产品；另一方面还应包括人类凝聚劳动并参与生产的产品，包括生态有机农畜产品、生态调节产品和生态文化产品三类，广义的生态产品概念更加能够突显生态产品多重价值属性（经济价值、生态价值、文化价值等）（苟延佳，2021）。

综上所述，本研究界定生态产品是指人类从生态系统中获得的各种惠益，是所有生态系统服务的集合。需要强调的是，生态产品是生态系统基于"可持续发展"的产出方式提供的产品。因此，不可再生的化石能源和矿产资源、大量使用化肥和农药的产品不属于生态产品。

二、生态产品价值化实现理论基础

生态产品价值实现的主要步骤可以概括为"算出来、转出去、管起来"，核心是要解决三个基本问题，即生态产品的价值到底有多大？怎样转化？如何保障？这就分别涉及生态产品价值核算、转化路径和政策创新。其中，价值核算是基础，转化路径是关键，政策创新是保障，相应的关键机制就包括生态产品价值实现的核算机制、转化机制和保障机制（陈光炬，2020）。国外没有"生态产品"的专业术语，与之类似的便为生态系统服务。生态系统服务维持地球上生命物质的生物地球化学循环与水文循环，维持生物物种的多样性，净化大气环境，是人类赖以生存和发展的基础。

　　森林、草地、湿地作为陆地生态系统的主体和最复杂的组成部分，对于维持全球生态系统平衡起到了至关重要的作用。同时，通过其自身的生态过程，向人类社会提供各种生态产品，包括涵养水源、固碳释氧、防风固沙、净化大气环境等。1970 年，严重环境问题研究（Study of Critical Environmental Problem，SCEP）首次将自然生态系统所提供的调控洪水、水土保持、土壤形成、昆虫控制及授粉、渔业、气候调节和物质循环等归纳为"服务"，标志着人类将生态系统服务真正作为科学问题来开展研究。Ehrlich（1981）提出了生物多样性降低对生态系统服务可能产生影响和科学技术能否替代自然生态系统服务的思考，随后 Ehrlich（1983）正式提出"生态系统服务"的概念。生态学家 Daily（1997）和 Costanza（1997）把生态系统服务定义为直接或间接增加人类福祉的生态特征、生态功能或生态过程，也就是生态系统形成和所维持的人类赖以生存和发展的环境条件和效用，这是最典型的生态系统服务定义。联合国千年生态评估的首个研究成果《生态系统与人类福利：评估框架》将生态服务定义为人类从生态系统中获取的效益（MA，2005），将生态服务视为自然产出物，不受人类活动影响（Wallace，2007）。国内的相关学者也进行了生态系统服务的分类和核算（表 7-1）。2020 年国家标准《森林生态系统服务功能评估规范》（GB/T 38582—2020）发布，标志着我国森林生态服务评估迈出了新的步伐，对增强人们的环境意识，加强林业建设在国民经济中的主导地位，健全生态效益补偿机制，推进森林资源保育，促进区域可持续发展，准确践行习近平生态文明思想具有十分重要的意义。

表 7-1　生态系统服务分类

来源	类型
Freeman （1993）	资源—环境服务价值、政府干预、私人对政府规章响应度、为获得资源—环境服务而输入的其他资源等四大类
Daily等 （1997）	缓解干旱和洪水、废物的分解和解毒、产生和更新土壤和土壤肥力、植物授粉、农业害虫的控制、稳定局部气候、支持不同的人类文化传统、提供美学和文化、娱乐等13 种类型
Costanza等 （1997）	水资源供给、水分调节、气候调节、气体调节、干扰调节、养分循环、控制侵蚀和沉积物保持、土壤形成、养分循环、废物处理、授粉、生物控制、食物生产、原材料、基因资源、提供避难所、娱乐、文化等18个类型
欧阳志云等 （1999）	产品和环境两大类及8个子类
赵同谦等 （2004）	森林生态系统服务功能主要包括提供产品、调节功能、文化功能和支持功能这4大类，共计13项功能
MA（2005）	供给、调节、文化和支持四大类服务，共计25个子类
UK National Ecosystem Assessment（2011）	供给、调节、文化和支持四大类服务，8大生态系统
国家林业和草原局 （2020）	供给、调节、文化和支持四大类服务，涵养水源、保育土壤、林木养分固持、固碳释氧、净化大气环境、森林防护、生物多样性保护、林木产品供给和森林康养等9项功能24项指标

近年来，国内外学者对各类生态系统服务进行了评估和价值核算，为生态产品价值实现奠定了基础。生态系统观测研究网络的快速发展，为生态产品精准化核算提供了良好的平台，尤其以中国森林生态系统定位观测研究网络（CFERN）的作用最为明显，王兵（2015）创新地构建了森林生态产品连续观测与清查技术体系（简称森林生态连清技术体系），该体系最大的特点就是有一套以国家标准为主体的森林生态连清技术体系，包括 GB/T 40053、GB/T 35377、GB/T 33057 和 GB/T 38582，保证了生态产品核算所需数据的科学性、可比性以及生态产品核算结果的可靠性。

依据森林生态连清技术体系，开展了不同尺度的生态产品核算工作：①国家尺度：国家林业和草原局从第七次森林资源清查开始已经连续 15 年开展了"中国森林生态系统服务功能评估与绿色核算项目"的研究以及成果发布，第七次、第八次和第九次森林资源清查我国森林生态系统服务总价值分别为 10.01 万亿元 / 年、12.68 万亿元 / 年和 15.88 万亿元 / 年；②省域及以下尺度：在全国选择 60 个省级及代表性地市、林区等开展森林生态系统服务评估实践，评估结果以"中国山水林田湖草生态产品监测评估及绿色核算"系列丛书的形式向社会公布；③生态工程尺度：开展了退耕还林（草）工程（6 期）和天然林资源保护工程（2 期）生态效益监测评估工作，并向社会发布了评估结果，形成了国家报告。此外，国家林业和草原局森林资源管理司依托国家林草生态综合监测，对生态空间（森林、草地和湿地）产品价值进行了核算，总价值超过 28 万亿元 / 年。以上研究，均为生态产品价值实现提供了充足理论基础。

三、生态产品价值体现方式

我国生态空间面积广阔，在水源涵养、土壤保持、防风固沙、洪水调蓄、固碳释氧、空气净化、气候调节、物种保育等方面发挥了重要作用，有力地维护了地区生态安全和物种多样性。特别是森林、草地、湿地的"负碳"作用，在"双碳"目标下得到了充分释放，在碳排放权交易市场中潜力巨大，作为综合效益最好的碳中和方案，林业碳汇已成为全社会关注的焦点。以上几方面价值基于森林、草地、湿地的自然特性和生态功能形成，属于生态系统服务研究范畴，现今其内涵逐渐得到延展和深化，成为生态产品价值的主要构成部分，承载并释放了巨大的生态价值量。由于这些产品的产权难以明晰，属于公共性生态产品，其价值主要依靠财政转移支付、政府补贴等生态补偿方式来实现。

生态产品的经济价值在市场中得到体现，由生态系统产出的各类物质资源（木质、非木质林产品）及服务，经过开发、利用和交易在市场中流通变现，"绿水青山"随即转化为"金山银山"。以这些产品为基础的产业多为林区的经济支柱，如木（竹）材加工、木本粮油、坚（浆）果、食用菌、山野菜、森林药材、森林养殖、水产品、草畜产品及旅游康养等。尤

其在森林"粮库"和"大食物观"发展理念之下，近年来森林食品产业发展迅猛，为林区经济社会发展提供了必要的物质供给，与之相关的加工、包装、仓储、物流、信息等产业也随之兴起，共同推动了区域经济发展和乡村振兴进程。这些产品的产权大多比较明确，其价值主要通过生态产业化、产业生态化和直接市场交易来实现。

生态空间生态产品还承载了丰富的社会服务价值，如依托国家公园、自然保护区、风景名胜区的森林、草地、湿地景观和动植物资源，构成了开展生态旅游、森林康养、自然教育的资源基础，发挥景观利用功能，体现生态文化精髓，满足公众对于教育、文化、娱乐等方面的多元需求，唤起人与自然和谐共生的生态意识，推动当地林区生态扶贫和乡村振兴进程，为区域经济发展、民生福祉增进、生态文明构建作出了积极贡献。

张林波等（2020）在大量国内外生态文明建设实践调研的基础上，总结分析近百个生态产品价值实现实践案例，从生态产品使用价值的交换主体、交换载体、交换机制等角度，归纳形成8大类和22小类生态产品价值实现的实践模式或路径，包括生态保护补偿、生态权益交易、资源产权流转、资源配额交易、生态载体溢价、生态产业开发、区域协同开发和生态资本收益等。国际上较为成功的案例：①法国国家公园进行了国家公园管理体制改革，使国家公园公共性生态产品价值附着在国家公园品牌产品上实现载体溢价，利用良好生态环境吸引企业投资、刺激产业发展是间接载体溢价模式；②瑞典森林经理计划在保证采伐量低于生长量的前提下开展经营；③德国"村庄更新"计划依托生物资源发展农村产业链；④法国毕雷矿泉水公司为保持水质向上游水源涵养区农牧民支付生态保护费用；⑤哥斯达黎加EG水公司为保证发电所需水量、减少泥沙淤积购买上游生态系统服务。

王兵等（2020）结合中国森林生态系统服务评估实践，设计了森林生态系统生态产品价值化实现路径，将森林生态系统的四大服务（支持服务、调节服务、供给服务、文化服务）的9大功能类别与10大类实现路径建立了功能与服务转化率高低和价值化实现路径可行性的大小关系（图7-4）。森林生态产品价值化实现路径可分为就地实现和迁地实现。就地实现是在生态系统服务产生区域内完成价值化实现，例如，固碳释氧、净化大气环境等生态功能价值化实现；迁地实现是在生态系统服务产生区域之外完成价值化实现，例如，大江大河上游森林生态系统涵养水源功能的价值化实现需要在中、下游予以体现。

为实现多样化的生态产品价值，需要建立多样化的生态产品价值实现途径。加快促进生态产品价值实现，需遵循"界定产权、科学计价、更好地实现与增加生态价值"的思路，有针对性地采取措施，更多运用经济手段最大程度地实现生态产品价值，促进环境保护与生态改善。本节基于宁夏贺兰山国家级自然保护区生态产品禀赋，结合生态产品价值化实现典型案例，设计宁夏贺兰山国家级自然保护区生态产品价值化实现路径，进而为管理者制定生态补偿措施，解决生态产品供给不足和市场需求无法满足的困境提供决策依据。

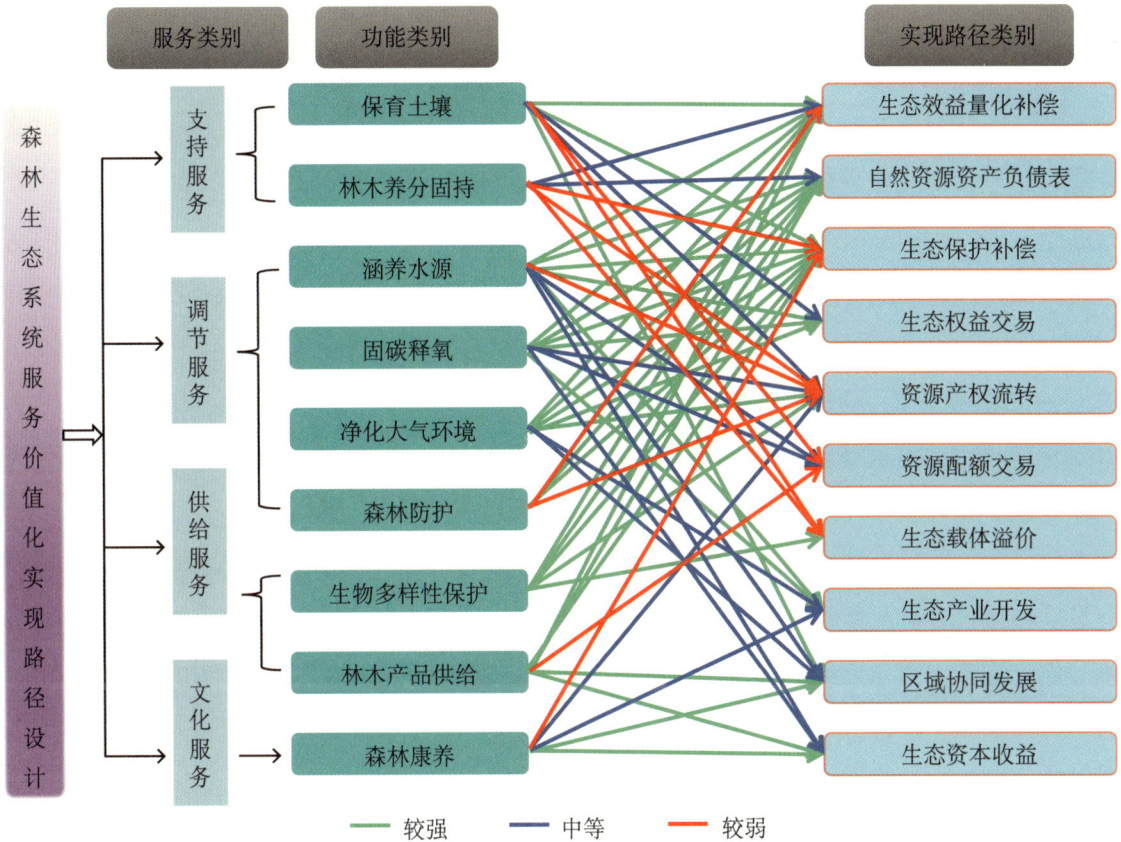

图 7-4　森林生态产品价值实现路径设计

注：不同颜色代表了功能与服务转化率的高低和价值化实现路径可行性的大小。

第三节　森林、草地生态系统生态补偿研究

2018 年 12 月，国家多部门联合发布《建立市场化、多元化生态保护补偿机制行动计划》，提出以生态产品产出能力为基础，健全生态保护补偿及其相关制度。2016 年，在《关于健全生态保护补偿机制的意见》的基础上，进一步细化、明确和强调了以生态产品产出能力为基础，健全生态保护补偿标准体系、绩效评估体系、统计指标体系和信息发布制度，用市场化、多元化的生态补偿方式实现生态产品价值（国家发展和改革委员会等，2018）。2020 年 5 月，财政部等 4 部门发布了关于印发《支持引导黄河全流域建立横向生态补偿机制试点实施方案》的通知，该通知以习近平生态文明思想为指导，认真贯彻落实党中央、国务院关于健全生态补偿机制的决策部署，牢固树立绿水青山就是金山银山的理念，探索建立具有示范意义的全流域横向生态补偿措施。其基本原则：①生态优先、绿色发展；②全域推进、协同治理；③平台支撑、资源共享；④结果导向、讲求实效。该通知的目的是通过建立黄河流域生态补偿机制，促使黄河流域生态环境治理体系和治理能力得以进一步完善和提升，河湖、湿地生态功能逐步得到修复，水源涵养、水土保持等生态功能不断增强，生物多样性实现稳步增加，水

资源得到有效保护和节约集约利用。该方案为在全国各地进行生态补偿的研究提供了思路。2024 年 4 月，国务院总理李强签署国务院令，公布《生态保护补偿条例》（简称《条例》），自 2024 年 6 月 1 日起施行。生态保护补偿是指通过财政纵向补偿、地区间横向补偿、市场机制补偿等机制，对按照规定或者约定开展生态保护的单位和个人予以补偿的激励性制度安排。开展宁夏贺兰山国家级自然保护区森林、草地生态系统生态补偿研究，对于宁夏贺兰山国家级自然保护区财政纵向补偿、地区间横向补偿、市场机制补偿具有重要意义。

一、森林生态系统科学量化补偿研究

宁夏贺兰山国家级自然保护区拥有丰富的森林资源，每年发挥 22.90 亿元的生态服务功能，生态产品价值极大。以保护区森林生态效益量化补偿为例，利用人类发展指数的森林生态效益多功能定量化补偿系数计算方法，计算出森林生态效益定量化补偿系数、财政相对能力补偿指数、补偿总量及补偿额度。探索开展生态产品价值计量，推动横向生态补偿逐步由单一生态要素向多生态要素转变，丰富生态补偿方式，加快探索"绿水青山就是金山银山"的多种现实转化路径。

宁夏回族自治区切实扛起生态环境保护政治责任，全面落实《财政支持打好污染防治攻坚战，加快推进生态文明建设的意见（2019—2020 年）》，通过加强顶层设计、统筹整合资金、加大投入力度、优化支出结构、提高使用效益等方式，加快补齐自治区生态环境保护短板，着力打造西部地区污染防治率先区。宁夏把生态文明建设摆在全局工作的突出位置，统筹推进山水林田湖草沙系统治理，从全方位、全地域、全过程加强生态环境保护。贺兰山、罗山和六盘山生态保护修复有力推进，贺兰山生态环境综合整治取得明显成效。生态文明建设目标评价考核和责任追究制度、生态补偿制度、河湖长制、环境保护"党政同责"和"一岗双责"等制度为"绿水青山"保驾护航。用水权、土地权、排污权、山林权、用能权、碳排放权改革，激活美丽新宁夏建设"一池春水"。

> **生态效益量化补偿**：是指基于人类发展指数的多功能定量化补偿，结合生态系统服务和人类福祉的其他相关关系，并符合不同行政单元财政支付能力的一种给予生态系统服务提供者的奖励。

> **森林生态效益量化补偿分配系数**：是指分区森林生态效益与区域整体森林生态效益的比值，该系数表明，某一分区森林生态效益越高，那么相应地获得的补偿总量就越多。

随着人们对森林认识的逐渐加深，对森林生态效益的研究力度也在逐步加大，森林生态效益受到了各级政府部门的重视。对生态补偿的研究有利于生态效益评估工作的推进与

开展，生态效益评估有助于生态补偿制度的实施和利益分配的公平性。根据"谁受益、谁补偿，谁破坏、谁恢复"的原则，应该完善对重点生态功能区的生态补偿机制，形成相应的横向生态补偿制度，森林生态效益补偿可以更好地给予生态效益提供相应的补助（牛香，2012；王兵，2015）。

在十三届全国人大四次会议期间，习近平总书记参加内蒙古代表团和青海代表团审议时，对内蒙古大兴安岭林区生态产品价值评估结果给予高度肯定，总书记强调"生态本身就是价值。这里面不仅有林木本身的价值，还有绿肺效应，更能带来旅游、林下经济等，'绿水青山就是金山银山'，这实际是增值的。"林草系统需要切实保护好生态资源，持续增加优质生态产品的供给，全力推动产业结构和发展方式的转变，着力把绿色 GDP 做大做强，促使绿水青山转化成为金山银山。要不断提升林草碳汇能力，积极探寻森林、草原等自然生态系统的服务价值评估核算方法及其应用领域，构建并完善生态补偿机制，探索生态产品价值实现路径，健全激励机制和监督考核机制。

（一）人类发展指数

人类发展指数（human development index，HDI）是对人类发展情况的总体衡量尺度。它主要是从人类发展的健康长寿、知识获取以及生活水平 3 个基本维度衡量一个国家取得的平均成就。*HDI* 是衡量每个维度取得成就的标准化指数的集合平均数，基本原理及估算方法已有相关研究（Klugman，2011）。人类发展指数基本原理如图 7-5 所示。

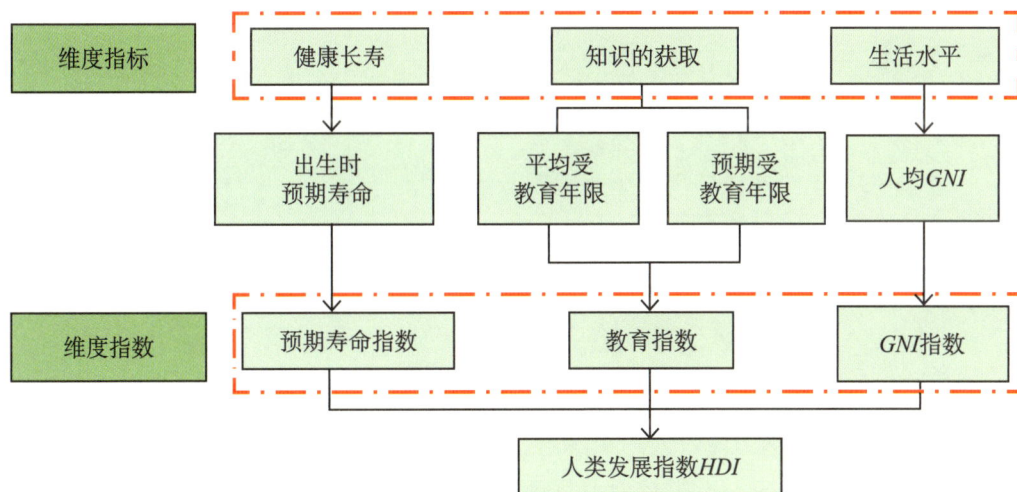

图 7-5　人类发展指数基本原理

估算人类发展指数的方法：

第一步：建立维度指数。设定最小值和最大值（数据范围），将指标转变为 0 ～ 1 的数值。最大值是从有数据记载的年份至今观察到的指标的最大值，最小值可被视为最低生活标准的合适数值。国际上通用的最小值被定为：预期寿命为 20 年，平均受教育年限和预期受教育年限均为 0 年，人均国民总收入为 100 美元。定义了最大值和最小值之后按照如下公

式计算,由于维度指数代表了相应维度能力,从收入到能力的转换可能是凹函数(Anand,1994)。因此,需要对维度指数的最小值和最大值取自然对数。

$$维度指数 = (实际值 - 最小值) / (最大值 - 最小值) \tag{7-1}$$

$$即:I_{寿命} = (L_{实际值} - L_{最小值}) / (L_{最大值} - L_{最小值}) \tag{7-2}$$

$$I_{教育1} = (Y_{实际值1} - Y_{最小值1}) / (Y_{最大值1} - Y_{最小值1}) \tag{7-3}$$

$$I_{教育2} = (I_{实际值2} - I_{最小值2}) / (I_{最大值2} - I_{最小值2}) \tag{7-4}$$

$$I_{教育} = [(I_{教育1} - I_{教育1}) - I_{最小值}] / (J_{最大值} - J_{最小值}) \tag{7-5}$$

$$I_{收入} = (\ln R_{实际值} - \ln R_{最小值}) / (\ln R_{最大值} - \ln R_{最小值}) \tag{7-6}$$

式中:$I_{寿命}$——预期寿命指数;

      $I_{教育}$——综合教育指数;

      $I_{教育1}$——平均受教育年限指数;

      $I_{教育2}$——预期受教育年限指数;

      $I_{收入}$——收入指数;

      $L_{实际值}$——寿命的实际值;

      $L_{最大值}$——寿命的最大值;

      $L_{最小值}$——寿命的最小值;

      $Y_{实际值1}$——平均受教育年限的实际值;

      $Y_{最大值1}$——平均受教育年限的最大值;

      $Y_{最小值1}$——平均受教育年限的最小值;

      $Y_{实际值2}$——预受教育年限的实际值;

      $Y_{最大值2}$——预受教育年限的最大值;

      $Y_{最小值2}$——预受教育年限的最小值;

      $J_{最大值}$——综合教育指数的最大值;

      $J_{最小值}$——综合教育指数的最小值;

      $R_{实际值}$——人均国民收入的实际值;

      $R_{最大值}$——人均国民收入的最大值;

      $R_{最小值}$——人均国民收入的最小值;

      $R_{实际值}$、$R_{最大值}$、$R_{最小值}$经 PPP 调整,以美元表示。

第二步:将这些指数合成即为人类发展指数。计算公式如下:

$$HDI = (I_{寿命} \times I_{教育} \times I_{收入})^{1/3} \tag{7-7}$$

而与人类发展指数相关的维度指标,恰好又是基本与人类福祉要素(诸如健康、维持

高质量生活的基本物质条件、安全、良好的社会关系等）相吻合，而这些要素与森林生态产品密切相关，在经济学统计中，这些要素对应的恰恰又是居民消费的一部分。总的来说，人类发展指数是一个计算比较容易、计算方法简单、可以用比较容易获得的数据就可以计算的参数，且适用于不同的社会群体。HDI 也可以作为社会进步程度及社会发展程度的重要反映指标。

（二）人类发展指数的维度指标与福祉要素的关系

人类发展指数的 3 个维度是健康长寿、知识获取以及生活水平，福祉要素主要包括安全保障、维持高质量生活所需要的基本物质条件、选择与行动的自由、健康以及良好的社会关系等。显然，人类发展指数与人类幸福度（福祉要素）具有密切的关系，如健康长寿与健康和安全保障、知识的获取与良好的社会关系和选择行动的自由、生活水平与维持高质量生活所需要的基本物质条件等，均具有对应的关系。正如人们所经历和所意识到的那样，福祉要素与周围的环境密切相关，并且可以客观地反映出当地的地理、文化与生态状况等，通过人类发展基本消费指数（$NHDI$）体现居民消费中的食品类支出、医疗保健类支出和文教娱乐用品及服务类支出在其中所占的份额，从而体现居民物质生活的幸福度水平。

（三）生态系统服务功能与人类福祉的关系

生态系统与人类福祉的关系主要表现：一方面，持续变化的人类状况可以直接或间接地驱动生态系统发生变化；另一方面，生态系统的变化又可以导致人类的福祉状况发生改变。同时，许多与环境无关的其他因素也可以改变人类的福祉状况，而且诸多自然驱动力也在持续不断地对生态系统产生影响。

（四）生态效益定量化补偿计算

通过分析人类发展指数的维度指标，将其与人类福祉要素有机地结合起来，而这些要素与生态系统服务功能密切相关。在认识三者之间关系的背景下，进一步提出了基于人类发展指数的森林生态效益多功能定量化补偿系数。具体方法和过程介绍如下：

该方法是基于人类发展指数，综合考虑各地区财政收入水平而提出的适合中国国情的保护区级森林生态系统多功能定量化补偿系数（MQC）。计算公式如下：

$$MQC_i = NHDI_i \times FCI_i \tag{7-8}$$

式中：MQC_i——i 区域森林生态系统效益多功能定量化补偿系数，以下简称"补偿系数"；

$NHDI_i$——i 区域人类发展基本消费指数；

FCI_i——i 区域财政相对补偿能力指数。

其中，

$$NHDI_i = (C_1 + C_2 + C_3) / GDP_i \tag{7-9}$$

式中：C_1——居民消费中食品类支出；

C_2——医疗保健类支出；

C_3——文教娱乐用品及服务类支出；

GDP_i——i 区域某一年国民生产总值。

$$FCI_i = G_i / G \qquad (7\text{-}10)$$

式中：G_i——i 区域财政收入；

G——全省财政收入。

所以公式可改写为：

$$MQC_i = [(C_2 + C_1 + C_3)/GDP_i] \times (G_i/G) \qquad (7\text{-}11)$$

由森林生态效益多功能定量化补偿系数可以进一步计算补偿总量及补偿额度，计算公式如下：

$$TMQC_i = MQC_i \times V_i \qquad (7\text{-}12)$$

式中：$TMQC_i$——i 区域森林生态系统效益多功能定量化补偿总量，以下简称"补偿总量"；

V_i——i 区域森林生态效益。

$$SMQC_i = TMQC_i / A_i \qquad (7\text{-}13)$$

式中：$SMQC_i$——i 区域森林生态系统效益多功能定量化补偿额度，以下简称"补偿额度"；

A_i——i 区域森林面积。

由表 7-2 可以看出，宁夏贺兰山国家级自然保护区地方国有林区国家重点公益林纳入中央森林生态效益补偿基金制度的补偿范围，补偿额度为每年每亩 5 元，属于一种政策性补偿。而根据人类发展指数计算的补偿额度为每年每亩 23.37 高于政策性补偿。利用这种方法计算的生态效益定量化补偿系数是一个动态的补偿系数，不但与人类福祉的各要素相关，而且进一步考虑了省级财政的相对支付能力。以上数据说明，随着人们生活水平的不断提高，人们不再满足于高质量的物质生活，对于舒适环境的追求已成为一种趋势，而森林生态系统对舒适环境的贡献已形成共识。如果宁夏贺兰山国家级自然保护区每年投入约 982.01 万元来进行森林生态效益补偿，将会极大地提高人类的幸福指数，这将更加有利于宁夏贺兰山国家级自然保护区森林资源经营与管理。

表 7-2　宁夏贺兰山国家级自然保护区生态定量化补偿情况

年份	政府支付意愿指数	补偿系数(%)	补偿总量(万元)	补偿额度	
				元/（公顷·年）	元/（亩·年）
2022	0.0089	0.28	982.01	350.59	23.37

为了能够更加科学合理地实现生态效益的补偿，本研究选择森林生态效益补偿分配系数来确定各管理站所获得的补偿总量及补偿额度。森林生态效益补偿分配系数是指该地区森林生态效益与全市森林生态效益的比值。该系数表明，某一地区森林生态效益越高，那么相应地获得的补偿总量就越多，反之亦然。森林生态效益补偿分配系数的计算公式如下：

$$D_{ij}=V_{ij}/V_i \tag{7-14}$$

式中：D_{ij}——i 市级 j 地区森林生态效益补偿分配系数；

　　　V_{ij}——i 市级 j 地区森林生态效益；

　　　V_i——i 市级森林生态效益。

根据宁夏贺兰山国家级自然保护区森林生态效益定量化补偿额度计算出各管理站森林生态效益定量化补偿额度（表 7-3）。2018 年宁夏贺兰山国家级自然保护区各管理站生态效益分配系数介于 3.94% ~ 42.19% 之间，最高的为大水沟，其次是苏峪口。补偿总量的变化趋势与补偿系数的变化趋势一致，均与各管理站森林生态效益价值量成正比。

表 7-3　宁夏贺兰山国家级自然保护区各管理站生态效益定量化补偿情况

管理站	生态效益(万元/年)	分配系数(%)	补偿总量(万元)	补偿额度	
				元/（公顷·年）	元/（亩·年）
红果子	32459.80	14.17	139.19	295.31	19.69
石嘴山	2631.29	1.15	11.28	371.38	24.76
汝箕沟	14470.89	6.32	62.05	410.46	27.36
大水沟	96615.48	42.19	414.29	357.06	23.80
苏峪口	42480.83	18.55	182.16	363.61	24.24
马莲口	31331.90	13.68	134.35	353.36	23.56
榆树沟	9021.38	3.94	38.68	362.64	24.18

依据森林生态效益量化补偿系数，得出主要优势树种（组）所获得的分配系数，补偿总量及补偿额度见表 7-4。各优势树种（组）生态效益分配系数介于 0.02% ~ 29.50% 之间，补偿额度在各树种（组）之间也有一定的差异，最高为小叶杨，为 627.77 元/（公顷·年）；其次为山杨，为 611.79 元/（公顷·年）；最低为经济林，为 118.98 元/（公顷·年），分配

系数与各优势树种（组）的生态效益呈正相关性。补偿总量的变化趋势与补偿系数的变化趋势一致，均与各优势树种（组）的森林生态效益价值量成正比。

表7-4　宁夏贺兰山国家级自然保护区主要优势树种（组）生态效益定量化补偿情况

树种（组）	生态效益（万元/年）	分配系数（%）	补偿总量（亿元）	补偿额度	
				元/（公顷·年）	元/（亩·年）
云杉	45291.82	19.78	194.24	434.57	28.97
油松	63778.49	27.85	273.49	384.25	25.62
杜松	2525.06	1.10	10.80	194.51	12.97
柏树	52.23	0.02	0.20	577.76	38.52
灰榆	48452.70	21.16	207.79	369.82	24.65
榆树	70.95	0.03	0.29	415.53	27.70
其他硬阔	238.65	0.10	0.98	245.21	16.35
山杨	153.56	0.07	0.69	611.79	40.79
小叶杨	149.66	0.07	0.69	627.77	41.85
新疆杨	504.98	0.22	2.16	584.67	38.98
柳树	50.78	0.02	0.20	379.56	25.30
其他软阔	120.39	0.05	0.49	280.73	18.72
经济林	68.50	0.03	0.29	118.98	7.93
灌木林	67553.82	29.50	289.69	287.06	19.14

二、草地生态系统生态效益补偿研究

2011年，国务院出台《关于促进牧区又好又快发展的若干意见》，落实草地生态保护补助奖励机制，明确内蒙古、新疆、西藏、青海、四川、甘肃、宁夏、云南等主要草地牧区省份，自2011年起开始享受中央财政补贴。依据财政部、农业部共同制定的《中央财政草原生态保护补助奖励资金管理暂行办法》第九条规定，中央财政安排禁牧补助的测算标准为平均每年每亩6元，草畜平衡奖励补助的测算标准为平均每年每亩1.5元，牧民生产资料综合补贴标准为每年每户500元，牧草良种补贴标准为平均每年每亩10元。农业部、财政部共同制定了《新一轮草地生态保护补助奖励政策实施指导意见（2016—2020年)》，规定了中央财政按照每年每亩7.5元的测算标准给予禁牧补助；对履行草畜平衡义务的牧民按照每年每亩2.5元的测算标准给予草畜平衡奖励。

宁夏贺兰山国家级自然保护区尚未实施草地补偿制度，今后将积极争取国家、自治区草地生态补偿政策，做好草地生态保护工作。一是要按照权属明确、管理规范、承包到户的要求，积极稳妥推进草地确权和承包工作。依法确定草地权属，实行草地承包到户，形成生态效益与农民经济效益的有机结合，极大地调动地方政府和农民的积极性，吸引畜牧养殖企

业和大户积极介入，注入资金，实现草地管、建、用有机结合和良性发展；二是探索市场化生态补偿模式，加快建立草地使用权出让、转让和租赁的交易机制，运用市场机制降低生态保护成本，引导鼓励草地保护者和受益者之间通过协商实现合理的生态补偿。

在草地生态补偿对策上提出以下几点建议：一是健全宁夏贺兰山国家级自然保护区草地生态补偿机制法律系统，使草地生态补偿有法可依，细化草地承包经营权的权利内容与生态补偿奖励制度内容，增加违法放牧处罚条款，提高毁坏禁牧、休牧标志和围栏等设施的罚款数额；二是构建多样化草地生态补偿模式，提高草地生态补偿标准，构建草地碳汇贸易、草地生态补偿基金、草地生态补偿环境彩票制度，从而将企业、社会组织及公众纳入补偿主体范围以缓解政府资金压力，草地生态补偿的方式也并不仅限于货币补偿，还可综合利用以大型机械设备、草种为主的实物补贴、以税收倾斜为主的政策扶持等多种途径来实现补偿；三是完善草地承包经营法律制度，通过法规完善草地承包经营人所享有的权利内容，健全草地承包经营流转机制，使草地行政主管部门明确工作原则、全面保障牧民权益。

不同地区生态产品价值实现机制需要根据区域特征进行针对性设计。宁夏贺兰山国家级自然保护区地理区位特殊，生态产品价值实现条件充分，结合宁夏贺兰山国家级自然保护区实际，可考虑在以下典型机制先行先试和重点突破。

防风固沙服务是生态系统植被对风沙的抑制和固定作用，是风蚀地区自然生态系统提供的一项重要防护型服务，为区域生产生活的可持续发展创造条件。退耕（牧）还林（草）、控制放牧强度、禁止开矿等生态工程建设都是主要的防风固沙措施。这些措施的施行限制了当地社会经济的发展，降低了当地居民的经济收入，增加了区域的发展机会成本，实际上这部分损失应该由防风固沙服务的受益区来补偿。目前，已有的补偿措施主要集中在中央政府转移支付等纵向的生态补偿，如三北防护林工程等，缺少区域间的生态补偿政策。对于森林防护功能而言，森林防护功能受益区的实际获益者需要向上风口为防风固沙作出贡献的居民和生态系统进行补偿，因此森林防护功能的空间流动量在防风固沙功能的供给区与需求区建立起空间联系，并且这种联系可以精确到栅格单元上的防风固沙服务流动量。该流动量可以作为比例系数将下风口实际受益者缴纳的补偿分配到上风口的防风固沙供给单元，从而得到防风固沙流动价值量的空间流动过程，进一步推动落实更大范围、更高层次的空间生态补偿机制，提高区域间协同能力、探索"造血型"生态补偿机制，加大生态环境基础设施建设（推动多种绿色融资机制创新），持续改善生态环境，创造流域生态补偿的"区域模式"。

同时，政府及宁夏贺兰山国家级自然保护区管理局也可以根据林草生态产品质量和价值提升情况，争取更多国家重点生态功能区生态补偿和林草补助奖励资金；充分利用中央对三北防护林工程的倾斜政策，加快生态产品价值核算发布，及时准确传达宁夏贺兰山国家级自然保护区生态环保建设成就，推动补偿标准与实际生态效益挂钩，解决补偿标准普遍偏低导致的生态保护与经济发展的不协调问题。简而言之，可以生态补偿为核心、以生态环境保

护为根本、以绿色发展为路径、以互利共赢为目标、以体制机制建设为保障，跨区域协作，共建共享绿色发展道路。

第四节　森林资源资产负债表编制研究

"探索编制自然资源资产负债表，对领导干部实行自然资源资产离任审计，建立生态环境损害责任终身追究制"是十八届三中全会做出的重大决定，也是国家健全自然资源资产管理制度的重要内容。2015 年，中共中央、国务院印发了《生态文明体制改革总体方案》，与此同时强调生态文明体制改革工作以"1+6"方式推进，其中包括领导干部自然资源资产离任审计的试点方案和编制自然资源资产负债表试点方案。2016 年 12 月,《"十三五"国家信息化规划》提出实施自然资源监测监管信息工程，建立全天候的自然资源监测技术体系，构建面向多资源的立体监控系统，在 2018 年基本建成自然资源和生态环境动态监测网络和监管体系。

> 自然资源资产负债表：是指利用资产负债表的方法，将全国或一个地区的所有自然资源资产进行分类加总而形成的报表。建立自然资源资产负债表，就是要核算自然资源资产的存量及其变动情况，以全面记录当期（期末−期初）自然和各经济主体对生态资产的占有、使用、消耗、恢复和增值活动，评估当期生态资产实物量和价值量的变化。构建区域自然资产价值评估模型和评价体系，尽可能精确、完整地反映和体现自然资本的价值，为规划、管理、评估区域可持续发展及衡量绿色投资绿色金融的回报提供科学的分析工具。

森林资源资产负债表是一张反映森林资源资产在特定时点的实物量（储量）及价值量的报表，展现特定时期的森林资源现状，有助于摸清自身资源"家底"，以及揭示区域森林资源的保护情况。森林资源资产负债表的核算要素包括：①森林资源资产，包括管辖范围内的林地资源和林木资源资产。②森林资源负债，根据目前的法律法规，超限开发、盗伐损坏的森林资源，森林火灾迹地，违规占用的林地等均属森林资源负债事项，都应通过负债进行核算。③森林资源净权益，即森林资源资产去除森林资源负债后的净额。根据核算要素的特点，需要分别设置不同类型的核算账户，以记录核算对象的实物量和价值量，然后通过核算账户进行分类计算汇总，得到核算报表。

2013 年年底，我国明确提出"探索编制自然资源资产负债表"之后，我国专家学者和政府积极进行了报表构建的研究和尝试实践。内蒙古赤峰、北京怀柔等都进行了资产负债表的编制工作。

由于我国自然资源资产负债表的编制尚处于探讨阶段，因此参考、借鉴国际上的先进理论和经验就显得十分必要。当前，国际上关于自然资源核算最为前沿的理论体系当属《环境经济核算体系中心框架（2012）》（《The System of Environmental-Economic Accounting 2012》，简称《SEEA2012》），由联合国、欧洲联盟委员会、联合国粮食及农业组织、国际货币基金组织、经济合作与发展组织、世界银行集团于 2014 年共同发布，是首个环境经济核算体系的国际统计标准。《SEEA2012》由一整套综合表格和账户构成，提供了国际公认的环境经济核算的概念、理论与基本操作方式。

根据《SEEA2012》的核算内容，森林资源资产价值包含林地与林木两部分，而联合国粮食及农业组织林业司编制的《林业的环境经济核算账户——跨部门政策分析工具指南》（简称《FAO—2004》），把研究对象从林地与林木价值扩展到森林生态服务的价值上。在核算方法上，森林资源和湿地资源价值估算的方法有 3 个方向：一是资源在市场上的买卖价格为基准，有直接市场法、净现值法、重置成本法；二是模拟市场价格的方法为资源定价，有条件价值法、边际成本法等；三是利用替代产品的价值来测算资源的价值，有替代成本法、影子价格法、成果参照法等。本研究根据《SEEA2012》《FAO—2004》进行宁夏贺兰山国家级自然保护区森立资产负债表的编制。

一、账户设置

结合宁夏贺兰山国家级自然保护区的情况，按照自然资源资产负债表编制的程序和要求，首先建立 3 个账户：①一般资产账户，用于核算宁夏贺兰山国家级自然保护区正常财务收支情况；②森林资源资产账户，用于核算宁夏贺兰山国家级自然保护区森林资源资产的林木资产、林地资产、非培育资产；③森林生态产品账户，用来核算宁夏贺兰山国家级自然保护区森林生态产品，包括：保育土壤、林木养分固持、涵养水源、固碳释氧、净化大气环境、生物多样性保护、科研文化等森林生态系统服务功能。

二、森林资源资产账户编制

根据《SEEA2012》，国家林业局和国家统计局 2015 年合作研究出版了《中国森林资源核算报告》，联合国粮食及农业组织林业司编制的《林业的环境经济核算账户—跨部门政策分析工具指南》指出，森林资源核算内容包括林地和林木资产核算、林产品和服务的流量核算、森林环境服务核算和森林资源管理支出核算。而我国的森林生态系统核算的内容一般包括：林木、林地、林副产品和森林生态系统服务。因此，参考联合国粮食及农业组织林业环境经济核算账户和我国国民经济核算附属表，以及《生态文明制度构建中的中国森林资源核算研究》的有关内容，本研究确定宁夏贺兰山国家级自然保护区森林资源核算评估的内容主要为林地、林木和林产品生产与服务三部分。

（一）林地资产核算

林地是森林的载体，是森林物质生产和生态系统服务的源泉，是森林资源资产的重要组成部分，完成林地资产核算和账户编制是森林资源资产负债表的基础。林地资产价值核算要根据不同立地类型选择不同的核算方法。《中国森林资源核算报告》主张对林地资源的核算使用市场法或净现值法。但是从实际调查数据结果看，我国林地交易市场并不完善，交易案例少，价格没有代表性，因此本研究采用年金资本化法。计算公式如下：

$$E = S \times A/P \qquad (7\text{-}15)$$

式中：E——宁夏贺兰山国家级自然保护区林地评估值（元）；

　　　S——宁夏贺兰山国家级自然保护区林地面积（亩）；

　　　A——宁夏贺兰山国家级自然保护区被评估的林地年平均地租（元/亩）；

　　　P——投资收益率（%）。

本研究根据国土资源局（现自然资源部）的土地交易中心以及土流网等查询确定生长非经济树种的林地地租为200元/（亩·年），经济树种的林地地租为500元/（亩·年），投资收益率为2.5%。目前，国际和国内土地价值评估中通常采用2%～3%的投资收益率。由于林地经营周期长，投资回报期长，投资收益率远低于社会平均收益率，因此采用平均值，即2.5%的投资收益率。根据公式计算得出，2022年宁夏贺兰山国家级自然保护区非经济林地（含灌木林）的价值量为33.582亿元，经济树种林地价值量为0.074亿元，总林地价值量为33.656亿元，具体价值核算见表7-5。

表7-5　宁夏贺兰山国家级自然保护区林地资产核算表

林地类型	平均地租[元/（亩·年）]	收益率（%）	林地估值（元/公顷）	面积（公顷）	价值（亿元）
非经济树种林地（含灌木林）	200.00	2.50	119998.41	27985.37	33.582
经济树种林地	500.00	2.50	298869.14	24.76	0.074
合计				28010.13	33.656

（二）林木资产核算

林木资源是重要的自然资源，是森林的实体资产，可为建筑、造纸、家具及其他产品生产提供收入，是重要的燃料来源和碳汇集地。编制林木资源资产账户，可将其作为计量工具，提供信息、评估和管理林木资源变化及其提供的服务。本研究中林木蓄积量价值评估中投资收益率参考《中国森林资源核算研究》中的投资收益率取4.5%，经济林和竹林的投资收益率较高取6%。

（1）幼龄林、灌木林等林木价值量采用重置成本法核算。其计算公式如下：

$$E_n = k \times \sum_{i=1}^{n} C_i (1+P)^{n-i+1} \qquad (7\text{-}16)$$

式中：E_n——林木资产评估价值（元）；

　　　k——林分质量调整系数；

　　　C_i——第 i 年以现时工价及生产水平为标准计算的生产成本，主要包括各年投入的工资、物质消耗等（元）；

　　　n——林分年龄（年）；

　　　P——投资收益率（%）。

（2）中龄林、近熟林林木价值量采用收获现值法计算。其计算公式如下：

$$V_n = \sum_{t=n}^{u} \frac{A_t - C_t}{(1+P)^{t-n+1}} \tag{7-17}$$

式中：V_n——林木资产评估值（元）；

　　　A_t——第 t 年收入（元）；

　　　C_t——第 t 年成本支出（元）；

　　　u——经营期（年）；

　　　P——投资收益率（%）；

　　　n——林分年龄（年）。

（3）近熟林、成熟林、过熟林价值评估。采用市场价格算法，用被评估林木采伐后取木材市场销售总收入，扣除木材经营所消耗的成本（含有关税费）及应得的利润后，剩余的部分作为林木资产评估价值林木价值。计算公式如下：

$$V = W - C - F \tag{7-18}$$

式中：V——近熟林、成熟林、过熟林的评估价值（元）；

　　　W——木材销售总收入（元）；

　　　C——木材生产经营成本（包括采运成本、有关税费）（元）；

　　　F——木材生产经营段利润（元）。

林木资产价值核算未包含经济林林木资产的价值，经济林的价值体现到林地价值和林产品价值中。参照王骁骁（2016）的计算方法，k 取 1，宁夏贺兰山国家级自然保护区马尾松面积较大，因此作为主要参考对象，幼龄林营林成本 C 第一年取 470 元/亩，第二年 220元/亩，第三年 190 元/亩，第四年 40 元/亩，P 为 0.045，根据公式（7-16）计算得到单位面积幼龄林和灌木林的平均重置成本为 1111.27 元/公顷，与幼龄林、灌木林面积相乘得到两类林木的资产价值。

因为缺少林木资源生长过程表或收获表等计算必要数据，本研究将采用市场价格倒算法对中龄林、近熟林资源价值进行评估，成熟林和过熟林采用市场价格倒算法进行评估。根据凌笋（2019）的研究，得到 W 为 709.91 元/立方米，C 为 156.82 元/立方米，F 为 15.45

元/立方米，单位蓄积量林木资产评估价值为 537.65 元/立方米，结合中龄林、近熟林、成熟林和过熟林的蓄积量数据得到林木资产评估的价值（表 7-6）。

表 7-6　林木资源资产价值估算

林木资产价值核算	林龄组	面积（公顷）	资产评估值（元）
乔木林	幼龄林	2646.15	2940587.11
	中龄林	3671.28	28186.93
	近熟林	11535.45	51855.77
	成熟林	73.34	634.55
	过熟林	0.92	10.14
灌木林	—	10082.99	11204924.30
合计		28010.13	14226198.80

　　结合上述计算方法以及宁夏贺兰山国家级自然保护区森林生态系统服务功能价值量核算结果，编制出宁夏贺兰山国家级自然保护区森林资源资产负债表（表 7-7），资产核算中 2022 年资产核算情况，在后面连续编制资产负债表，能够清晰地追踪资产的动态变化，同时也能看出保护区生态资产的增减情况。

第五节　生态产品价值实现促进措施

一、科学开展生态产品价值核算，推进"三个应用"

　　当前，我国林业生态建设从传统的第一产业——种植业、第二产业——林木加工业、第三产业——林草旅游业，逐步转变为涵盖第四产业——生态产品产业全新完整的产业链。在明确生态空间边界、数量、质量、分布、用途的基础上，科学开展生态空间生态产品价值核算，建立可重复、可比较、可应用的核算体系。以森林、草地资源连续清查数据、全国土地调查数据为基准，根据生态空间生态产品价值核算目标建立生态产品目录清单，调查统计年度的生态空间生态产品供给量（实物量），采用科学化、标准化的核算方法，对不同资源类型进行分布式测算后，统计生态产品的总价值（价值量），汇总成生态产品价值核算基础数据。核算项目应包括支持服务、调节服务、供给服务、文化服务等多方面指标，但应避免将未产生实际惠益的假想服务纳入核算导致结果虚高现象。在实物量测算过程中，应尽量采用统计年鉴数据，以及行业主管部门、行业协会提供的统计数据，同时还需要收集相关的气象数据、水文数据和经济社会数据。价值量核算方法必须具有可操作性，在采用替代市场法、假想市场法等定价方法时，在保证各项指标参数设定严谨的基础上，还应充分考虑数据获取可能性和成本问题。

表7-7 宁夏贺兰山国家级自然保护区森林资源资产负债表（综合资产负债表）

单位：亿元

资产	行次	期初数	期末数	负债及所有者权益	行次	期初数	期末数
流动资产：				流动负债：			
货币资金	1			短期借款	88		
短期投资	2			应付票据	89		
应收票据	3			应付账款	90		
应收账款	4			预收款项	91		
减：坏账准备	5			育林基金	92		
应收账款净额	6			拨入事业费	93		
预付款项	7			专项应付款	94		
应收补贴款	8			其他应付款	95		
其他应收款	9			应付工资	96		
存货	10			应付福利费	97		
待摊费用	11			未交税金	98		
待处理流动资产净损失	12			其他应交款	99		
一年内到期的长期债券投资	13			预提费用	100		
其他流动资产	14			一年内到期的长期负债	101		
	15			国家投入	102		
	16			育林基金	103		
流动资产合计	17			其他流动负债	104		
营林、事业费支出：				应付林木损失费	105		
营林成本	18			流动负债合计	106		

（续）

资产	行次	期初数	期末数
事业费支出	19		
营林,事业费支出合计	20		
森源资产:			
林木资产	21		33.656
林地资产	22		0.142262
林产品资产	23		—
培育资产	24		
森源资产合计	25		33.798262
应补森源资产:			
应补林木资产款	26		
应补林地资产款	27		
应补非培育资产款	28		
应补森源资产合计	29		
生量林木资产:			
生量林木资产合计	31		
应补生态资产:			
保育土壤	32		
林木养分固持	33		
涵养水源	34		
固碳释氧	35		

负债及所有者权益	行次	期初数	期末数
应付森源资本:			
应付林木资本款	114		
应付林地资本款	115		
应付培育资本款	116		
应付森源资本合计	117		
应付生态资本:			
保育土壤	118		
林木养分固持	119		
涵养水源	120		
固碳释氧	121		
净化大气环境	122		
森林防护	123		
生物多样性保护	125		
林木产品供给	126		
森林康养	127		
其他生态服务功能	128		
森林防护	129		
应付生态资本合计	130		
长期负债:			
长期借款	138		

（续）

资产	行次	期初数	期末数	负债及所有者权益	行次	期初数	期末数
净化大气环境	36			应付债券	139		
森林防护	37			长期应付款	140		
生物多样性保护	38			其他长期负债	141		
林木产品供给	39			其中：住房周转金	142		
森林康养	40			长期发债合计	143		
其他生态服务功能	41			负债合计	144		
应补生态资产合计	42			所有者权益：			
生态交易资产：				实收资本	145		
保育土壤	43			资本公积	146		
林木养分固持	44			盈余公积	147		
涵养水源	45			其中：公益金	148		
固碳释氧	46			未分配利润	149		
净化大气环境	47			生量林木资本	150		
森林防护	48			生态资本	151		22.90
生物多样性保护	49			保育土壤	152		
林木产品供给	50			林木养分固持	153		3.69
森林康养	51			涵养水源	154		0.11
其他生态服务功能	52			固碳释氧	155		6.41
生态交易资产合计	53			净化大气环境	156		1.46
生态资产：				森林防护	157		1.88

（续）

资产	行次	期初数	期末数	负债及所有者权益	行次	期初数	期末数
保育土壤	54		3.69	生物多样性保护	158		8.46
林木养分固持	55		0.11	林木产品供给	159		
涵养水源	56		6.41	森林康养	160		0.89
固碳释氧	57		1.46	其他生态服务功能	161		
净化大气环境	58		1.88	森源资本	162		33.798262
森林防护	59			林木资本	163		33.656
生物多样性保护	60		8.46	林地资本	164		0.142262
林木产品供给	61			林产品资本	165		—
森林康养	62		0.89	非培育资本	166		
其他生态服务功能	63			生态交易资本	167		
生态资产合计	64		22.90	保育土壤	168		
生量生态资产：				林木养分固持	169		
保育土壤	65			涵养水源	170		
林木养分固持	66			固碳释氧	171		
涵养水源	67			净化大气环境	172		
固碳释氧	68			森林防护	173		
净化大气环境	69			生物多样性保护	174		
森林防护	70			林木产品供给	175		
生物多样性保护	71			森林康养	176		
林木产品供给	72			其他生态服务功能	177		

（续）

资产	行次	期初数	期末数	负债及所有者权益	行次	期初数	期末数
森林康养	73			生量生态资本	178		
其他生态服务功能	74			保育土壤	179		
生量生态资产合计	75			林木养分固持	180		
长期投资：				涵养水源	181		
长期投资	76			固碳释氧	182		
固定资产：				净化大气环境	183		
固定资产原价	77			森林防护	184		
减：累积折旧	78			生物多样性保护	185		
固定资产净值	79			林木产品供给	186		
固定资产清理	80			森林康养	187		
在建工程	81			其他生态服务功能	188		
待处理固定资产净损失	82				189		
固定资产合计	83				190		
无形资产及递延资产：	84				191		
递延资产	85				192		
无形资产	86				193		
无形资产及递延资产合计					194		
资产总计	87		56.698262	负债及所有者权益总计	195		56.698262

在科学开展生态产品价值核算的基础上，推进"三个应用"，分别是应用于宁夏贺兰山国家级自然保护区发展规划、应用于绿色发展政策、应用于生态文明考核指标，切实拓宽"两山"转换通道，形成"贺兰山方案"。

（1）应用于宁夏贺兰山国家级自然保护区发展规划。"十四五"时期，我国生态文明建设坚持以绿色发展理念为引领，基于宁夏贺兰山国家级自然保护区生态产品对经济发展的贡献，拓展生态产品价值实现通道，走产业生态化和生态产业化协同的绿色发展之路。充分发挥宁夏贺兰山国家级自然保护区生态产品绿色核算在绿色发展中的引领作用，加快形成绿色发展方式，通过调整经济结构和能源结构，优化国土空间开发布局，培育壮大节能环保产业、清洁生产产业、清洁能源产业，推进生态产业化和产业生态化，持续培育壮大绿色发展新动能，积极提供更多优质生态产品满足人民日益增长的优美生态环境需要，走出一条属于宁夏贺兰山国家级自然保护区的可持续发展之路。

（2）应用于绿色发展政策。将生态产品核算体系引入到生态优先、绿色发展的政策体系中，坚持生态优先、绿色发展，聚焦绿色转型、聚力高质量发展，尤其可以考虑试行与生态产品质量和价值相挂钩的财政奖补机制，以宁夏贺兰山国家级自然保护区治沙植树造林为依托，提高各级政府保护生态环境的积极性，将宁夏贺兰山国家级自然保护区生态产品价值落实为经济价值，同时也把绿水青山变成了实实在在的金山银山，寻求维护良好生态环境、充分体现生态系统价值的有效路径和模式。

（3）应用于生态文明考核指标。党的十八大以来，党中央、国务院就加快推进生态文明建设作出一系列决策部署，先后印发了《关于加快推进生态文明建设的意见》（简称《意见》）和《生态文明体制改革总体方案》（简称《方案》），确立了我国生态文明建设的总体目标和生态文明体制改革总体实施方案。《意见》和《方案》明确提出，要健全政绩考核制度，建立体现生态文明建设要求的目标体系、考核办法、奖惩机制，把资源消耗、环境损害、生态效益等指标纳入经济社会发展评价体系，构建基于生态产品绿色核算结果的生态文明考核体系，建立宁夏贺兰山国家级自然保护区生态产品绿色核算成果年度发布制度，出台《生态产品综合考评办法》，将生态产品总值指标纳入党委和政府高质量发展综合绩效评价，重点考核生态产品供给能力、环境质量提升、生态保护成效等方面指标，以及经济发展和生态产品价值"双考核"。推动将生态产品价值核算结果作为领导干部自然资源资产离任审计的重要参考。对任期内造成生态产品总值严重下降的，依规依纪依法追究有关党政领导干部责任。

二、合理制定产业发展规划，打通绿水青山向金山银山转化通道

生态产品价值实现要坚持顶层设计、规划引领，合理制定森林生态产业发展规划，覆盖森林生态系统保护和修复、碳汇林营造、林下经济资源开发和利用、国家储备林建设等方面，

与生态补偿、生态税费、权属交易、产品溢价等生态产品价值实现模式关联起来。要对森林生态产品资源的基本状况进行系统把握，具体包括资源数量、构成、分布、市场前景等多个方面，结合自然地理条件、资源禀赋优势和经济社会现状，合理确定本地发展模式和重点产业发展目标，因时制宜、因地制宜、分类施策，全面提高森林生态产品的供给数量和质量，妥善处理保护生态与经济发展、重点突破与统筹推进、市场需求与产业规模之间的关系。

尤其是优质生态产品的供给，优质产品供给是生态产品价值实现的根本保障。需要根据市场需求和行业发展动向，结合资源禀赋、地区特色、目标市场等因素，深度开发利用良种和新品种，使木本粮油、干鲜果品、食用菌、药材等产品，尤其是贺兰山葡萄酒的价值得到充分体现，乃至出现商品增值溢价，注重生产"无农残检出、无抗生素检出、无激素检出、无重金属污染"的"四无"森林产品，不断开发出品质过硬、群众喜爱的森林生态产品并推向市场。同时，提高产品附加值是获得溢价的关键，塑造商业品牌、申请知识产权、通过"三品"（无公害农产品、绿色食品和有机食品）认证等方式已经成为共识。近年来，打造区域公共品牌、建立产品溯源体系、通过碳中和产品认证、获取碳足迹标签等，又成为巩固优化品牌、提高产品附加值、赢得消费市场的新途径。应深入研究市场需求和消费者反馈情况，定向开发出特色鲜明、适应市场的森林生态产品，加大媒体网络宣传推介力度，让深藏于森林的生态产品走入大众视野，通过社会认可来实现更高的产品价格和销售总量，满足当代消费者对于绿色、环保、健康产品的旺盛需求。

同时，宁夏贺兰山国家级自然保护区需进一步形成以生态林为代表的"森林康养＋补偿权抵押"模式；以森林抚育、造林为基础的"林业碳汇提升＋乡村振兴＋共同富裕"的模式；以各个景区为代表的"文化调节＋收费权抵押"模式；以贺兰山葡萄酒为代表的"产业基地＋研学观光"模式等，充分展现贺兰山绿水青山变为金山银山的多元路径。将产业和绿色康养相结合，科学制定文旅融合发展规划，凸显地域资源和文化特色，创建森林、草地绿色旅游路线图谱，大力发展生态空间绿色旅游业，强化生态旅游路线图谱的保护及生态修复工作，以自然生态美景为基础、以本土文化品牌为特色、以体验产品为卖点、以产业融合发展为目标，让特定区域内的生态环境资源能够作为要素投入到适宜业态中并参与融资和收益分配，推动生态产品"使用价值"转为"市场价值"并最终形成"交易价格"，从而打通生态优势县域"两山"转化的市场化路径，推动实现乡村振兴和共同富裕。

三、协同跨界创新，生态第四产业助力文旅高质量发展

绿色康养功能生态产业开发价值化是创新性地践行绿水青山就是金山银山的关键路径和载体，宁夏贺兰山国家级自然保护区发展关键是如何突破绿色康养功能生态产业开发边界，重塑生态文旅全新模式。

当前，我国文旅产业逻辑已发生巨大变化。首先是消费客群发生巨大变化，包括年轻

化和老龄化两个方面，二者对于文旅产品有更高的体验要求，年轻人的品位逐渐演变成当下主流产品的共同追求，最为典型的案例包括"淄博烧烤""贵州村超""天津跳水大爷"等，充分反映出背后的消费热潮，以及年轻人的消费动态和消费趋势。同时，人口结构的变化也会对文旅产业产生较大的影响。研究表明，我国将在 2035 年左右，60 岁及以上老年人口突破 4 亿，在总人口中的占比超过 30%。全国老龄工作委员会调查显示，我国每年老年人旅游人数占全国旅游总人数的比例超过 20.0%，仅次于中年旅游市场。2021 年，老年人旅游消费已超过 7000 亿元。围绕老龄人群的产业领域，生态旅游具备极为广阔的拓展空间，尤其是绿色康养这种生态产业具有极大的市场机遇。

其次，文旅投资模式发生变化。2020—2022 年，入局文旅企业投资的国资平台已不局限于地方文旅集团、地方城投平台与地方地产企业。在地方文旅集团负债渐增、地产企业捉襟见肘的 2023 年，更有"家底"的科技产业类投资集团承担起了这一角色。尤其是过去 20 多年中房地产带动文旅开发导致大量存量资产。如何盘活存量资产，提升内容和升级产品是当前文旅投资的重点，宁夏贺兰山国家级自然保护区应以空间为主题，切入科技产业类等其他行业，形成以空间为载体的 IP 内容平台，托举房地产的新增长及新业务板块的生成。

现阶段，消费群体的旅游动机正逐渐从"被景点吸引"向"被城市吸引"转化，这一趋势促使各地政府要持续了解市场新动态、消费者新需求、打造新产品、创造新体验，总结生态产品的第四理论，从宁夏、银川、宁夏贺兰山国家级自然保护区三级层面的富民产业进行联动，将地物产品、文化、非遗等通过产业链进行带动，重点发展协同跨界创新，研制开发生态产品及其价值实现体系，利用生态第四产业助力文旅高质量发展。

四、充分发挥政府主导作用，积极构筑交流合作体系

政府部门应在森林生态产品价值实现中发挥主导作用，引领"两山"价值转化。一是加快林权制度改革，构建完善的森林资源产权制度，解决森林资源所有权边界模糊问题，推进森林资源流转和交易。二是针对森林生态产品价值实现开展专项调研，建立健全相关政策法规和标准体系，明确政策支持的方向和具体措施。三是完善生态保护补偿机制，加快确立森林公共服务产品"供给受益，使用付费，破坏赔偿"的利益导向机制，实现基于森林生态效益的横向补偿、纵向补偿和损害赔偿，开展森林资源权益指标交易，推进碳排放权交易机制下的林业碳汇模式创新和成果应用。四是制定人才培养和引进政策，建立起完善的人才培养机制和平台，引导更多高水平人才参与到森林生态产品的研究和经营活动中，打造森林生态产品价值实现高端智库。五是各地政府应推进核算结果在规划编制、政府决策、项目建设、市场交易、生态监测、考核考评中的应用，建立本地化森林生态产品价值实现机制实施方案，与林长制联系起来，层层深入、分级落实，取得更多标志性成果。

同时，以政府为主导，积极构建合作交流体系，特别是与森林生态产品供给相关的林

农、企业、高校、科研机构和社会组织，尤其是在同一自然地理分布区内、同一行政区划内、同一细分行业内的经营和研究主体，紧密围绕"价值实现"这一共同目标，凝聚共识、形成合力，积极构筑森林生态产品价值实现交流合作体系，推动产、学、研、用的深度融合。建立森林生态产品开发和利用的多方合作平台，包括线上和线下的交流平台、展示平台、合作平台等，便于各方之间的沟通和合作。开展多种形式的商贸活动，如森林生态产品博览会、展销会、发布会、企业家论坛等，推进森林生态产品供给方与需求方、资源方与投资方的高效对接，着实提升森林生态产品价值实现效能。

参考文献

曹嘉瑜，刘建峰，袁泉，等，2020. 森林与灌丛的灌木性状揭示不同的生活策略 [J]. 植物生态学报，44（7）：715-729.

陈文婧，2013. 城市绿地生态系统碳水通量研究 [D]. 北京：北京林业大学.

陈岳，伍学龙，魏晓燕，等，2021. 我国生态产品价值实现研究综述 [J]. 环境生态学，3（11）：29-34.

崔丽娟，2004. 鄱阳湖湿地生态系统服务功能价值评估研究 [J]. 生态学杂志（4）：47-51.

丁惠萍，张社奇，钱克红，等，2006. 森林生态系统稳定性研究的现状分析 [J]. 西北林学院学报，21（4）：28-30.

段娜，林聪，刘晓东，等，2015. 以沼气为纽带的生态村循环系统能值分析 [J]. 农业工程学报（S1）：8.

方精云，刘国华，徐嵩龄，1996. 我国森林植被的生物量和净生产量 [J]. 生态学报，16（5）：12.

房瑶瑶，王兵，牛香，2015. 陕西省关中地区主要造林树种大气颗粒物滞纳特征 [J]. 生态学杂志，34（6）：1516-1522.

高吉喜，李慧敏，田美荣，2016. 生态资产资本化概念及意义解析 [J]. 生态与农村环境学报，32（1）：41-46.

高晓龙，林亦晴，徐卫华，等，2020. 生态产品价值实现研究进展 [J]. 生态学报，40（1）：24-33.

郭慧，2014. 森林生态系统长期定位观测台站布局体系研究 [D]. 北京：中国林业科学研究院.

国家发展与改革委员会能源研究所（原：国家计委能源所），1999. 能源基础数据汇编（1999）[G].

国家林业和草原局，2005. 森林生态系统定位研究站建设技术要求（LY/T 1626—2005）[S]. 北京：中国标准出版社.

国家林业和草原局，2007. 干旱半干旱区森林生态系统定位监测指标体系（LY/T 1688—2007）[S]. 北京：中国标准出版社.

国家林业和草原局，2007. 暖温带森林生态系统定位观测指标体系（LY/T 1689—2007）[S]. 北京：中国标准出版社.

国家林业和草原局，2008. 寒温带森林生态系统定位观测指标体系（LY/T 1722—2008）[S]. 北京：中国标准出版社．

国家林业和草原局，2010. 森林生态系统定位研究站数据管理规范（LY/T 1872—2010）[S]. 北京：中国标准出版社．

国家林业和草原局，2010. 森林生态站数字化建设技术规范（LY/T 1873—2010）[S]. 北京：中国标准出版社．

国家林业和草原局，2011. 森林生态系统长期定位观测方法（GB/T 33027—2016）[S]. 北京：中国标准出版社．

国家林业和草原局，2015. 2014 退耕还林工程生态效益监测国家报告 [M]. 北京：中国林业出版社．

国家林业和草原局，2016. 天然林资源保护工程东北、内蒙古重点国有林区效益监测国家报告 [M]. 北京：中国林业出版社．

国家林业和草原局，2017. 草地气象监测评价方法（GB/T 34814—2017）[S]. 北京：中国标准出版社．

国家林业和草原局，2017. 森林生态系统长期定位观测指标体系（GB/T 35377—2017）[S]. 北京：中国标准出版社．

国家林业和草原局，2017. 湿地生态系统服务功能评估规范（LY/T 2899—2017）[S]. 北京：中国标准出版社．

国家林业和草原局，2017. 中国森林资源报告（2014—2018）[M]. 北京：中国林业出版社．

国家林业和草原局，2020. 森林生态系统服务功能评估规范（GB/T 38582—2020）[S]. 北京：中国标准出版社．

国家林业和草原局，2021. 森林生态系统长期定位观测研究站建设规范（GB/T 40053—2021）[S]. 北京：中国标准出版社．

国家林业和草原局，2024. 中国林业和草原统计年鉴 2022 [M]. 北京：中国林业出版社．

国务院，2015. 全国主体功能区规划 [M]. 北京：人民出版社．

韩增林，刘春涛，彭飞，等，2016. 山东省经济与基本公共服务协调发展的时空特征研究 [J]. 辽宁师范大学学报：自然科学版，39（3）：8.

郝仕龙，李春静，李壁成，2010. 黄土丘陵沟壑区农业生态系统服务的物质量及价值量评价 [J]. 水土保持研究，17（5）：163-166+171.

洪德伟，2019. 晋西黄土区油松根系与土壤的摩擦力学特性研究 [D]. 北京：北京林业大学．

胡涛，高艳妮，李延风，等，2019. 基于能值的陆域受威胁和濒危物种价值估算——以福建省厦门市为例 [J]. 生态学报，39（13）：11.

胡天华，李元刚，王兆锭，2012. 贺兰山国家重点保护野生动物的现状及分析 [J]. 农业科学

研究, 33 (2): 6.

黄洵, 黄民生, 2015. 基于能值分析的城市可持续发展水平与经济增长关系研究——以泉州市为例 [J]. 地理科学进展 (1): 10.

贾小乐, 周源, 延建林, 等, 2019. 基于能值分析的环太湖城市群生态经济系统可持续发展研究 [J]. 生态学报, 39 (17): 13.

李海奎, 雷渊才, 2010. 中国森林植被生物量和碳储量评估 [M]. 北京: 中国林业出版社.

李少宁, 王兵, 郭浩, 等, 2007. 大岗山森林生态系统服务功能及其价值评估 [J]. 中国水土保持科学, 5 (6): 58-64.

李顺龙, 2005. 森林碳汇经济问题研究 [D]. 哈尔滨: 东北林业大学.

李忠, 刘峥延, 2020. 生态产品质量评估体系的构建思路 [J]. 宏观经济管理 (4): 7.

梁燕, 葛忠强, 谢同利, 等, 2018. 鲁中山地侧柏人工林下植物多样性分析与评价 [J]. 山东林业科技, 48 (2): 19-26, 40.

廖茂林, 潘家华, 孙博文, 2021. 生态产品的内涵辨析及价值实现路径 [J]. 经济体制改革 (1): 7.

林卓, 2016. 不同尺度下福建省杉木碳计量模型、预估及应用研究 [D]. 福州: 福建农林大学.

凌笋, 2019. 西安市自然资源资产负债表编制及其运用 [D]. 西安: 西安理工大学.

刘博, 2014. 我国荒漠生态系统生物多样性保育价值评估 [D]. 北京: 北京林业大学.

刘海聪, 刘杰, 李菁, 等, 2022. 西藏高原不同草地类型牧草干鲜比及其影响因素分析 [J]. 中国草地学报, 44 (8): 9.

马程, 王晓玥, 张雅昕, 等, 2017. 北京市生态涵养区生态系统服务供给与流动的能值分析 [J]. 地理学报, 72 (6): 12.

马晓妍, 何仁伟, 洪军, 2020. 生态产品价值实现路径探析——基于马克思主义价值论的新时代拓展 [J]. 学习与实践 (3): 8.

宁夏回族自治区统计局, 2023. 宁夏统计年鉴 2022 [M]. 北京: 中国统计出版社.

牛香, 2012. 森林生态效益分布式测算及其定量化补偿研究——以广东和辽宁省为例 [D]. 北京: 北京林业大学.

牛香, 宋庆丰, 王兵, 等, 2013. 黑龙江省森林生态系统服务功能 [J]. 东北林业大学学报, 41 (8): 36-41.

牛香, 王兵, 2012. 基于分布式测算方法的福建省森林生态系统服务功能评估 [J]. 中国水土保持科学, 10 (2): 36-43.

牛香, 薛恩东, 王兵, 等, 2017. 森林治污减霾功能研究——以北京市和陕西关中地区为例 [M]. 北京: 科学出版社.

欧阳志云, 王如松, 赵景柱, 1999. 生态系统服务功能及其生态经济价值评价 [J]. 应用生态

学报，10（5）：635-640.

全国农业气象标准化技术委员会，2013. 北方草地监测要素与方法（QX/T 212—2013）[S]. 北京：气象出版社.

全国人民代表大会常务委员会，2018. 中华人民共和国环境保护税法 [M]. 北京：中国法治出版社.

生态环境部，2018. 中国环境统计年报 [M]. 北京：中国统计出版社.

石银平，饶小梅，2021. 江西资溪县竹产业高质量发展建议 [J]. 世界竹藤通讯，19（5）：78-81.

宋庆丰，杨新兵，鲁绍伟，等，2009. 河北雾灵山典型森林群落物种多样性研究 [J]. 林业资源管理（6）：70-74.

苏志尧，1999. 植物特有现象的量化 [J]. 华南农业大学学报，20（1）：5.

孙洁斐，2008. 基于能值分析的武夷山自然保护区生态系统服务功能价值评估 [D]. 福州：福建农林大学.

孙庆刚，郭菊娥，安尼瓦尔·阿木提，2015. 生态产品供求机理一般性分析——兼论生态涵养区"富绿"同步的路径 [J]. 中国人口·资源与环境，25（3）：19-25.

孙玥，涂成林，董皞，等，2013. 中国广州城市建设与管理发展报告（2014）[M]. 北京：社科文献出版社.

唐宪，2010. 基于 PSR 框架的森林生态系统完整性评价研究 [D]. 长沙：中南林业科技大学.

田立亭，程林，郭剑波，等，2019. 基于能值分析的多能互补综合能源系统价值评估方法 [J]. 电网技术，43（8）：9.

王兵，2015. 森林生态连清技术体系构建与应用 [J]. 北京林业大学学报，37（1）：1-8.

王兵，丁访军，2010. 森林生态系统长期定位观测标准体系构建 [J]. 北京林业大学学报，32（6）：141-145.

王兵，丁访军，2012. 森林生态系统长期定位研究标准体系 [M]. 北京：中国林业出版社.

王兵，鲁绍伟，2009. 中国经济林生态系统服务功能价值评估 [J]. 应用生态学报，20（2）：417-425.

王兵，牛香，宋庆丰，2020. 中国森林生态系统服务评估及其价值化实现路径设计 [J]. 环境保护，48（14）：9.

王兵，牛香，宋庆丰，2021. 基于全口径碳汇监测的中国森林碳中和能力分析 [J]. 环境保护，49（16）：5.

王兵，任晓旭，胡文，2011. 中国森林生态系统服务功能及其价值评估 [J]. 林业科学，47（2）：145-153.

王兵，宋庆丰，2012. 森林生态系统物种多样性保育价值评估方法 [J]. 北京林业大学学报，

34（2）：157-160.

王兵，魏江生，胡文，2011. 中国灌木林—经济林—竹林的生态系统服务功能评估 [J]. 生态学报，31（7）：1936-1945.

王红彦，2016. 基于生命周期评价的秸秆沼气集中供气工程能值分析 [D]. 北京：中国农业科学院.

王金南，刘桂环，2021. 完善生态产品保护补偿机制促进生态产品价值实现 [J]. 中国经贸导刊（11）：44-46.

王俊枝，常屹冉，匡文慧，等，2018. 浑善达克沙漠化防治重点生态系统功能区防风固沙功能动态特征分析 [J]. 北京师范大学学报：自然科学版（3）：348-356.

王楠楠，章锦河，刘泽华，等，2013. 九寨沟自然保护区旅游生态系统能值分析 [J]. 地理研究，32（12）：11.

王骁骁，2016. 湖南省国有林场森林资源资产负债表研制 [D]. 长沙：中南林业科技大学.

王效科，冯宗炜，欧阳志云，2001. 中国森林生态系统的植物碳储量和碳密度研究 [J]. 应用生态学报，12（1）：13-16.

王谢，2015. 柏木人工林土壤有机碳组分对人工更新林窗的早期响应机制 [D]. 雅安：四川农业大学.

王岩，许谭，申昊轩，等，2023. 森林生态产品价值实现探讨：要点、问题与促进措施 [J]. 中国林业经济（3）：12-16.

武金翠，周军，张宇，等，2020. 毛竹林固碳增汇价值的动态变化：以福建省为例 [J]. 林业科学，56（4）：7.

谢高地，鲁春霞，冷允法，等，2015. 青藏高原生态资产的价值评估 [J]. 自然资源学报，18（2）：189-196.

谢高地，张钇锂，鲁春霞，等，2001. 中国自然草地生态系统服务功能价值 [J]. 自然资源学报，16（1）：47-53.

余新晓，张晓明，武思宏，等，2006. 黄土区林草植被与降水对坡面径流和侵蚀产沙的影响 [J]. 山地学报，24（1）：19-26.

虞慧怡，张林波，李岱青，等，2020. 生态产品价值实现的国内外实践经验与启示 [J]. 环境科学研究，33（3）：685-690.

喻锋，李晓波，王宏，等，2016. 基于能值分析和生态用地分类的中国生态系统生产总值核算研究 [J]. 生态学报，36（6）：13.

张红燕，周宇峰，张媛，等，2020. 基于文献计量分析的近 30 a 国际竹林碳汇研究进展 [J]. 竹子学报，39（1）：11.

张林波，等，2020-05-09. 国内外生态产品价值实现创新实践与模式 [EB/OL]. [2020-05-20]

https：//mp.weixin.qq.com/s/3G0NdCSZMa71BwqbqNOuBA.

张林波，虞慧怡，郝超志，等，2021. 国内外生态产品价值实现的实践模式与路径 [J]. 环境科学研究，34（6）：10.

张林波，虞慧怡，李岱青，等，2019. 生态产品内涵与其价值实现途径 [J]. 农业机械学报，50（6）：173-183.

张鹏翼，马天啸，刘波，等，2021. 长白山国家级自然保护区森林生态系统完整性动态评估 [J]. 生态学杂志，40（7）：12.

张维康，2016. 北京市主要树种滞纳空气颗粒物功能研究 [D]. 北京：北京林业大学.

张维康，王兵，牛香，2015. 北京不同污染地区园林植物对空气颗粒物的滞纳能力 [J]. 环境科学（7）：8.

张昕，2015. CCER 交易在全国碳市场中的作用和挑战 [J]. 中国经贸导刊（10）：57-59.

张兴，姚震，2020. 新时代自然资源生态产品价值实现机制 [J]. 中国国土资源经济，33（1）：8.

赵慧君，2019. 中国林业碳汇项目开发潜力研究分析 [D]. 北京：北京林业大学.

赵景柱，肖寒，2000. 生态系统服务的物质量与价值量评价方法的比较分析 [J]. 应用生态学报，11（2）：290–292.

赵同谦，欧阳志云，贾良清，等，2004. 中国草地生态系统服务功能间接价值评价 [J]. 生态学报，24（6）：1101-1110.

赵同谦，欧阳志云，郑华，等，2004. 草地生态系统服务功能分析及其评价指标体系 [J]. 生态学杂志，23（6）：155-160.

赵文武，傅伯杰，陈利顶，2003. 陕北黄土丘陵沟壑区地形因子与水土流失的相关性分析 [J]. 水土保持学报，17（3）：4.

赵智聪，杨锐，2021. 中国国家公园原真性与完整性概念及其评价框架 [J]. 生物多样性，29（10）：1271-1278.

郑度，2008. 中国生态地理区域系统研究 [M]. 北京：商务印书馆.

曾贤刚，段存儒，2023. 产权分割对森林生态系统完整性的影响机制研究 [J]. 中国环境科学，43（9）：5011-5019.

曾贤刚，虞慧怡，谢芳，2014. 生态产品的概念、分类及其市场化供给机制 [J]. 中国人口·资源与环境，24（7）：12-17.

中国国家标准化管理委员会，2008. 综合能耗计算通则（GB 2589—2008）[S]. 北京：中国标准出版社.

中国森林资源核算及纳入绿色 GDP 研究项目组，2004. 绿色国民经济框架下的中国森林资源核算研究 [M]. 北京：中国林业出版社.

中国森林资源核算研究项目组，2015. 生态文明制度构建中的中国森林资源核算研究 [M]. 北京：中国林业出版社 .

中国生物多样性研究报告编写组，1998. 中国生物多样性国情研究报告 [M]. 北京：中国环境科学出版社 .

周国模，刘恩斌，佘光辉，2006. 森林土壤碳库研究方法进展 [J]. 浙江林学院学报，23（2）：207-216.

周璞，侯华丽，张惠，等，2021. 碳中和背景下提升土壤碳汇能力的前景与实施建议 [J]. 环境保护，49（16）：63-67.

ALI A A, XU C, ROGERS A, et al., 2015. Global-scale environmental control of plant photosynthetic capacity[J]. Ecological Applications, 25（8）：2349-2365.

BELLASSEN V, VIOVY N, LUYSSAERT S, et al., 2011. Reconstruction and attribution of the carbon sink of European forests between 1950 and 2000[J]. Global Change Biology, 17(11)：3274-3292.

CALZADILLA P I, SIGNORELLI S, ESCARAY F J, et al., 2016. Photosynthetic responses mediate the adaptation of two *Lotus japonicus* ecotypes to low temperature[J]. Plant Science, 250：59-68.

CARROLL C, HALPIN M, BURGER P, et al., 1997. The effect of crop type, crop rotation, and tillage practice on runoff and soil loss on a Vertisol in central Queensland[J]. Australian Journal of Soil Research, 35（4）：925-939.

CHEN C, PARK T, WANG X H, et al., 2019. China and India lead in greening of the world through land-use management[J]. Nature, 2：122-129.

COSTANZA R, D ARGE R, GROOT R, et al., 1997. The value of the world's ecosystem services and natural capital [J]. Nature, 387（15）：253-260.

DAILY G C, 1997. Nature's services：Societal dependence on natural ecosystems [M]. Washington D C：Island Press.

DAN W, BING W, XIANG N, 2013. Forest carbon sequestration in China and its development[J]. China E-Publishing, 4：84-91.

FANG J Y, CHEN A P, PENG C H, et al., 2001. Changes in forest biomass carbon storage in China between1949 and 1998 [J]. Science, 292：2320-2322.

FANG J Y, WANG G G, LIU G H, et al., 1998. Forest biomass of China：An estimate based on the biomass volume relationship[J]. Ecological Applications, 8（4）：1084-1091.

FENG L, CHENG S K, SU H, et al., 2008. A theoretical model for assessing the sustainability of ecosystem services[J]. Ecological Economy, 4：258-265.

GILLEY J E，RISSE L M，2000. Runoff and soil loss as affected by the application of manure[J]. Transactions of the American Society of Agricultural Engineers，43（6）：1583-1588.

GOWER S T，MCMURTRIE R E，MURTY D，1996. Above ground net primary production decline with stand age：Potential causes[J]. Trends in Ecology and Evolution，11（9）：378-382.

Huang J H, Han X G, 1995. Biodiversity and ecosystem stability [J]. Chinese Biodiversity, 3（1）：31-37.

IPCC，2013. Contribution of working group I to the fifth assessment report of the intergovernmental panel on climate change [M]. Cambfige：Cambfige University Press.

MA (Millennium Ecosystem Assessment)，2005. Ecosystem and Human Well-Being：Synthesis [M]. Washington DC：Island Press.

MURTY D，MCMURTRIE R E，2000. The decline of forest productivity as stands age：A model-based method for analysing causes for the decline[J]. Ecological modelling，134（2）：185-205.

NIKOLAEV A N，FEDOROV P P，DESYATKIN A R，2011. Effect of hydrothermal conditions of permafrost soil on radial growth of larch and pine in Central Yakutia[J]. Contemporary Problems of Ecology，4（2）：140-149.

NISHIZONO T，2010. Effects of thinning level and site productivity on age-related changes in stand volume growth can be explained by a single rescaled growth curve[J]. Forest ecology and management，259（12）：2276-2291.

NIU X，WANG B，2014. Assessment of forest ecosystem services in China：A methodology[J]. Journal of Food，Agriculture and Environment，11：2249-2254.

NIU X，WANG B，LIU S R，et al. 2012. Economical assessment of forest ecosystem services in China：Characteristics and implications[J]. Ecological Complexity，11：1-11.

NIU X，WANG B，WEI W J，2013. Chinese forest ecosystem research network：A platform for observing and studying sustainable forestry [J]. Journal of Food，Agriculture & Environment，11（2）：1008-1016.

NOWAK D J，HIRABAYASHI S，BODINE A，et al.，2013. Modeled $PM_{2.5}$ removal by trees in ten US cities and associated health effects[J]. Environmental Pollution，178：395-402.

PALMER M A，MORSE J，BERNHARDT E，et al.，2004. Ecology for a crowed planet[J]. Science，304：1251-1252.

POST W M，EMANUEL W R，ZINKE P J，et al.，1982. Soil carbon pools and world life zones[J]. Nature，298：156-159.

POWE N A，WILLIS K G，2004. Mortality and morbidity benefits of air pollution（SO$_2$ and PM$_{10}$）absorption attributable to woodland in Britain[J]. Journal of Environmental Management，70：119-128.

RICHARDS K R，STOKES C，2004. A review of forest carbon sequestration cost studies：A dozen years of research[J]. Climatic Change，63（1-2）：1-48.

SMITH N G，DUKES J S，2013. Plant respiration and photosynthesis in global scale models：Incorporating acclimation to temperature and CO$_2$[J]. Global Change Biology，19（1）：45-63.

SONG C，WOODCOCK C E，2003. Monitoring forest succession with multitemporal landsat images：Factors of uncertainty[J]. IEEE Transactions on Geoscience and Remote Sensing，41（11）：2557-2567.

UK NATIONAL ECOSYSTEM ASSESSMENT，2011. The UK National Ecosystem Assessment Technical Report [M]. UNEP-WCMC，Cambridge.

WANG B，WANG D，NIU X，2013a. Past，present and future forest resources in China and the implications for carbon sequestration dynamics [J]. Journal of Food，Agriculture & Environment，11（1）：801-806.

ZHANG W K，WANG B，NIU X，2015. Study on the adsorption capacities for airborne particulates of landscape plants in different polluted regions in Beijing（China）[J]. International Journal of Environmental Research and Public Health，12（8）：9623-9638.

ZHOU G Y，LIU S G，ZANG D Q，et al.，2006. Old-growth forests can accumulate carbon in soils [J]. Science，314（5804）：1417-1417.

附　表

表1　联合国政府间气候变化专门委员会（IPCC）推荐使用的生物量转换因子（*BEF*）

编号	a	b	森林类型	R^2	备注
1	0.46	47.50	冷杉、云杉	0.98	针叶树种
2	1.07	10.24	桦类	0.70	阔叶树种
3	0.48	30.60	杨树	0.87	阔叶树种
4	0.40	22.54	杉木	0.95	针叶树种
5	1.15	8.55	蒙古栎	0.98	阔叶树种
6	0.61	33.81	兴安落叶松	0.82	针叶树种
7	1.04	8.06	樟木、楠木、槠、青冈	0.89	阔叶树种
8	0.81	18.47	针阔混交林	0.99	混交树种
9	0.63	91.00	檫树落叶阔叶混交林	0.86	混交树种
10	1.09	2.00	樟子松	0.98	针叶树种
11	0.59	18.74	华山松	0.91	针叶树种

注：资料引自 Fang 等（2001）；生物量转换因子计算公式为 $B=aV+b$，其中 B 为单位面积生物量；V 为单位面积蓄积量；a、b 为常数；R^2 为相关系数。

表2　不同树种组单木生物量模型及参数

序号	公式	树种组	建模样本数	模型参数	
				a	*b*
1	$B/V=a\,(D^2H)\,b$	杉木类	50	0.788432	−0.069959
2	$B/V=a\,(D^2H)\,b$	硬阔叶类	51	0.834279	−0.017832
3	$B/V=a\,(D^2H)\,b$	软阔叶类	29	0.471235	0.018332
4	$B/V=a\,(D^2H)\,b$	红松	23	0.390374	0.017299
5	$B/V=a\,(D^2H)\,b$	云冷杉	51	0.844234	−0.060296
6	$B/V=a\,(D^2H)\,b$	兴安落叶松	99	1.121615	−0.087122
7	$B/V=a\,(D^2H)\,b$	胡桃楸、黄波罗	42	0.920996	−0.064294

注：资料引自李海奎和雷渊才（2010）。

附　件

植绿正当时，习近平强调绿色发展是我国发展的重大战略

　　2023 年 4 月 4 日，中共中央总书记、国家主席、中央军委主席习近平在参加首都义务植树活动时强调，当前和今后一个时期，绿色发展是我国发展的重大战略。人民网邀请专家进行解读。

专家解读

王兵

中国林业科学研究院研究员、博士生导师

　　2023 年 4 月 4 日，习近平总书记在植树时强调"绿色发展是我国发展的重大战略"。这个重大战略任务的实施，要求我们为"三生空间"注入更多绿色活力——

　　为"生产空间"增添更浓重的绿意。低碳排放、减少污染，逐步实现产业生态化，通过生态产业化实现"生产空间"的全面绿化。

　　为"生活空间"增添更多生态福祉。要让绿色成为"生活空间"的底色，通过提供更多优质生态产品，不断满足人民日益增长的优美生态环境需要。

　　为"生态空间"增添更多生机活力。发挥森林作为水库、粮库、钱库、碳库的作用，将其转化为金山银山的压舱石和永恒底色，让森林全口径碳汇功能在"双碳"工作中大放异彩，以绿色发展擘画中国式现代化美好图景。

来源：人民日报、新华社

保护好来之不易的草原、森林，习近平强调坚持系统理念

2023 年 6 月 5 日至 6 日，中共中央总书记、国家主席、中央军委主席习近平在内蒙古自治区巴彦淖尔市考察，主持召开加强荒漠化综合防治和推进三北等重点生态工程建设座谈会并发表重要讲话。

专家解读

- -

王兵

中国林业科学研究院研究员、博士生导师

三北工程建设影响着东北林草交错生态脆弱区、北方农牧交错生态脆弱区、西北荒漠绿洲交接生态脆弱区的保护，因此必须坚持系统观念，以水定绿，扎实推进山水林田湖草沙一体化保护和系统治理——

在东北林草交错生态脆弱区，要大力提升其生态系统的质量和稳定性，进而全力打好荒漠化土地治理歼灭战；在北方农牧交错生态脆弱区，要坚持"宜林则林、宜牧则牧，打赢防沙治沙攻坚战；在西北荒漠绿洲交接生态脆弱区，要提升水源涵养能力，打好防沙治沙阻击战。

因地制宜，分区施策，以系统治理的方式共同筑牢生态安全屏障。

来源：人民日报、新华社

中国林业产业联合会生态产品监测评估与价值实现专业委员会上的讲话

王兵

各位领导、嘉宾、学术同行大家好!

感谢中国林业产业联合会对专委会的支持,感谢以尹伟伦院士为首的特聘专家队伍对专委会的帮助,也感谢专委会全体会员共同的努力和付出。

2021年4月,中共中央办公厅、国务院办公厅印发《关于建立健全生态产品价值实现机制的意见》,我们就向中国林业产业联合会申请成立生态产品分会,该申请得到了中国林业产业联合会封加平会长的大力支持和高度肯定。在封加平会长的支持下,以及中国林业产业联合会相关部门的关心和帮助下,中国林业产业联合会生态产品监测评估与价值实现专业委员会在今天正式成立。

首先,对我个人而言,这是一个天大的喜事。因为一个人的职业生涯是有限的,在我即将到达60岁甲子的年龄,以一个理事长的身份面对大家,我特别的高兴。其次,对专委会的全体同行、团队站友,我们得到了一个更高的展示平台。在这样的高度上,专委会要对中国的林业产业作一些贡献,我想在座的各位同仁也是同样的想法。第三,中国林业产业联合会现在的组织架构已经从原来传统的第一产业——种植业,第二产业——林木加工业,第三产业——林草旅游业,转变为涵盖第四产业——生态产品产业全新完整的产业链。

专委会成立的目的是精准量化绿水青山到底值多少金山银山,精准量化林草湿构成的生态空间,其绿色"水库"的库容有多少? 中和二氧化碳的碳中和能力是多少? 生物多样性保育价值的"基因库"又是多大? 以及林草湿生态系统的生态康养功能,对社会又有多少价值? 这是专委会成立的第一项工作。只知道是多少还不够,接下来专委会还要努力打通林草湿生态产品价值化实现的路径。按照中共中央办公厅、国务院办公厅的文件要求,生态产品价值化路径要把其监测、评估、开发、补偿、保障和推进这6大路径打通。专委会现在有底气更有信心的原因,是因为基于中国森林生态系统定位研究网络这个平台,已拥有近百个野外科学观测研究站,已经在国内外处于生态产品监测的一个领先的地位。同时,在生态产品评估方面,依托生态产品价值评估规范的国家标准《森林生态系统服务功能评估规范》(GB/

 ∗ 王兵,研究员,博士生导师,中国林业科学研究院森林生态环境与自然保护研究所首席专家,国家陆地生态系统定位观测研究站森林生态站专业组组长、中国林业产业联合会生态产品监测评估与价值实现专委会理事长。

T 38582—2020)，以及出版发布的国家评估报告，特别是天然林保护工程的效益监测，退耕还林工程的效益监测，中国森林资源绿色核算的国家报告，和国家林草生态综合监测白皮书等成果作为专委会团队的技术支撑和底气来源，因此在评估方面，专委会已处于国内外先进行列。有了监测和评估两个机制的加持和保障，现在专委会也有信心把中国林草湿生态产品的价值实现路径找到并向前推进，突破生态产品"交易难、变现难、抵押难"的瓶颈。

专委会之所以这么有信心，是因为我看到了一个成功的范例，此时此刻，我们站在"雪如意"顶峰会议室，透过大楼的窗，就可以看到崇礼太子城的绿水青山，通过 2022 年冬奥会的引领，现在已经逐步转化成金山银山。通过监测、评估和生态产品价值实现，崇礼太子城的冰天雪地，将有更大的空间变成金山银山，这也是专委会树立的一个目标。

天赐良机，让我们在对的时间、对的地点成立了专委会。之后是天道酬勤，因为专委会有了生态产品监测评估的系列国家标准《森林生态系统长期定位观测方法》（GB/T 33027—2016）、《森林生态系统长期定位观测指标体系》（GB/T 35377—2017）、《森林生态系统服务功能评估规范》（GB/T 38582—2020）以及《森林生态系统长期定位观测研究站建设规范》（GB/T 40053—2021），以及系列国家报告和"十四五"时期国家重点出版物出版专项规划项目"中国山水林田湖草生态产品监测评估及绿色核算"系列丛书的加持，专委会的天道酬勤必将有一个好的结果。天赐良机和天道酬勤之后，就会天降恩惠。我此时仿佛和在座的各位一起看到了我们林草湿生态产品带给人类的福祉和贡献。我眼前仿佛出现了一幅美好的生态画卷，我好像听到了林草的漫歌、江河的心跳、土壤的呼吸、种子的心声、天空的呢喃、森林的脚步、飞鸟的啼鸣，这些万物共生的生态产品正在为全社会的人类带来福祉，也为专委会推动生态产品价值化也带来了各种机遇。

我保证，将带领专委会的各位同仁一起努力，把专委会工作搞得更好，不辜负封加平会长和尹伟伦院士，以及各位专家、领导们的期望和厚爱，谢谢大家！

"中国山水林田湖草生态产品监测评估及绿色核算"系列丛书目录*

1. 安徽省森林生态连清与生态系统服务研究，出版时间：2016 年 3 月

2. 吉林省森林生态连清与生态系统服务研究，出版时间：2016 年 7 月

3. 黑龙江省森林生态连清与生态系统服务研究，出版时间：2016 年 12 月

4. 上海市森林生态连清体系监测布局与网络建设研究，出版时间：2016 年 12 月

5. 山东省济南市森林与湿地生态系统服务功能研究，出版时间：2017 年 3 月

6. 吉林省白石山林业局森林生态系统服务功能研究，出版时间：2017 年 6 月

7. 宁夏贺兰山国家级自然保护区森林生态系统服务功能评估，出版时间：2017 年 7 月

8. 陕西省森林与湿地生态系统治污减霾功能研究，出版时间：2018 年 1 月

9. 上海市森林生态连清与生态系统服务研究，出版时间：2018 年 3 月

10. 辽宁省生态公益林资源现状及生态系统服务功能研究，出版时间：2018 年 10 月

11. 森林生态学方法论，出版时间：2018 年 12 月

12. 内蒙古呼伦贝尔市森林生态系统服务功能及价值研究，出版时间：2019 年 7 月

13. 山西省森林生态连清与生态系统服务功能研究，出版时间：2019 年 7 月

14. 山西省直国有林森林生态系统服务功能研究，出版时间：2019 年 7 月

15. 内蒙古大兴安岭重点国有林管理局森林与湿地生态系统服务功能研究与价值评估，出版时间：2020 年 4 月

16. 山东省淄博市原山林场森林生态系统服务功能及价值研究，出版时间：2020 年 4 月

17. 广东省林业生态连清体系网络布局与监测实践，出版时间：2020 年 6 月

18. 森林氧吧监测与生态康养研究——以黑河五大连池风景区为例，出版时间：2020 年 7 月

19. 辽宁省森林、湿地、草地生态系统服务功能评估，出版时间：2020 年 7 月

* 本套丛书中 1 ~ 20 种原丛书名为"中国森林生态系统连续观测与清查及绿色核算"系列丛书

20. 贵州省森林生态连清监测网络构建与生态系统服务功能研究，出版时间：2020 年 12 月

21. 云南省林草资源生态连清体系监测布局与建设规划，出版时间：2021 年 8 月

22. 云南省昆明市海口林场森林生态系统服务功能研究，出版时间：2021 年 9 月

23. "互联网＋生态站"：理论创新与跨界实践，出版时间：2021 年 11 月

24. 东北地区森林生态连清技术理论与实践，出版时间：2021 年 11 月

25. 天然林保护修复生态监测区划和布局研究，出版时间：2022 年 2 月

26. 湖南省森林生态产品绿色核算，出版时间：2022 年 4 月

27. 国家退耕还林工程生态监测区划和布局研究，出版时间：2022 年 5 月

28. 河北省秦皇岛市森林生态产品绿色核算与碳中和评估，出版时间：2022 年 6 月

29. 内蒙古森工集团生态产品绿色核算与森林碳中和评估，出版时间：2022 年 9 月

30. 黑河市生态空间绿色核算与生态产品价值评估，出版时间：2022 年 11 月

31. 内蒙古呼伦贝尔市生态空间绿色核算与碳中和研究，出版时间：2022 年 12 月

32. 河北太行山森林生态站野外长期观测数据集，出版时间：2023 年 4 月

33. 黑龙江嫩江源森林生态站野外长期观测和研究，出版时间：2023 年 7 月

34. 贵州麻阳河国家级自然保护区森林生态产品绿色核算，出版时间：2023 年 10 月

35. 江西马头山森林生态站野外长期观测数据集，出版时间：2023 年 12 月

36. 河北省张承地区森林生态产品绿色核算与碳中和评估，出版时间：2024 年 1 月

37. 内蒙古通辽市生态空间绿色核算与碳中和研究，出版时间：2024 年 1 月

38. 江西省资溪县生态空间绿色核算与碳中和研究，出版时间：2024 年 7 月

39. 宁夏贺兰山国家级自然保护区生态产品绿色核算与碳中和评估，出版时间：2024 年 7 月